KB011955

정조의
법치

김호

서울대학교 국사학과를 졸업하고 같은 대학교 대학원에서 석사 및 박사학위를 받았다. 현재 경인교육대학교 사회교육과 교수로 재직 중이다. 조선 의료사 연구와 더불어 조선사회의 범죄와 그에 따른 처벌 등에 관심을 갖고 통치의 제도화, 정치의 윤리 등을 고민하고 있다. 주요 논저로 〈연암 박지원의 형정론〉, 〈조선후기 흠휼의 두 가지 모색〉, 〈시골 양반 역병 분투기〉, 〈16~17세기 조선의 지방 의국 운영〉, 《허준의 동의보감 연구》, 《조선의 명의들》, 《조선왕실의 의료문화》, 《정약용, 조선의 정의를 말하다》, 《100년 전 살인사건》, 《다산학 공부》(공저) 등이 있고, 역서로 《신주무원록》, 《다산의 사서학》(공역) 등이 있다.

이 저서는 2015년 대한민국 교육부와 한국학중앙연구원(한국학진흥사업단)의 한국학총서 사업 지원을 받아 수행된 연구임(AKS-2015-KSS-1230005).

정조학 총서4

정조의 법치

법의 저울로 세상의 바름을 살피다

김호 지음

Humanist

총론

'정조학 총서'를 펴내며

수년에 걸친 노력이 드디어 정조학 총서 4권으로 결실을 맺었다. '정조의 문(文)·무(武)·예(禮)·법(法)'이라는 주제의 학술서를 네 명의 연구자가 동시에 간행하는 일은 생각보다 쉽지 않았다. 뜻하지 않은 역병까지 겹쳐 세상이 어수선했음에도 묵묵히 연구를 수행하고 원고를 집필하여 마침내 그 결과를 세상에 선보일 수 있게 되어 너무 기쁘다. 동시에 학계의 엄중한 평가를 통과해야 하니 걱정이 뒤따른다. 실로 기대 반 우려 반의 심정이다.

총서를 함께 펴낸 네 명의 연구자는 서울대학교의 선후배들로, 알고 지낸 햇수를 따지면 수십 년이 훌쩍 넘지만 자신만의 연구 주제로 조선시대를 탐구하느라 각자의 길을 가고 있었다. 네 명이 오랜만에 함께 모여 무언가를 도모하고자, 그것도 책을 함께 써보자고 계획한 것은 6년 전쯤의 일이었다. 한국학중앙연구원의 한국학총서 지원 사업을 빌미로, 조선시대의 모순이 가장 첨예했던 18세기 후반의 시대상을 함께 연구하기로 마음먹은 것이다. 돌이켜보면 무모했지만 막상 모여서 계획을 세울 당시에는 어떻게든 잘되리라고 낙관했다. 매번 그렇게 연구를 시작하고 또 그 덕분에 치러야 할 대가 역시 녹록지 않지만 말이다.

사실 오늘날에는 18세기 후반 정조의 시대를 조선의 르네상스라고 부르는 데 익숙하다. 하지만 정작 정조 본인은 당시를 '폐단으로 곪아 터지기 직전'의 말세로 파악했다. 위기를 느꼈던 만큼 정조는 구습(舊習)을 개혁하려는 강한 의지를 품었고, 또 그러했기에 자신의 시대를 돌파하려고 다방면에 초인적인 노력을 기울였다.

군사(君師)를 자처할 만큼 학문적으로나 정치적으로 뛰어났던 정조, 그리고 그 이름에 걸맞게 정력적으로 사업을 펼쳤던 정조라는 인물, 그를 '당시의 역사적 맥락(context)'에서 읽어내야 한다는 데 기본적으로 네 명의 연구자가 동의했다. 그동안 조선의 18세기는 주로 근대주의의 시야에서 설명되어왔다. 자본주의 맹아의 흔적을 찾아 토지대장을 정리하거나 성리학의 시대를 종결하고 새로운 시대를 이끌 만한 '실학'을 찾아내었다. 때맞춰 정조는 근대 국가의 여명을 준비하는 계몽군주로 묘사되곤 했다. 그러나 당대의 사료가 보여주는 정조는 실학의 시대를 열거나 근대의 계몽군주를 자처하기보다 철저하게 '부정학(扶正學)'을 추구했다. 확실히 정조는 진실한 성리학의 신도였다. 이를 어떻게 이해할 것인가? 근대주의의 프레임 안에서 조선의 성리학은 허학(虛學)과 동의어였을 뿐 아니라 청산되어야 할 과거의 유산으로 각인되었다. 부정학을 외친 정조에게 그 어떤 진취성이나 혁신을 기대할 수 없었기에, 성리학자보다는 개혁 군주의 이미지로 애써 묘사해왔던 것은 아닐까?

의도하던 의도하지 않았던 그동안 간과되어온 역사적 사실들의 의미를 간과하지 않으려는 의지야말로 연구의 첫 출발점이었다. 네 명의 집필진은 정조와 그의 말들(텍스트)을 철저하게 18세기 후반의 조선이라는 '특정한 시간과 장소에서 발화된 특수한 조건의 산물'로 해석하고 의미를 발견하고자 했다. 남겨진 말과 글은 이미 그 자체로 어떤 맥락적 의미를 함축하거나 해석을 요구한다. 기왕의 편견으로부터 시야를 돌려 정조의 말을 당대의 맥락에서 명확히 이해할수록, 정조를 현재의 목적론에 가두거나 과거의 골동품으로 내버려두지 않고 현재에 되살릴 수 있다고 보았다.

네 사람은 각각 조금 더 잘할 수 있는 분야를 택해 문학(文)과 군사(武) 그리고 교화(禮)와 법치(法)로 나누어, 정조의 생각(텍스트)을 특정한 역사적 문맥(컨텍스트)에서 읽어냈다. 정확한 의미를 독해하고 이것들을 한데 모으면 정조와 그의 시대를 편견 없이 그려낼 수 있으리라 기대했다. 아울러 정조와 그의 시대를 관통하는 역사적 조건 가운데 정학(正學), 즉 성리학을 그 중심에 놓아야 한다는 데 네 명 모두 이견이 없었다. 이는 기왕의 해석들과 달리 정조를 역사적으로 정초할 수 있는 방법론적 토대가 되었다.

정조를 당대의 맥락에서 이해하고 부정학의 의지를 정조 독해의 중심에 놓은 후에, 네 명의 연구자들은 각각 서로의 개성을 살려 글을 완성해나갔다. 백승호는 '성리학적 세계관의 구현'을 향한 정조의 문학론을, 허태구는 '문무겸전(文武兼全)'을 기초로 한 외교국방론을, 김지영은 '수신제가에서 치국평천하'에 이르는 예교론을, 김호는 '무위이치(無爲而治)의 형정론'을 화두 삼아 각자 정조와 그의 시대를 탐색했다.

막상 결과를 내놓고 보니 자연스럽게 동의하는 바와 서로 생각이 다른 부분들을 확인할 수 있었다. 생각이 같다가도 갈라지고 갈라지다가도 수렴되었지만, 이번 정조학 총서를 통해 '정조와 그의 시대'를 확실히 역사적으로 바라볼 수 있게 되었다고 자부한다. 책을 완성하자마자, 네 명이 한결같이 '정조 이후'를 연구해보자고 제안했다. 조만간 또 한 번의 무모한 계획이 세워질 듯하다.

2020년 11월

정조학 총서 필진을 대표하여

김호

책을 펴내며

정조는 누가 뭐래도 조선을 대표하는 왕이다. 근래에는 한글을 창제한 세종보다도 세간의 주목을 더 받는 듯하다. 일찍이 아버지를 여의고 어렵게 왕위에 오른 드라마틱한 인생사는 그를 더욱 특별한 정치가로 대중에게 각인시켰다. 그간 영화나 소설 등에 그려진 정조의 이미지는 과연 역사 속의 정조와 얼마나 일치할까? 정조는 사도세자의 아들이라 외치며 복수를 다짐하는 최고 권력자로 비치는가 하면, 어찰첩이 발견된 뒤에는 목적 달성을 위해 수시로 반대편과 손을 잡는 마키아벨리 같은 정치가로 묘사되기도 했다. 이와는 달리 정조는 탕평책을 이끌고 수원 화성을 건설하는 등 조선 후기 르네상스를 주도한 계몽군주로 그려지기도 한다.

필자는 조선시대 가장 뛰어난 왕으로 회자되는 정조에 관한 한 편의 원고를 막 탈고했다. 그것도 유교정치의 아포리아에 해당되는 '형정(刑政)'에 대한 논고이다. 필자의 글이 정조에 대한 세속의 편견을 뚫고 역사 속의 정조를 제대로 이해하는 데 일조할 수 있을지 기대보다 걱정이 앞선다. 코끼리 뒷다리 만지는 장님의 상황은 아닐까 우려스럽다.

단연코 정조를 역사적으로 이해하는 방법은 오직 한 가지뿐이다. 동서고금의 역사가들이 그래왔듯이 철저하게 '사료'에 즉하여 정조와 그의 시대를 읽어내는 것이다. 필자는 무엇보다 정조가 남긴 말(과 글)을 따라가며 그의 생각에 다가가고자 노력했다. 기왕의 편견과 해석을 앞세우기보다 정조가 남긴 문집(《홍재전서》)과 정치의 흔적들(《일성록》), 그리고 형정 운영의 결과물(《심리록》)을 통해 그의 행동 및 사고의 흔적과 그 배후에 드리워진 정치 이념을 좇았다. 사료에 기대어 정조와 대화하고 그의 시대와 호흡한 결과가 이 책이다.

물론 역사 속의 인물과 사건을 '있는 그대로' 복원하는 일은 애초에 불가능할지도 모른다. 하지만 역사 속의 정조를 만나기로 하면서, 필자는 여간해서는 마음속에 그 어떤 저울도 미리 설치하지 않았다고 자부한다. 오직 정조의 '말과 행동'(텍스트)을 '역사적 맥락'(컨텍스트)을 고려하여 되도록 당대의 관점과 시야에서 해석하려 했다. 정조가 부딪혔던 난제와 이를 둘러싼 고민들 그리고 문제 해결을 위해 동원했던 수단들을, 오늘의 관점이나 방법론을 투사하기보다 조선의 가치관과 그것이 엮어낸 문화적 의미망에 기초해 이해하고자 했다.

조선의 여러 왕 가운데 정조만큼 왕도의 이상에 가까워지려고 노력한 이도 드물었다. 사실 정조가 파악한 조선 후기의 현실은 말세에 가까웠다. 패도를 써도 이상하지 않은 그런 시대였기에 정조 스스로 여러 차례 패도의 유혹에 빠졌다고 고백했다. 자신의 치세를 말세로 비판하면서도 왕도의 꿈을 버리지 않았던 정조, 그 때문에 그는 소강(小康)의 업적을 이루기만 해도 다행이라고 생각했다. 하지만 소강의 근처에도 미치지 못한 현실을 보고 안타까워했다. 또 조급해하기도 했다.

비상한 시대에는 비급(備急)을 사용하지 않을 수 없는 터, 과연 왕도를 추구하면서 어떻게 불가피한 수단을 최소화할 것인가? 정조가 맞닥뜨린 현실은 비상약을 써야 하는 지경이었지만, 그는 모든 성리학자의 바람대로 백성들의 '강제 없는 자발성〔無爲而治〕'을 이끌어내는 교화를 제일의 통치 수단으로 택했다. 폭력 없는 세상을 바란다면서 기본적으로 폭력의 형태를 띤 형벌에 기댈 수 없었기 때문이다. 공자의 말씀대로 형벌은 형벌이 없어지기를 기약〔刑期無刑〕해야만 했다.

정조는 법과 정령(政令)으로 백성들을 동요시켜서는 안 된다고 강조했다. '백성을 요동치게 하지 않는다〔不擾民〕.'는 세 글자야말로 정조 통치론의 골자였다. 백성은 물과 같아서 가만두면 고요하지만 흔들면 요동친다는 것이다. 민심에 호응하는 자연스러운 통치를 시행하면 그만이었다. 백성들이 따르고 따르지 않는 것은 오직 그들의 뜻에 맡겨둘 뿐이었다.

정조가 군사(君師)를 자처했던 이유가 여기에 있었다. 사회나 국가를 막론하고 누군가가 덕화의 모범을 보인다면 해당 구성원들은 자연스럽게 이를 배워 저절로 따를 것이었다. 요순(堯舜)은 천하 사람들을 인(仁)으로 대하여 스스로 따르게 하는 '장순(將順)'의 정치를 보여주었다. 정조 역시 요순의 이상을 취하여 통치자가 선하면 백성들이 마음으로 복종하리라 굳게 믿었다. 《논어》〈위정(爲政)〉 편의 선정(善政)이 정조의 목표였다. "백성을 법령으로 이끌고 형벌로 다스리면 백성들이 이를 피하려고만 할 뿐 부끄러운 줄 모르게 된다. 하지만 백성의 덕성을 계발하고 예의로 다스린다면 백성들은 염치를 알아 저절로 바르게 된다〔道之以政 齊之以刑 民免而無恥 道之以德 齊之以禮 有恥且格〕."는 것이다.

정조는 성리학자답게 인륜의 교화를 통한 민인(民人)의 자발적 질

차례

서를 희망했다. 그는 모든 백성이 하늘로부터 부여받은 '인간의 근거(理, 明德)'를 회복할 수 있다고 믿었다. 모두가 가능했지만 누구나 이룰 수는 없었기에 반드시 교화를 우선했고, 또 우수한 사례들을 수집해 공표했다. 특히 정조는 인간다움을 추구하려던 소민들의 명예욕을 자극했다. 말세에는 향원(鄕愿)조차 기대하기 어려웠던 만큼 공자가 칭찬해 마지않은 견자(狷者)와 광자(狂者)를 바랐다. '하지 않는 바(有所不爲)'를 고집하는 견자의 겸손과 도리에 합당하면 물불을 가리지 않는 광자의 용기로 충분했다. 정조는 선(善)을 향해 거침없이 나아가는 광자의 솔직함을 칭찬하지 않을 수 없다고 말했다.

문제는 인간의 도리(인륜)를 강조하다가 도리어 인간의 생명을 손상하는 사태였다. 사건이 인명과 관련되었다면 더욱 신중하게 처리하지 않을 수 없었다. 그러나 매 건의 살옥(殺獄)마다 시중(時中)의 균형을 취하기는 매우 어려웠다. 이는 단지 편견을 버리거나 충분히 숙고한다고 해서 자연스럽게 구해지는 도달처가 아니었다. 시중은 과하지도 불급하지도 않은 최선의 결론이었다. 정조는 정신이 한 층씩 깎이는 고통을 견디며 살옥을 심리했고,《심리록》의 구체적인 판례들이야말로 자신의 의리를 충분히 증명하고 있다고 자부했다.

정조 사후 조선의 왕들은 《심리록》을 통치의 모범으로 칭송했고 지방관들을 비롯한 많은 관료 역시 형정의 지침으로 삼았다. 하지만 정약용의 지적대로 지나치게 도덕교화에 치중하다가 굴법(屈法)을 야기한 경우가 없지 않았다. 역설적이게도 교화를 중시하고 인간다움을 증명하라고 요청할수록, 인륜의 이름으로 생명이 경시될 가능성이 점증했다. 정조 스스로 비상약으로 인정했던 소민들의 인정투쟁(명예욕)은 성리학 사회를 튼튼하게 떠받치는 초석이었지만, 자칫 불량한 기초 공사로 집 전체가 위태로울 수도 있었다.

정조가 파악한 '말세'란 욕망의 시대와 다름 없었다. 그런 의미에서 조선 후기는 확실히 새로운 시대였고 정조 또한 세태의 변화를 현실로 인정했다. 그리고 그가 내놓은 말세의 비급(備急), 즉 '욕망으로 욕망을 제어하려던 기획'은 예상대로 구급약이 될 수도, 독이 될 수도 있었다. 정조는 어느 정도 결과를 낙관했지만, 늘 그렇듯이 역사는 예측한 대로 흘러가지 않았다.

책을 쓰는 내내 정조의 시대가 오늘날과 오버랩되었다. 조선 후기의 맥락에 정조를 위치시키려는 매 순간, 그와 그의 시대가 필자의 현실로 미끄러져 들어왔다. 과연 오늘의 통치는 공동체의 구성원들을 요동치게 하고 있지는 않는가? 무위이치의 이상은 단지 조선의 성리학 담론에 국한된 수사일 뿐일까? 인민의 자발성을 도모하려는 정치 기획은 오늘날 '민주 이전의 민주'라는 의미에서 재평가 될 필요는 없을까? 정조의 통치를 마주하면서, 필자 역시 '나(역사가)의 사실들'과 대화하고 있었다. E. H. 카는 "역사란 한 시대가 다른 시대 속에서 찾아낸 주목할 만한 것들에 관한 기록"이라고 정의한 바 있다. 오늘의 우리가 과거 사회를 이해할 수 있도록 해주는 동시에 현재 사회에 대한 우리의 이해와 지배력을 증대시키는 것이야말로 '역사의 이중적 기능'이라는 것이다. 역사는 과거를 캐묻지만 현재를 성찰하고 미래를 희망하는 공부라는 자각이 분명해질수록 책 쓰는 일이 점점 더 버거워진다. 필자만의 고민은 아닐 터라며 위안을 삼는다.

글을 마치면서 우선 수십 년간 함께 역사를 공부해온 학문적 동지이자 인생의 동반자인 김지영에게 감사하고 싶다. 그녀는 끊임없이 지적 자극을 줄 뿐 아니라 필자가 깨닫지 못한 논리의 허점을 찾아내곤 했다. 일단 토론을 시작하면 긴장의 끈을 놓을 수 없다. "이 또한 기쁘지 아니한가(不亦說乎)"를 연발하게 된다. 혹여 훌쩍 커버린 두

머리말

'권선징악'의 통치론

조선 사회를 성리학 사회라고 부르는 데 누구도 주저함이 없다. 성리학은 인간 본성의 선함(天理)을 기초로 사회 질서를 수립했던 정치기획이다. 모든 인간에게 주어진 선한 도덕성을 회복하고(明明德), 이를 기초로 타인의 도덕성 계발에 관여하도록 했다(新民). 개인적으로 노력할 뿐 아니라 서로 격려하고 감시하는 자발적 도덕공동체를 사회 질서의 근간으로 삼았다. 모든 이들이 선한 도덕성을 일시에 회복하면 진정 아름다운 사회가 될 터이나, 이는 역사적으로 볼 때 희망사항에 불과했다.[1]

모든 사람이 태어날 때부터 하늘로부터 선한 본성을 부여받았지만, 누구나 선한 본성을 회복하여 성인·군자의 삶을 이루는 것은 아니었다. 성인은커녕 군자의 삶 근처에도 이르지 못하는 경우가 태반이었다. 특히 조선의 경우 이념적으로 선언된 모든 이들의 선한 본성

1) 피터 볼, 김영민 역, 2010, 《역사 속의 성리학》, 예문서원; 와타나베 히로시, 김선희 외 역, 2017, 《일본정치사상사(17~19세기)》, 고려대학교출판문화원 등 참조.

을 계발하는 과정에서, 엄격한 상하 신분의 현실과 마찰이 불가피했다. 천자로부터 서인에 이르는 교화의 원리가 실제 상층의 사족(士族)들로부터 시작하여 하민(下民)을 포함하기까지는 조선왕조 수백 년의 시간이 필요했다.

조선 건국 이래 성리학 이념은 강력하게 천명되었지만 이를 실현하는 데는 많은 어려움을 겪었다. 먼저 자발적 도덕공동체의 건설은 인간의 본래적 선함을 증명하는 자료들을 수집하고 이를 격려함으로써만 실현될 수 있었다. 충·효·열과 같은 인간 본성〔性善〕의 선함을 보여준 행동에는 예외 없이 명예와 더불어 세속의 보상을 부여한 반면, 가짜 충과 가짜 효, 그리고 가짜 의열에 대해서는 지속적인 교화를 통해 진정한 충·효·열로 거듭나기를 바랐다(권선의 정치학).

동시에 인간의 악행은 엄정하게 처벌되어야만 했다. 본성의 선함을 가리는 개인의 이기적 욕망이 극에 달해 상대를 폭행하거나 죽이는 폭력으로 나타날 경우, '무지(無知)'나 '사고'로 인한 것이 아니라면 반드시 그 죗값을 치르게 해야만 했다. 물론 교화가 이루어지지 않은 상태에서 벌어진 무지의 범죄는 망민(罔民, 무식한 백성을 법으로 일망타진)이라 하여 적극적으로 처벌하지 않았으며, 아울러 고의가 아닌 과실〔범의(犯意)가 없는 경우〕은 참작하여 처벌했다.[2] 그런데 여기서 문제가 발생했다. 악의를 가진 자들이 무지와 고의 없음을 들어 법망을 빠져나가거나 죗값을 치르지 않기 위해 더욱 교묘하게 본인들의 악의를 위장하거나 숨겼다.

그럼에도 조선의 성리학자들은 될 수 있으면 무거운 징벌 대신 예

2) 김호, 2010, 〈《흠흠신서》의 일 고찰-다산의 과오살(過誤殺) 해석을 중심으로〉, 《조선시대사학보》 54 참조.

의와 염치의 작동을 기대했다. 교화를 통해 부끄러움을 아는 인간들이 많아져야 공동체의 '자율적 질서'가 보장된다고 보았기 때문이다. 《논어》에서 강조했듯이 "제도〔政〕와 형벌〔刑〕로 정치를 하면 사람들이 피하려고만 할 뿐 부끄러운 줄 모르게 되지만〔民免而無恥〕, 덕(德)과 예(禮)로 이끌면 사람들이 부끄러움을 알아 저절로 질서가 잡힐 것이다〔有恥且格〕."라고 생각했다. 무위이치(無爲而治), 즉 강제 없는 자발은 성리학 정치의 목표이자 이상이었다.

형벌의 공포는 사회 질서를 유지하기 위한 필요악일 뿐이었다. 무고(誣告)와 사기 혹은 모살(謀殺) 등의 악행과 간악한 범죄〔奸惡〕들이 늘었지만, 예의와 염치를 바라는 손가락질로 교정이 되기를 바랐고, 죗값을 치르더라도 목숨을 빼앗는〔殺人者償命〕 극형은 되도록 삼가야만 했다. 물론 백성을 살리기 위해 해악(害惡)을 사형에 처하는 것은 불가피했다〔生道殺民〕. 그러나 백성을 살리는 또 다른 방도가 있었다. 죄악을 제거하여 백성들이 안업(安業)을 도모할 수 있게 해야겠지만, 더 중요한 것은 백성들이 죄를 범하지 않도록 예방(교화)하는 것이었다.[3] 늘어나는 사형수의 숫자가 선정의 증거일 리 없었다. 엄벌에 기댈수록 교화는 멀어졌다(징악의 한계).[4]

물론 성리학의 문명화(교화) 기획에 더하여, 선(善)의 의지를 부추길수록 위선〔혹은 위광(僞狂)〕과 악의(惡意) 또한 욕망의 끄트머리에 뒤섞여 들어왔다. 성리학자들은 인간의 본성상 불순한 악의와 참기 어려운 위선은 사회·문화적 압력(타인의 시선이나 손가락질을 중요하게 여

---

3) 《송자대전(宋子大全)》 권129, 〈답삼석(答三錫)-정사구월이십일일(丁巳九月廿一日)〉. 1677년(숙종 3) 71세의 송시열은 족손(族孫) 송삼석(宋三錫)에게 편지를 보내 학문의 방도와 정치의 본질에 대해 가르침을 주었다.

4) 김호, 2016, 〈연암 박지원의 형정론(刑政論)-주자학 교화론의 갱신〉, 《법사학연구》 54 참조.

기며, 명예를 추구하는 사회적 관습과 문화적 가치 등)으로 자연스레 제거될 것으로 믿었다. 이를 통해 '강제 없는 자발적 사회 질서〔無爲而治〕'가 유지되기를 바랐다. 그러나 역사적으로 볼 때 선의지에 혼유된 이기적 욕망(위선과 위광)을 제거하기는 쉽지 않았다.

요컨대 사회를 유지하기 위해 기본적으로 교화에 바탕을 두었지만, 질서를 위협하는 모든 악행을 예외나 무지의 결과로만 명명하고 외면할 수는 없었으며, 그렇다고 해서 인간 본성의 선함을 부정하는 증거로 삼기는 더 어려웠다. 결국 성리학의 문명화 기획은 딜레마에 빠질 수밖에 없었다. 특히 겉으로는 선을 지향하고 있었지만 '사이비(似而非)'에 불과한 위선과 위광(僞狂)을 적절히 관리하지 않으면 안 되었다. 만일 위선과 선의 구별이 모호해지고 진정한 용기〔광자(狂者)〕와 사이비(위광)가 구별되지 않는다면, 진(眞)·위(僞)를 둘러싼 논쟁이 불가피해지고 사회는 걷잡을 수 없는 불신의 소용돌이로 빠져들 가능성이 높았다.

성리학이야말로 위선과 위광의 사이비를 걷어내고 선의에 기초한 신뢰 사회를 구축하려던 정치기획이었다. 성리학의 문명화 기획에 대한 불신이 사라지지 않는다면 사회 질서의 붕괴는 필연적이었다. 확실히 조선 후기에 분출한 다양한 '욕망'(인정투쟁)에 대응하여, 성리학자들은 인륜의 도덕교화를 강조하는 동시에 욕망에 혼입된 위선(사이비)들을 정확하게 처벌 혹은 제거하지 않을 수 없었다.

그러나 도덕을 강조할수록 역설적으로 인륜이 사람을 잡아먹는 일마저 발생했다.[5] 조선 후기에 이르러, 선의에 기댄 교화의 이상에 호

---

5) 루쉰(魯迅)의 "예교가 사람을 잡아먹는다."는 주장은 '위선과 위광'에 대한 각별한 주의를 환기시킨다. 광자와 위광에 대한 논의는 이후 본문에서 자세하게 다룬다.

소할수록 선의로부터 점점 멀어진 (위선을 포함한) 악의의 출현도 잦아졌다. 정조가 당대의 풍속에 대해 교화는커녕 엄형으로도 바로잡을 수 없을 정도로 퇴락한 말세라고 비판했을 정도였다.

18세기의 문인 이옥(李鈺)은 이러한 속태(俗態)를 가감 없이 기록한 바 있다. 시체를 이용하여 상대의 돈을 갈취하는 '속임수〔圖賴〕'는 전에 없던 악의적인 무고 사건 중 하나였다〔《성진사전(成進士傳)》〕. 또한 변강쇠가 음란한 창기를 혼내주는 이른바 '(수단과 방법을 가리지 않고) 음란〔淫〕으로 음란을 공격하기'라는, 과거에는 생각조차 할 수 없었던 일들마저 벌어졌다.[6] 이를 스스럼없이 옮겨 적은 이옥의 태도는 풍자라기보다는 말세의 풍속에 대한 냉소에 가까웠다. 그의 글에는 성선에 대한 믿음은 약해지고 악의가 본성은 아닐까라는 생각마저 들게 하는 날 것 그대로의 모습들이 시니컬하게 묘사되었다.[7]

조선 후기의 성리학자들은 당시의 세태를 말세로 규정하는 데 주저함이 없었다. 인간의 선의에 호소할 수도 그렇다고 엄형을 동원할 수도 없었다. 타인의 선의를 믿거나 기대할 수 없다면 성리학의 정치 기획은 막을 내릴 수밖에 없었다. 선을 권장하되 매우 예리하고도 적확하게 선에 뒤섞인 위선을 걸러내야 했다. 악행을 징벌하되 혹시 모를 선한 본성의 표지들을 찾아내 인간성이 소멸하지 않았음을 예시해야 했다.

체제의 위기가 증폭될수록 인륜의 교화가 다급해졌지만, 도덕에 기댈수록 '사이비(위선)의 한계를 분명히 설정하지 않을 수 없었다. 성리학 군사(君師)를 자처했던 정조는 이러한 사태를 극복하기 위해

---

6) 이옥, 심경호 역, 2001, 《선생, 세상의 그물을 조심하시오》, 태학사 참조.

7) 김호, 2015, 〈조선 후기의 '도뢰(圖賴)'와 다산 정약용의 비판〉, 《한국학연구》 37 참조.

다양한 통치 방법을 제시했다. 정조의 형정(刑政) 운용이야말로 통치론의 핵심이었다. 기본적으로 덕화(德化)에 기대어 사회 질서를 모색할 때, 불가피한 심지어 필요악인 형벌(법)의 사용이야말로 정치의 목적과 수단 사이의 긴장과 모순을 적나라하게 드러내주기 때문이다.[8)]

앞으로 살펴볼 정조의 심리(審理)를 포함한 세심한 형정 운영은 무송(無訟)의 이상〔無爲而治〕을 추구했던 그의 의지와 노력이 가장 돋보이는 '작위(作爲)의 증거'들이었다. 그는 매일 밤 살옥사건의 판결문을 쓰느라 잠을 설쳤으며, 이렇게 탄생한 공정한 판결은 정조 통치의 기초를 이루었다.

사실 정조는 모든 권력을 틀어쥔 절대군주가 아니라 자리에 하릴없이 앉아 있어도 되는 순 임금의 정치를 희구했다. 《논어》〈위령공〉 편은 '무위이치(無爲而治)'를 다음과 같이 설명하고 있다. "특별히 무언가를 하지 않아도 저절로 질서가 유지되었으니 순 임금이 그러했다. 그가 무엇을 했겠는가? 그저 남면한 채 공손하게 앉아 있을 뿐이었다〔無爲而治者 其舜也與 夫何爲哉 恭己正南面而已矣〕." 정조는 요순의 이상 정치를 바랐다. 《논어》〈위정〉 편의 "덕치를 하면 북극성은 자기 자리에 가만히 있어도 여러 뭇별들이 이를 둘러싸고 저절로 돌아간다〔爲政以德 譬如北辰居其所 而衆星共之〕."는 상태이다. 북극성은 왕을 의미했으니, 뭇별 같은 신민(臣民)들은 강제하지 않아도 모두 제자리에

---

8) 정조의 제왕학에 대한 일반적인 소개는 김문식, 2007, 《정조의 제왕학》, 태학사; 백민정, 2020, 〈정조의 경학 이해와 정치의 문제〉, 《한국문화》 89 참조.
지금까지 정조의 정치를 서구의 절대왕정에 비견하거나 혹은 왕권 강화에 기초한 유교정치의 지향으로 이해하는 경향이 일반적이다. 하지만 본서에서 필자는 정조의 유교형정론이야말로 '무위이치'를 향한 섬세한 유위의 과정으로 설명하고자 했다. 이른바 '강제 없는 자발적 질서〔無爲而治〕'는 덕화를 근본으로 한 정조 형정론의 궁극의 도달처였다. 정조의 이러한 통치론을 오해하고 절대왕정이나 왕권 강화로 쉽게 단정한다면, 덕주형보로 상징되는 '성리학 자발주의'의 역사적 의의를 이해하지 못하게 될 것이다.

서 자발적으로 각자의 역할을 다하는 이상적인 공동체를 이루었다.

공정한 살옥 심리와 함께 법보다 교화를 중시하는 정치가 실현된다면, 무언가를 하지 않아도 저절로 덕화가 이루어질 것이었다. 덕치의 목표가 무위(無爲)에 있었던 만큼, 정조는 결코 절대군주의 지위에 올라 권력을 만끽할 생각을 품지 않았다. 만기친람(萬機親覽)은 무위를 위한 수단이었지 목표가 아니었다.

이상을 실현하기 위해서는 쉼 없는 노력(有爲)이 필요했다. 왕위에 오른 정조는《흠휼전칙(欽恤典則)》의 반포를 시작으로 형정 제도의 개선과 운용의 정비에 착수했다.[9] 선왕 영조의 교화론을 이어받아 25년 재위 기간 내내 '흠휼', 즉 형벌은 가급적 최소화해야 한다고 강조했다. 이처럼 덕치와 흠휼을 강조할수록, 악의를 정확하고도 엄격하게 처벌해야 했다. 용서할 만한 자를 감형하는 만큼 응징해야 할 자는 반드시 처벌할 수 있도록 했다. 정의로운 법집행이야말로 사회 질서를 유지하는 가장 중요한 방도 가운데 하나였기 때문이다.

애초부터 범죄가 없어서 처벌할 자가 아무도 없고 재판이나 심리마저 불필요한 무송의 상태는 바람직한 이상이었지만, 역사상 그러한 세상은 단 한 번도 실현된 적이 없었다. 현실에서 벌어진 범죄와 쟁송(爭訟)을 공정하게 처리함으로써, 사건에 연루된 모든 사람들에게 원통함이 없게 하고 이를 지켜보는 사회 구성원들이 정의로운 법감정을 공유하도록 해야 했다.

따라서 정조는 살옥사건을 심리하면서 해당 범죄의 처벌에 적확한 율문(律文)을 인용하고자 애썼다. 그때마다 개별 사건을 둘러싼 '고유

---

9) 심재우, 1995, 〈18세기 옥송(獄訟)의 성격과 형정 운영의 변화〉,《한국사론》34; 심재우, 1999, 〈정조대《흠휼전칙》의 반포와 형구(刑具) 정비〉,《규장각》22; 한상권, 2011, 〈조선시대의 교화와 형정〉,《역사와 현실》79.

한 맥락〔사정, 정(情)〕'을 고려하고, 인율(引律)을 통한 처벌 과정에서 '인간다움의 도리(인륜)'를 강조하지 않을 수 없었다. 때문에 정조는 사람을 죽인 경우에 대해서도 고의적인 살인과 우발의 사고를 구별했고 재범과 초범을 달리 처벌했다. 가벼운 죄를 저질렀지만 무겁게 처벌해야 할 때가 있는 반면, 무거운 죄임에도 가볍게 처벌하지 않을 수 없는 경우가 있었다. 위기에 빠진 부모를 구하려다 사람을 죽인 효자를 단순한 살인과 동일하게 처벌할 수는 없었다. 우애 없는 형제를 난타한 의협(義俠)에게 사죄를 내릴 수 없었으며, 음란의 무고를 복수한 여인의 매운 마음〔烈〕을 칭송하지 않을 수 없었다.

법이 필요 없는 사회를 목표로 한 이상, 법의 정의로움은 단순히 '보복'의 기능에 머물러서는 안 되었다. 형벌은 그 이상의 의미를 지녀야만 했다. 형벌을 집행하는 과정에서 단 한 사람이라도 억울한 피해자가 생기지 않아야 함은 물론, 범죄를 미연에 방지하는 효과도 있어야 했다. 성인(聖人)의 이상은 아프기 전에 섭생하여 병들지 않고 범죄 또한 미연에 방지하는 것이었다. 범죄 예방은 처벌의 공포와 겁박의 효과에 기대기보다 인간 본성의 선의(善意)를 북돋는 것이 우선이었다.

조선의 형정은 교화의 또 다른 얼굴이었다. 정조는 자신의 판결문을 통해 덕화의 의지를 천명했을 뿐 아니라 관료들의 형정에 영향을 미치고자 했으며, 나아가 백성들의 행동을 바루고자 했다. 살옥 심리는 삶과 죽음을 가르는 길이었기에 무엇보다 처벌의 경중(輕重)과 재량의 가감(加減)을 둘러싸고 섬세한 저울질〔權〕이 요구되었다. 최선의 선택만이 단 한 사람이라도 억울한 사람을 만들지 않을 수 있었다.

한 사회의 '선을 향한 의지'를 고양시키려면 '악을 응징하는 처벌' 또한 효과적으로 작동해야 했다. '정의로운 처벌(심리)'은 법률 조문을 기계적으로 적용한 결과가 아니었다. 정조에게 하나의 살옥 심리는 처벌에 적당한 율문을 찾는 손쉬운 과정이 아니었다. 개별 사건마다의 고유한 정황과 당대의 도덕적 윤리〔理〕를 종합적으로 고려하여 '최선'의 처벌(충분히 죗값에 상응한다는 의미에서)에 이르러야 했고, 이는 세상의 감정〔物情〕과 공명하는 과정이기도 했다.

조선의 형정 운용에서 율문(법)은 형벌의 집행상 가장 중요한 요소였고, 이러한 점에서 '법치를 위한 제도(화)'가 이루어져 있었다고 평가할 수 있지만 여전히 하나의 조건에 불과했다. 이는 오늘날의 이른바 죄형법정주의 혹은 법실증주의로 일컬어지는 법률 조문의 적확한 적용과는 차원이 달랐다.

요컨대, 법조문의 인율(引律)은 개별 사건마다 고유한 사정〔情〕을 헤아리고 인간의 도리를 둘러싼 사회적 가치〔理〕를 통합적으로 고려한 최선의 선택 과정이었다. 동시에 최선의 판결은 범죄를 둘러싼 당대인들의 상식〔物情〕에 부합되어야 한다는 점에서 앞서 언급했듯이 설득의 과정이기도 했다. 조선의 형정 운영에서 정(情)·리(理)는 법(法) 만큼이나 공정한 심리를 위한 필수불가결의 요소였다.

정·리의 고려와 '함테제'

조선의 살옥 심리 과정에서 드러나는 사건을 둘러싼 맥락〔情〕과 도덕적 측면〔理〕의 고려를 원님재판식 인치(人治)의 증거나 자의적인 법집행의 실상으로 볼 수 있을까? 조선의 법 운영에 대해, 베버가 주장한 대로 비(非)서구 사회의 카디 재판이나 원님의 독단처럼 법치가 아닌 판관의 자의적 판결이었다거나 인치였다는 주장은 꽤나 오래된 상식이었다. 전근대 한국의 전통법에 대한 함병춘의 비판은 이러한 입장을 대표한다.[10] 이른바 '함병춘 테제'(이하 '함테제')는 서구 근대의 합리적 법치와 전근대 한국의 비합리적 전통을 대비한 후, 인치에 가까운 조선의 법 전통을 극복해야 할 대상이라고 비판했다. 이러한 생각은 중국의 법 전통을 연구했던 서구의 연구 동향에서도 유사하게 나타났다.[11]

함병춘은 현대 한국에서 나타나는 법과 현실 사이의 괴리가 '전근대적인 법 전통'에서 비롯되었다고 파악하고, 따라서 전근대적 법의식의 기원이라고 할 수 있는 전통 사회의 법 문화를 연구하지 않을 수 없다고 주장했다. 함병춘에게 '전통 사회의 법의식'은 그 자체로 의미가 있다기보다는 현대 한국에서 서구의 발달한 법학을 수용하기 위해 극복해야 할 장애를 이해하는 데 필요한 조건이었다.[12]

함병춘은 동양 사회는 전통적으로 법에 의한 지배보다 덕에 의한 지배를 강조해왔다고 주장했다.《논어》와《예기》등 유교의 고전들을 일별하면, 대부분의 경우 통치자는 법이 아니라 덕치를 강조했다는 것이다. 형벌은 무서워서 따르는 것에 불과하므로 유교의 예(禮)에 따라 행동을 규율하도록 했으며, 이에 따라 한국인은 전통적으로 재판보다 조정이나 타협을 선호했다는 것이다. 분쟁 당사자들끼리 시시비비를 가리기보다 갈등의 조화를 우선시했는데, 이러한 조선의 법 전통은 베버적인 의미에서 볼 때 철저하게 비합리적인 동시에 실질

10) 함병춘 테제에 대한 기왕의 연구들에 대해서는 최종고, 1989,《한국의 법학자》, 서울대학교출판부, 241~288쪽; 김명숙 외, 2013,〈법 문화와 법의식〉,《법사회학, 법과 사회의 대화》, 다산, 298~303쪽 참조.

11) 중국의 민사 재판을 둘러싸고 정·리와 법의 긴장 관계를 어떻게 해석할지에 대한 필립 황과 시가 슈조의 논쟁은 뒤에서 자세하게 다루기로 한다.

12) 양건, 1989,〈한국에서의 법과 사회 연구〉,《법과 사회》1-1, 70~72쪽 참조.

지향의 경향을 띠었다는 해석이었다.[13]

한마디로 서구에 비해 동양, 특히 전통 시대 한국의 문화는 비법률적(alegalistic)이거나 윤리적(ethical)일 수밖에 없다는, 다시 말해 동양 사회의 비법률적 전통 속에서 법의 지위는 통치자의 덕성에 종속될 뿐이라는 함병춘의 견해는 이후 한국의 법 전통을 논의할 때 주류의 일반론으로 자리 잡았다.[14]

함병춘은 외국의 선진 법 문화와 체계를 수용하여 한국의 고유한 법 전통을 대체하는 것이야말로 현대 한국 법학이 나아가야 할 바라고 주장하고, 국제적 상호 의존성이 점증하는 상황에서 조선의 법 전통을 현대에 부활시킬 수는 없으며 결국 서구의 법 제도를 수입해 토착의 법 전통에 맞게 창조적으로 적응시켜야 한다고 강조했다.[15]

이상의 '함테제'를 둘러싸고 후일 법사회학적 논쟁이 불거졌다. 법학자였던 양건은 함병춘이 지나치게 협소한 문화 중심적 접근에 의존하여 한국의 법 전통을 논의했다고 반박하고, 사회경제적 문제나 현대 권위주의 정부 하의 사법부에 대한 불신 등이 법치의 부재를 야기한 원인은 아니었는지 등등 다양한 배경을 고려할 필요가 있다고 반박했다. 또한 양건은 한국의 법 전통은 베버식의 합리적 법 문화를 결여하고 있다는 함테제를 반박할 만한 당시(1980년대 전후)의 연구

---

13) 베버의 동양법 인식에 대해서는 최종고, 1981, 〈막스 베버가 본 동양법-비교법사(比較法史)의 기초를 위하여〉, 《법사학연구》 6, 261~264쪽 참조.

14) 김학준, 1984, 〈서평: 조선 유교국가의 법률적 규범〉, 《한국학보》 10-2, 241·242쪽. 정치학자 김학준은 통치자는 법에 의해 제약되지 않으며 법 위에 군림한다는 이른바 비트포겔의 '총체적 권력론'을 인용하여, 동양 사회를 바라보는 이러한 시각이 함병춘에 의해 그대로 조선에 적용되었다고 보았다. 법치에 대한 유가의 멸시와 도덕성에 대한 강조로 인해 지배 계급 전체가 자신들의 권력에 대한 제한(법)으로부터 거의 완전히 해방되어 있었다고 보았다. 기본적으로 덕(성)에 의한 정치는 군주와 지배 통치 계급의 '기분에 따른' 자의적 지배였다는 주장이다.

15) 양건, 1989, 앞의 논문, 72쪽.

성과로 박병호와 윌리엄 쇼(W. Shaw)의 '조선 사회의 법'에 대한 연구를 꼽았다. 이들 선구적인 연구에 따르면 ① 조선왕조에서 법은 형법을 포함하여 결코 낮게 평가되지 않았으며, ② 동양의 전통적인 유교 사회에서 '소송을 기피하는 태도'는 한국의 전통 사회에 관한 한 매우 중대한 제한 아래서만 타당한 주장이라는 것이었다.[16] 나아가 ③ 전통 사회의 형정 운용이 베버식 의미에서 합리적 요소를 결여했다고 폄하하기보다는, 도리어 조선의 법이 평등했다는 긍정적 측면을 발견할 수 있다고 강조했다.[17]

이처럼 양건은 조선의 법 전통이 나름의 법치 제도를 갖추었을 뿐 아니라 합리성을 결여하지 않았다는 연구 성과를 참조하여 함테제의 문제를 지적하고, 더 나아가 함병춘의 연구가 역사적인 실증이 부족하다고 비판했다. 함병춘의 연구는 1차 사료보다는 대체로 영문으로 된 2차 자료에 의거했기 때문에 설득력이 떨어진다는 것이다.

특히 양건은 현대 한국에 남아 있는 부정적인 법 전통의 잔재는 조선의 법 문화라기보다 차라리 일제강점기 혹은 이후 현대 권위주의 정권 하의 부정적인 영향으로 형성되었을 가능성이 있다고 역설했다.

양건의 비판에 대해 후일 김정오는 함병춘의 연구는 철저하게 한국 사료의 검토를 통한 역사적 해석에 기초했다고 강조하면서, 함테제의 문제의식은 오늘날에도 여전히 가치를 잃지 않은 중요한 문제라고 주장했다. 그 이유에 대해 그는 1960년대 당시 함병춘 등 법학자들은 외국에서 수용한 서구의 법체계가 한국 사회에 제대로 착근

---

16) 2000년대에 들어서 중국 소송사회론의 영향을 받아 조선에서도 '소송이 (상당히 만연한) 사회'였을 가능성이 제기될 정도이다. 夫馬進, 2011,《中國訴訟社會史の研究》, 京都大學學術出版會; 한국국학진흥원 편, 2017,《소송과 분쟁으로 보는 조선 사회-조선 사회를 보는 또 다른 눈을 찾아서》, 새물결.

17) 양건, 1989, 앞의 논문, 75·76쪽

하지 못한 원인을 찾아야만 했고, 적어도 그 근거를 전통적인 법규범 즉 '역사적인 연원'에서 찾으려고 시도했기 때문에 함테제는 오늘날에도 여전히 유효할 뿐 아니라 중요하다는 점을 지적했다.[18]

아울러 김정오는 한국의 전통 법을 탐구했던 함병춘이 서구 근대의 가치관을 조선이나 한국의 과거에 그대로 적용하는 것을 특별히 경계했다는 점을 강조했다.

함병춘은 한국의 전통 사회를 서구를 기준으로 비합리적이라고 하거나 전근대, 권위주의, 동양적 전제 등의 수식어를 붙일 경우 그 한계가 너무도 자명했기에, 반드시 전통의 '문화적 조건' 그 자체를 탐색해야 한다고 강조한 바 있었다.[19] 또한 함병춘은 조선의 법 전통을 단순한 정치경제적 계급론의 차원에서 분석할 경우 근본적인 해답을 얻을 수 없다고 지적하기도 했다. 조선의 경우 인구의 7.4퍼센트에 불과했던 양반 계층이 자신들의 이해관계에 반하는 듯 보이는(스스로 물욕과 권력욕을 억제하는) 법체계를 만들어냈는데, 과연 왜 그랬는지 따져볼 필요가 있다는 것이었다.

한마디로 사회경제적인 해법, 즉 단순히 지배 계급의 유교 이데올로기가 조선 민중들을 억압하고 착취하기 위해 법을 제정했을 것이라고 전제하는 견해로는, 유교에 기반한 한국의 문화 전통은 온통 비판과 폐기의 대상일 뿐이라는 조악한 결론에 이를 수밖에 없다는 지적이었다. 함병춘은 전통의 법 문화 혹은 법 감정을 살펴볼 때 문화적인 측면을 반드시 고려해야 비로소 이에 대한 해답을 얻을 수 있다고 주장했다.[20]

---

18) 김정오, 2014, 〈함병춘 선생의 한국 법 문화론〉, 《법학연구》 24-2, 24쪽, 29쪽.

19) 함병춘, 1969, 〈한국정치사상〉, 《동방학지》 10 참조.

이상 함테제를 둘러싼 법학자들의 논쟁은 '조선의 법치 문화를 어떻게 볼 것인가?'라는 문제와 관련하여, 오늘날 조선시대의 법치와 법 문화를 연구할 때도 여전히 오래된 '편견'으로 그리고 풀어야 할 '숙제'로 남아 있다.

현대 한국인들의 마음과 문화 속에 완연히 지속되고 있는 조선의 법 전통과 법 감정을 이해하려면, 단지 조선시대에 법전이 지속적으로 발간되었고 법치를 보장하는 제도화가 이루어졌으며 나아가 법이 도덕에 비해 무시되거나 소홀히 적용되지 않았을뿐더러 국가에 의한 배타적인 사법 형정의 운영이 이루어졌다고 강조하는 것만으로는 부족하다. 뿐만 아니라 전통 사회 즉 조선은 조정이나 화해보다는 법적으로 분쟁을 해결하려 한 소송 사회였다고 주장하는 것 역시 무언가 충분치 않아 보인다.

오늘날의 상식과 달리, 유교사회였던 조선에서 실제 친족 간 재산 분쟁이 많았다거나 법전의 정비가 우리의 예상보다 훨씬 잘 이루어졌으며 인율 과정의 형식 합리성도 부족하지 않았다는 설명 그 이상이 필요한 셈이다. 가령 이 책이 주목하는 형정 운용이나 심리를 둘러싼 정·리와 법의 조화 그리고 이와 더불어 유교형정론의 핵심이랄 수 있는 덕주형보(德主刑補)의 의미가 좀 더 깊이 있게 성찰되어야 할 것이다.[21]

이 점에서 본 연구는 조선시대의 법과 사회를 둘러싼 법제사나 사회사 등 기왕의 연구 성과를 기반으로 하되 사상사나 문화사에 가까운 접근을 시도할 것이다. 정조의 법치를 논하지만 조선 유교형정론

---

20) 사실 함병춘의 이러한 지적은 오늘날에도 여전히 주목할 만한 문제의식이다. 김정오, 2014, 앞의 논문, 37쪽.

의 사상·문화적인 배경을 따져 묻는 것이라 할 수 있다. 조선 후기 형정 운영의 백미라 할 수 있는 정조의 살옥 심리와 그 결과로 남은 판결문 그리고 이를 통해 정조가 추구했던 진정한 통치는, 조선에도 법치가 제도적으로 완비되어 있었고 도덕보다 법률이 중시되었다거나 혹은 이와 반대로 법률만큼이나 인정이나 도리를 강조했다는 식의 서술로는 충분하게 설명할 수 없다.

요컨대 정조의 형정론은 불가피한 통치 수단인 형벌(법)을 통해 이상적인 덕치공동체를 구현하려 했던 조선, 그 정점에 있었던 정조 통치론의 사상적 의미를 깊이 탐구함으로써만 제대로 밝혀질 수 있을 것이다.

이러한 관점에서 볼 때 함테제(현대 한국에 지속되고 있는 전통의 법 감정과 법 문화의 역사성)에 대한 탐구가 필요하다는 주장은 여전히 유효하다고 할 것이다.[22] 다만 조선의 법 전통을 극복하고 서구의 법체계와 법 감정을 수용하기 위한 선결 과제로서가 아니라, 조선의 법 전

---

21) 법사학계의 선구자 박병호 교수의 일련의 연구 성과는 조선의 법 체제와 제도상의 운용이 현대에 못지않았음을 역사적으로 증명하는 것이었다. 박병호, 1972,《전통적 법체계와 법의식》, 한국문화연구소; 박병호, 1974,《한국법제사고(韓國法制事攷)-근세의 법과 사회》, 법문사; 박병호, 1974,《한국의 법》, 세종대왕기념사업회; 박병호, 1981,《한국의 전통 사회와 법》, 서울대학교출판부; 박병호, 1986,《한국법제사》, 한국방송통신대학교. 이러한 연구 전통은 이후 심희기, 1997,《한국법제사 강의》, 삼영사; 조지만, 2007,《조선시대의 형사법-대명률과 국전》, 경인문화사; 정긍식, 2018,《조선의 법치주의 탐구》, 태학사 등 법학계의 연구와 심재우, 2009,《조선 후기 국가 권력과 범죄 통제-《심리록》 연구》, 태학사; 김백철, 2016,《탕평시대 법치주의 유산-조선 후기 국법 체계 재구축사》, 경인문화사; 김백철, 2017,《법치국가 조선의 탄생-조선 전기 국법 체계 형성사》 등의 연구에서 일관되게 나타나고 있다.
조선의 형정이 나름대로 체계적인 제도를 유지했을 뿐 아니라 이른바 (서구의) 근대적 합리성을 갖추어가는 과정이었다고 주장하는 입장은 근대주의적 시각에서 서구의 자본주의 발달사를 동아시아에서도 찾으려 했던 시도와 유사한 문제의식에 기초하고 있다. (동양, 한국에는) 왜 자본주의가 없었을까(Why not?), 왜 과학혁명은 없었을까라는 질문들의 기저에 깔린 오리엔탈리즘을 넘어설 필요가 있다. 조선의 법 전통은 정·리를 고려하는 인치를 넘어 근대적 의미의 법치로 나아간 것이 아니었다. 본서에서 필자는 조선의 법치 전통은 특히 심리 과정에서 정과 리와 법을 통합적으로 고려하여 최선의 판결에 이르는 변증법적 해석 과정이었음을 밝히고자 했다.

통과 문화를 '그 자체의 맥락과 고유한 역사'로부터 이해하고 이를 통해 조선의 법 문화, 나아가 조선 유교형정론의 특징을 밝혀내는 데 한해서 유효하다는 점을 강조해두고자 한다.[23]

윌리엄 쇼의 조선 형정 연구

이쯤에서 조선의 유교형정론, 특히 정조의 법치와 관련하여 핵심적인 저술인《심리록(審理錄)》을 본격적으로 연구한 최초의 논문을 언급해야 할 것 같다.[24] 정조의 형정 운영과 관련하여《심리록》이 가장 중요한 저술이라는 사실은 예나 지금이나 변함이 없다. 그럼에도《심리록》을 본격적으로 검토했던 윌리엄 쇼(William R. Shaw)의 문제의식은 이후《심리록》에 관한 국내 학자들의 연구에서 심도 있게 논의된 바가 없다.[25]

일반적으로 덕치 위주의 유교형정론에 대해서는 이미 참고할 만한 논저들이 여럿 있지만,[26] 윌리엄 쇼는 이를 넘어서 조선의 법 추론 과정을 훨씬 더 정교하게 다루었다. 그의《유교국가(조선)의 법규범》은 하나의 사건 판결을 둘러싸고 일어난 법과 도덕적 재량 사이의 마찰, 즉 조선 후기 정조의 판부(判付)를 중심으로 법과 정·리의 긴장 관계

---

22) 김정오, 2006,《한국의 법 문화-인식, 구조, 변화》, 나남출판.

23) 리처드 왓모어, 이우창 역, 2020,《지성사란 무엇인가?-역사가가 텍스트를 읽는 방법》, 오월의봄.

24) William Shaw, 1981, *Legal norms in a Confucian state*, Institute of East Asian Studies, University of California.

25) 심재우, 2005,〈《심리록》 연구-정조대 사형 범죄 처벌과 사회 통제의 변화〉, 서울대학교 박사학위논문; 정순옥, 2005,〈조선시대 사죄심리제도와《심리록》〉, 전남대학교 박사학위논문은《심리록》을 분석한 대표적인 성과이다. 하지만 윌리엄 쇼의 문제의식을 깊이 검토하지는 않았다.

를 가장 밀도 있게 다룬 역저라 할 수 있다. 그는 자신의 저서를 통해, 정조는 살옥 심리 과정에서 정·리와 법조문 사이의 '재량과 그 한계'를 유지했는데, 대부분의 판례에서 입법 취지를 넘지 않는 한도 내에서 도덕적 측면을 고려했다고 강조했다.

쇼는 한국의 전근대 법 운용에 대해 살펴본 결과, 베버나 이후 서구인들의 잘못된 상식과 달리 적어도 비합리적이거나 원님재판식으로 이루어지지는 않았음을 확인할 수 있다고 보았다. 즉 형사 사건을 처리할 법전과 절차(제도)가 준비되어 있었을 뿐 아니라 법을 다루는 법관들 역시 법의 취지에 반하는 혹은 넘어서는 자의적 판결을 내리지 않았다는 것이다. 한마디로 합리적인 '법의 지배'를 구현하고 있었다는 논리였다.

사실 이러한 그의 주장은 비서구 사회(조선)는 비합리적이라는 편견을 비판하는 것이었지만, 함테제를 둘러싼 논쟁에서도 드러났듯이 서구와 비서구를 합리와 비합리로 구분한 후 도덕(감정)의 지배가 아닌 합리적인 법의 지배로 나아가야 한다는 주장과 근본적인 전제는 크게 다르지 않았다. 즉 (정·리가 강조되는) 비합리적인 전통을 극복해야 한다거나 반대로 조선은 이미 나름대로 정·리가 아닌 합리적인 법의 제도화를 이루었다는 주장은 일견 상반된 견해로 보이지만, 정·리(비합리성의 토대)의 지배가 아닌 법치(합리적 추론)를 긍정한다는 점에서 동일한 이상(합리적인 법치의 추구)을 공유하고 있었다.

정조의 형정 운영을 비롯하여 조선의 법 전통에 관한 일반적인 법

26) 오래된 저작이기는 하지만 취퉁쭈(瞿同祖), 김여진 외 역, 2020,《법으로 읽는 중국 고대 사회-중국 고대 법률 형성의 사회사적 탐색》, 글항아리를 비롯하여, 판중신(范忠信), 이인철 역, 1996,《중국 법률 문화 탐구-정리법(情理法)과 중국인》, 일조각, 그리고 최신 연구 성과인 曾憲義, 2011,《禮與法-中國傳統法律文化總論》, 中國人民大學出版社를 참조할 만하다.

사학 연구 성과들은 대부분 정·리의 영역을 (법치의 반대라는 의미에서의) 인치의 자의적이고 부정적인 대상으로 상정하고, 이를 극복하면서 이성적이고 합리적인 법의 지배로 나아가야 한다는 점을 강조했다.

지나치게 평가 절하한다는 비판이 있을지 모르나, 조선의 법 전통을 제대로 알 필요가 있다고 강조했던 함병춘조차도 조선의 법 문화를 연구한 이유는 서구의 합리적 법 제도를 수용하기 위한 전제나 선결 과제를 풀기 위함이었다. 반대로 이를 비판했던 양건의 주장(불합리한 한국의 법 전통은 조선이 아닌 일제강점기 혹은 현대 군사정권 하의 억압적인 환경에서 탄생했을 가능성이 높다)과 이러한 주장의 근거가 되었던 박병호 등 일련의 법사학 연구 역시, 조선이 고유한 법전과 제도는 물론 나름의 '합리적'인 법 추론 모델을 갖추고 있었다고 주장함으로써, 여전히 조선의 법 문화에서 중요한 위치를 차지하는 정·리의 영역을 자의적이거나 비합리적인 영역과 동일시하는 우를 범하고 있었다.

본 연구에서 필자는 조선 형정론의 중요한 특징 가운데 하나인 정·리의 고려와 법률 적용 사이의 긴장을 단순하게 인치 대 법치로 양립시키거나 혹은 자의성과 합리성의 근거로 환원해 설명하지 않을 것이다. 조선의 법관들은 공평한 판결을 내리기 위해, 하나의 사건을 둘러싸고 정과 리와 법이라는 세 가지 측면을 깊이 고민했다.[27] 정·

27) 조선 후기 형정 운용 과정에서 정·리와 법의 긴장에 관한 최근의 연구로는 김호, 2011, 〈약천 남구만의 형정론에 대한 다산 정약용의 비판〉, 《국학연구》 19; 김호, 2012, 〈'의살(義殺)'의 조건과 한계-다산의 《흠흠신서》를 중심으로〉, 《역사와 현실》 84; 김호, 2012, 〈조선 후기 강상(綱常)의 강조와 다산 정약용의 정·리·법-《흠흠신서》에 나타난 법과 도덕의 긴장〉, 《다산학》 20-1; 백민정, 2017, 〈《흠흠신서》에 반영된 다산의 유교적 재판 원칙과 규범-〈경사요의(經史要義)〉의 법리(法理) 해석 근거와 의미 재검토〉, 《대동문화연구》 99 등 참조. 한편, 정·리와 법의 관계를 일종의 법문학적 관점이나 내러티브의 측면에서 주목한 연구도 있다. 박소현, 2014, 〈법문학적 관점에서 바라본 유교적 사법 전통〉 《대동문화연구》 87; 박소현, 2011, 〈진실의 수사학-《흠흠신서》와 공안소설의 관계를 중심으로〉, 《중국문학》 69 참조.

리·법은 조선의 법치 전통이라는 직조물을 짜는 세 줄기의 실타래였던 것이다.

재차 언급하지만 이상의 문제와 관련하여 정조의 살옥 판부를 가장 정교하게 분석했을 뿐 아니라 그의 판결문에 보이는 정·리와 법 사이의 재량과 그 한계를 본격적으로 탐구한 연구자는 윌리엄 쇼였다.[28] 그는 한국의 전통 시대를 서구적인 편견으로 바라보지 않았을 뿐 아니라 전통의 가치와 법 문화의 중요한 요소였던 정·리의 측면을 어떻게 받아들이고 해석할지를 깊이 고민했다.[29] 조선의 법 추론(legal reasoning) 과정에서 나타난 정·리와 법을 둘러싼 재량의 한도에 대한 윌리엄 쇼의 문제의식은《심리록》의 판부를 분석한 그의 책 5장에서 가장 잘 드러난다.

윌리엄 쇼는 함병춘 테제에 동의하거나 이를 비판했던 연구들이

---

28) 심희기, 1980, 〈조선 후기 형사 제도 운영에 대한 일고찰-참작감률(參酌減律)을 중심으로〉, 서울대학교 석사학위논문은 당시의 이러한 연구 동향을 잘 보여준다. 이 밖에 김지수, 1994, 〈전통 중국법에서의 정·리·법에 관한 연구〉, 서울대학교 박사학위논문은 이와 관련한 중국의 전통을 가장 포괄적으로 논의한 중요한 연구 성과이다. 최근의 논의를 집대성한 결과로 김지수, 2005,《전통 중국법의 정신-정·리·법의 중용조화(中庸調和)》, 전남대학교출판부를 출간했다.

29) 쇼와 한국의 인연은 매우 특별했다. 그의 증조부는 20세기 초 평양의 한 교회에서 목사로 일했으며 아버지 해밀턴 쇼 역시 한국전쟁에 참전했다가 전사했다. 어머니 주아니타 쇼(Juanita R. Shaw)는 한국전쟁 후인 1956년 어린 두 아들(윌리엄과 스티븐)을 데리고 한국에 왔다가 이화여자대학교 사회학과에서 교편을 잡기도 했다. 그녀는 2017년 2월 95세로 사망했다.
윌리엄 쇼가 한국의 전통 문화와 조선의 법학에 관심을 기울이게 된 데에는 가족사적 배경이 크게 작용한 것으로 보인다. 어린 시절을 한국에서 보냈던 윌리엄 쇼는 이후 하버드 대학교 동아시아학과에서 라이샤워 교수의 지도하에 박사학위를 취득했으며, 풀브라이트 장학금으로 1981~1982년에 서울대학교 법과대학에서 연구하기도 했다. 이후 그는 역사학과는 크게 관계가 없어 보이는 미국 국방정보국(DIA, Defence Intelligence Agency)의 대테러 담당 책임자로 활동하였으며, 1988년 서울 올림픽 당시 안전 책임자로 임명되어 한국에 머물기도 했다.
1993년 갑자기 병환으로 세상을 떠난 쇼는 한국과 관련하여 몇 편의 논문과 저술을 남겼다. 특히 그가 편집인으로 참여했던《한국의 인권(*Human rights in Korea*)》은 특별한 주목을 요한다. 조선의 법 전통과 한국의 근현대사를 두루 연구하는 과정에서 쇼는 한국의 전통법(문화)과 인권의식의 상관관계를 밝히고자 했다. 이러한 그의 문제의식은 앞으로 반드시 재검토될 필요가 있다. 이상의 논의는 윤희중, 2010,《한국인보다 한국을 더 사랑한 윌리엄 해밀턴 쇼》, 이화 참조.

공히 답습했던 비서구 사회의 법치에 대한 편견과 달리 조선의 사법 운영이 제도적으로 완비되어 있었을 뿐 아니라, 정·리와 같은 도덕적이고 감정적인 요소를 고려하면서도 '입법 취지와 그에 걸맞은 법의 인율'이라는 관점에서 결코 '법의 통치'를 벗어나지 않았다고 강조했다.[30] 그는 조선의 법 추론 과정의 특징을 설명하면서, 법전 간행이나 사법 제도의 완비 그 이상의 법치의 흔적들을 구체적으로 밝혀내고자 했다.

요컨대 윌리엄 쇼의 연구는 조선의 법치가 제도나 법전의 구비에 머물지 않았고 구체적인 심리 및 재판 과정에서도 '법의 지배'라고 명명할 만한 수준이었음을 실증함으로써, 첫째, 함테제의 전제에 깔려 있는 비서구 사회의 법치에 대한 의구심을 구체적인 사료를 통해 비판하고, 둘째, 정조의 판부를 '법 추론(legal reasoning)'의 관점에서도 '합리적'이었다고 주장했다는 점에서 매우 의미 있는 성과였다. 그러나 앞서 언급했듯이 후대의 연구들은 그의 문제의식과 연구 결과에 크게 주목하지 않았다.

앞으로 정조의 유교형정론을 상술하는 과정에서 자연스럽게 지적하겠지만, 서구 사회의 편견을 비판하려는 의지가 강했던 윌리엄 쇼는 조선의 법치를 증명하려고 노력하는 과정에서 도리어 본인 스스로 이러한 편견으로부터 완전히 자유롭지 못했음을 역설적으로 보여주기도 했다. 가령 전통 시대의 중국이나 조선에서 서구의 기준으로 보아 충분히 법치라 할 만한 증거, 심지어 법 추론의 형식에서도 합리적인 논증 과정을 발견할 수 있다고 강조하면 할수록, 서구의 기준(인치의 자의성을 넘어 합리의 법치로)을 내면화한 연구 방법과 문제의식

30) Shaw, William, 1981, 앞의 책, 〈5장 조선의 법 추론〉 참조.

을 상대화하고 비판적으로 성찰하기는 더욱 어려웠다.

아쉽게도 오리엔탈리즘에서 자유롭지 못했으나, 조선의 법을 둘러싼 문화적 특징을 '당대의 역사적 맥락'에서 탐구하려 했던 쇼의 선구적인 연구 성과는 이후에 충분히 계승되지 못하고 말았다. 그도 그럴 것이 작금에도 여전히 '조선시대의 법(과 사회 그리고 전통)'을 탐구하는 역사학 혹은 법학계의 분위기는, 대체로 조선의 법전이 완비되어 나갔다는 사실을 통해 일종의 제도적 발전을 확인하거나, 조선의 민사 혹은 형사 재판이 자의적이 아니라 충분히 법의 한도 내에서 이루어졌다고 주장하거나, 더 나아가 국가의 형정 독점을 근대로 나아가는 과정이었다고 주장하는 연구들이 대세를 이루고 있다. 조선의 법 문화를 성리학 사회라는 맥락과 역사 속에 위치시키기보다 합리적인 서구의 법 문화를 수용하는 여정의 일부로 연구하는 듯한 상황에서 그러한 분위기는 어느 정도 불가피할 수도 있다.

그러나 '법의 지배'(국가만이 유일한 합법적 폭력 기구라거나 혹은 좁은 의미의 법치, 예컨대 법실증주의와 같은)라는 서구의 기준만으로는 조선의 법 문화를 둘러싼 정·리와 법의 긴장, 이와 관련한 고유한 법치의 양상을 결코 해석할 수는 없다는 것이 필자가 주장하려는 바이다. 동시에 이러한 인식의 한계를 뛰어넘을 역사적 상상력이 필요하다.

이미 서구의 학계는 시대와 지역에 따른 다양한 법치의 양상을 인정하거나,[31] 심지어 법의 운용을 둘러싸고 감정의 역할을 중시하기도 한다.[32] 또한 법 이면의 정의의 문제들을 근본적으로 성찰하고자 노력하고 있다.[33] 법치를 좁은 의미의 '죄형법정주의'나 '법실증주의'의

---

31) 로베르토 웅거, 김정오 역, 1994,《근대사회에서의 법-사회이론의 비판을 위하여》, 삼영사 참조.
32) 마사 누스바움, 박용준 역, 2013,《시적 정의》 4장, 궁리 참조.
33) 로널드 드워킨, 박경신 역, 2015,《정의론-법과 사회 정의의 토대를 찾아서》, 민음사 참조.

수행 여부가 아닌, 사회와 정의 심지어 감정의 영역으로 확장하려는 이러한 시도들을 어떻게 이해할 것인가?

잘 알려진 법철학자이자 고전학자인 마사 누스바움은 재판관을 시인에 비유하곤 한다. 재판관은 단지 객관성을 추구하는 존재라기보다는 가치평가적인 실천적 추론자가 되어야 한다는 것이다. 그녀는 재판관은 중립성을 추구하면서도 분별력 있는 관찰자로서 사건 고유의 '인간적 사태'에 공감할 수 있어야 한다고 말하고, 시인으로서의 재판관은 스스로 당대의 정의를 평가하는 기준 즉 가늠자가 될 수 있어야 한다고 주장했다.[34]

누스바움은 법 추론이야말로 과학의 연역 추론과는 전연 다르다고 강조했다. 사건마다의 복잡성과 고유한 다양성 그리고 시대가 요구하는 정의로움(정의의 감정) 등을 법이 수용하기 위해서 인율의 합리적 혹은 논리적 추론에만 의존할 수는 없다는 것이다. 확실히 인간의 일은 몇 개의 법조문이나 혹은 숫자 및 통계 등으로 실현될 수는 없는 영역이다.[35] 법철학자 드워킨 역시 '법률'이 재판의 모든 것이 아니라고 강조했다. 그는 사회적 가치와 인간의 권리 등을 포함한 더욱 넓은 범주의 정의의 기초들을 '통합적으로 고려'해야 한다고 주장했다.[36]

필자는 이상의 새로운 법학계의 문제의식에 공감하면서 '조선의 법치' 특히 정조의 유교형정론을 당대 인간의 권리와 감정, 사회가치와 정의의 문제를 포함한 좀 더 넓은 시야에서 바라보고자 한다.[37] 《일득록(日得錄)》에 수록된 정조의 덕치와 법치를 둘러싼 통치론, 《심리록》의 판부에 드러난 형정 운용의 실체는 입법 취지와 기준 그리고

34) 마사 누스바움, 2013, 앞의 책, 179쪽

35) 마사 누스바움, 2013, 앞의 책, 〈재판관으로서의 시인〉, 173~252쪽.

36) 로널드 드워킨, 2015, 앞의 책; 로널드 드워킨, 염수균 역, 2010, 《법과 권리》, 한길사 참조.

살옥사건마다의 사정(情)과 공동체가 추구해야 할 가치(理), 즉 인간다움에 대한 최선의 고려를 보여주고 있다.[38]

한마디로 정조의 형정(특별히 심리)은 정·리·법을 통합적으로 고려한 바탕 위에서 이루어진 '정의의 기획'이었다. 정조는 형정 교화를 통해 당대의 조선 사회를 정의의 감정으로 충만한 (인정세태의 변화를 수반한) 공동체로 변화시키고자 했다. 천자로부터 서인에 이르기까지 전 인민에게 고루 부여된 도덕본성을 회복하고, 이를 근거로 소민(小民)들 역시 인간다움을 회복하려는 명예의지를 추구하도록 한 것이다. 사회의 무질서를 예방하기 위한 최선의 방도로 정조는 법 대신 인간다움의 징표를 욕망하도록 강조했다. 이른바 인정투쟁으로 '만인의 명예욕'을 자극하기로 했던 것이다.

정조가 도덕본성을 회복하고 인간다움을 추구하려는 선의지에 기대어 사회 질서를 다잡으려 했던 만큼, 성리학의 이상에 근본하면서도 동시에 철저하게 현실적이지 않으면 안 되었다. 특히 도덕교화를 기본으로 한 덕치의 이상을 현실의 불가피한 법치와 조화시키는 과정에서 정조는 어느 정도의 '명예욕망'을 인정할지를 두고 고심하지 않을 수 없었다. 욕망이 분출했던 당대를 말세로 규정하면서도 도덕적 삶을 향한 명예욕에 의지하고자 했던 정조는, 인간다움의 명예를

---

37) 최근 누스바움의 입장을 감정사의 차원에서 조선의 법 문화에 적용해본 선행 연구들을 참조할 만하다. Jisoo M. Kim, 2017, *The Emotions of Justice: Gender, Status, and Legal Performance in Choson Korea*, University of Washington Press; 김지수, 2014, 〈법과 감정은 어떻게 동거해왔나-조선시대 재산 분쟁을 둘러싼 효·열의 윤리와 인정〉, 《감성사회-감성은 어떻게 문화 동력이 되었나》, 글항아리 참조; 강혜종, 2014, 〈살인 사건을 둘러싼 조선의 감성 정치-옥안과 판부의 내러티브, 공감대를 위한 청원〉, 《감성사회-감성은 어떻게 문화 동력이 되었나》, 글항아리. 필자는 정·리·법을 둘러싼 조선 형정의 논의는 감정(사)의 영역을 넘어선 보다 넓은 차원의 정의와 인간다움(理)의 가치를 지향하고 있었다고 본다.

38) 이 점에서 법학계의 최근 연구 성과가 큰 도움이 되었다. 손경찬, 2019, 〈전통법에서 법원리주의 인정 가능성 검토-정·리·법을 중심으로〉, 《법철학연구》 22-1 참조.

추구했던 소민들의 인정투쟁을 기꺼이 칭송하는 동시에 다른 한편으로 인간다움을 저버린 행위에 대해서는 상명(償命)으로 응징하지 않을 수 없었다.

정·리의 고려와 굴법의 문제

앞서 언급한 대로 정조는 기본적으로 법을 중시했지만 그럼에도 입법 취지에 함축되어 있는 성리학의 가치(인륜)를 고려하지 않을 수 없었다. 개별 사건마다 구체적이고 고유한 정황을 따져야 했고, 법과 정·리 사이에서 참작과 재량이 불가피했다. 인간다움을 상실해가는 현실에서 인간다움의 회복을 강조하자, 모든 사건을 둘러싸고 사건의 고유한 맥락(情)과 이와 관련한 인간의 도리를 더욱 깊이 배려하지 않을 수 없게 되었다. 이 과정에서 법과 도덕의 긴장은 필연적으로 커질 수밖에 없었고 그럴수록 양자 사이의 밸런스(時中)는 더욱 중요해졌다.

일찍이 윌리엄 쇼는 정조가 법조문에 충실했을 뿐 아니라 추론 과정 역시 매우 합리적이었다고 높이 평가했다. 동시에 그는 조선시대의 유교사상이 법치에 장애가 되지 않았을 뿐더러 어떤 경우에는 '유교적 가치와 관행들을 확산시키는 등 다양한 목적에 활용되었다.'고 주장하면서, 정과 리가 매우 풍부하게 고려되었다는 사실에 주목했다.

이처럼 쇼는 조선의 법전과 제도가 완비되어갔음을 논증하거나 정조의 판결이 죄형법정주의나 법실증주의 정신에 위배되지 않았음을 주장하는 데 그치지 않고, 정·리·법의 고려를 조선 형정의 특징으로 지적했다. 쇼의 이러한 문제의식은 충분히 검토되지 않았고, 이는 그의 저술에 대한 서평들에서도 마찬가지였다. 가령 함테제를 비판하려 했던 쇼의 주장에 대해서만 주목했을 뿐, 정·리·법에 대한 숙고를 조선 법 문화의 주요 특징으로 주장한 연구의 함의에 대해 충분히 평가하지 않았다.[39)]

쇼는《심리록》에 나오는 살옥사건 피의자 가운데 상당수가 방면되었을 뿐 아니라 더 많은 사례들에서 피의자들이 사형을 감면받고 유배형에 처해졌다면서, 조선의 법정이 예측할 수 없는 어떤 요소들에 의해 결정되었던 '카디 재판'(이른바 원님재판)은 아니었을까라고 질문했다. 이후 그는 그렇지 않았음을 논증해나갔다.[40)] '조선의 법 추론'이 합리적이었다는 쇼의 주장은, 기본적으로 합리/비합리 혹은 형식적/실질적 구분에 따라 '동양이 비합리적이지 않았음'을 증명하는 방식을 따랐다. 그는 정조의 재판이 주관적인 측면(정·리)을 풍부하게 고려했다고 지적하면서도 항상 법의 테두리 안에서 이루어졌다고 강조했다. 나아가 확실히 법을 구부린 듯〔屈法〕 보이는 정조의 판결문조차 '예외적이었다'거나 '법치의 한계 내의 재량'일 뿐이라고 주장했다.

예를 들어 박봉손(朴奉孫) 사건의 경우를 보자. 아버지를 때린 의붓동생을 구타 살해한 친아들의 살인을 당시 황해감사는 살옥사건으로 보고했다. 이에 정조는 도리어 황해감사를 엄하게 추고했다. 본 사안은 아버지를 구하려던 '정당한 폭력' 즉 의살(義殺)로, 애초에 살인 사건으로 성립될 수 없다는 것이 정조의 판단이었다. 정조는 어리석은

---

39) 김학준, 1984, 〈William Shaw: Legal Norms in a Confucian State〉,《한국학보》10-2; 심희기, 1985, 〈유교국가의 법규범(Legal Norms in a Confucian State)〉,《법사학연구》8 참조.

40) 이른바 막스 베버가 언급했던 카디의 정의(Khadi-justice)는 법치가 아닌 인치의 대표적 사례로, 재판관이 법과 같은 일반적 규칙(general rule) 대신 고유 사안마다의 특정한 상황〔情狀〕을 고려하여 그때그때 가장 합리적인 해결책을 제시하는 경우를 의미했다.

향촌의 백성들이 '사람을 죽이면 사죄에 처해진다(殺人者死).'는 사실만 알 뿐 의살이 있는 줄을 모른다고 강조했다. 때문에 박봉손은 자신의 정당함을 주장하고 패륜을 저지른 의붓동생을 척살했다고 떳떳하게 주장해야 했음에도 불구하고 살아날 생각에 변명만 늘어놓았다는 것이다.

법으로 허용된 인륜의 도리를 모른 채 살 궁리에 몰두했던 박봉손을 안타깝게 생각한 정조는 의로운 폭력이 가능하다는 사실과 지방관들이 이를 알려 향촌의 백성들이 자식 된 도리를 알도록 했어야 한다는 점을 강조했다. 그런데 황해감사 역시 법을 몰라 박봉손을 살인범으로 보고하고 말았다. 의살을 둘러싼 법 적용의 혼란은 백성들에만 국한되지 않았다. 인륜의 문제를 둘러싼 법의 테두리는 법전의 기록 유무와 별개였다.

쇼는 당시 황해감사를 포함한 지방관들이 정조의 판결을 예측하기 어려웠을 가능성이 높다면서도 정조의 인륜에 대한 강조는 '법의 테두리' 안이었다고 강조했다. 이미 법전에서 아버지를 구하려던 효자의 살인 행위를 참작하고 있었기 때문이라는 것이다. 따라서 본 사안을 통해 법을 제대로 몰랐던 지방관의 무능을 확인할 수 있을 뿐 정조의 굴법(屈法)을 증명할 수 없다는 것이 쇼의 결론이다. 쇼가 말하는 합법적 결정이란 한마디로 '법실증주의'의 체현 그 이상도 이하도 아닌 듯 보인다.

그러나 조선의 법조문과 입법 취지에 스며들어 있는 인륜의 가치(유교의 가르침)는 법조문을 지키는지 여부만으로 '법의 지배'를 입증할 수 있는 수준을 넘어서고 있었다. 쇼는 법을 굽히고 인륜을 강조한 듯한 정조의 판부를 보면서, 정조의 '치명적 실수'라거나 '언뜻 보기에 막스 베버가 말한 실질적인 비논리의 증거가 될 만하다.'고 언급하면서도, 실제를 자세히 살펴보면 원님재판이 아닌 '합법적 결정'이었다고 누누이 강조했다.

이 밖에도 그는 '왕이 법의 권한 밖에 있는 주관적인 요소(정·리)들을 바탕으로 예측할 수 없는 결정을 대물림하는 듯 보인다.'고 비판하면서도, 결론에 이르러서는 한결같이 정조가 법조문을 간과하지 않았다고 강조했다. 쇼는 '적어도 《심리록》에 기록된 정조의 판부들에서는, 임의적이고 주관적인 도덕적 측면(정·리)을 강조하느라 법조문을 소홀히 했다는 증거가 거의 없다.'고 결론지었다.[41)]

이처럼 동양, 즉 조선의 재판 과정에서 정·리와 같은 일견 주관적인 요소들이 고려되었지만, 법률에 즉한 재판이라는 법치가 지켜졌다는 주장(막스 베버의 카디 재판이 아니라는)은 최근까지 그대로 이어지고 있다.

가령 조선의 민사 재판이 베버의 기대(?)와 달리 적어도 일정한 법구속적 시스템 하에 있었다는 것이다. 조선의 재판에서 정·리의 고려가 법을 훼손하지 않았으며, 이는 형사는 물론 법조문이 부족하여 정·리를 더욱 많이 고려했어야 할 민사 사건의 경우도 예외가 아니었다는 것이다. 그러나 결국 이러한 논의들 역시 서구의 법치를 기준으로 조선의 재판은 카디 재판이 아니었으며 법조문에 철저했다고 말함으로써 법치를 법실증주의에서 구하려는 태도에 머물러 있다.[42)]

사실 윌리엄 쇼도 인정했듯이 '정과 리' 그리고 '법'은 매우 광범위한 범주의 요소들을 포함하고 있으며, 이 개념들은 극단적으로 서로 반대편에 있지 않았다. 정과 리가 모든 주관적인 요소를, 법이 모든 객관적이고 물질적인 차원을 대표하지도 않았다.[43)] 다시 말해 정·리

---

41) Shaw, William, 1981, 앞의 책, 'Korean legal reasoning' 참조.

에 의거했다고 하여 '주관적'이라거나 법에 따랐다고 해서 '객관적'이라고 말할 수 없는 복잡성을 함축하고 있다는 말이다.

정·리가 곧 주관적인 요소에 근거한 재판을 의미하지 않으며 법이 곧 객관적인 법치를 보장하지 않는 만큼, 정·리를 깊이 배려한다는 것이 근본적으로 법치를 훼손하지 않으며, 반대로 법에 즉한 인율 사례가 아무리 많다 해도 법치의 증거로 충분하지 않다.

정·리를 강조했다고 해서 법이 무시되지는 않았으며 법을 따랐다고 해서 정·리의 중요성이 퇴색하지 않았다는 쇼의 주장처럼, 유교적 가치의 고려(정·리)가 법의 실행을 통해 강화되었다는 역사적 사실을 조금 더 깊이 살펴볼 필요가 있다. 사실상 조선의 법전에 성리학의 가르침(인륜)이 농후하게 자리하고 있다면, 성리학의 교화를 위해서도 법치는 불가피했다. 한마디로 조선의 법은 도덕(성리학 교리)의 최소한이면서 동시에 윤리적 삶을 강력히 촉발한 도구였다. 조선에서 법의 지위는 성리학의 가르침을 펼치기 위한 '불가피한' 교화의 도구가 분명했다.

법의 취지에 스며든 성리학의 도리를 강화시키기 위해서는 정·리를 고려한 인율 과정에서 가중(加重)과 가감(加減) 같은 재량이 불가피했으며, 그렇다면 조선의 모든 정치가들과 법률가들은 그 '정도의

42) 심희기, 2018, 〈조선시대 민사 재판에서 송관(訟官)의 법문(法文)에의 구속〉, 《원광법학》 34-3, 82쪽 참조. "조선시대의 민사 사법은 적어도 카디 사법으로 포섭되는 사법이 아닌 것 같다. 카디 사법이란 막스 베버가 실체 비합리적 사법(substantive irrational justice)의 예로 든 사법이고, 솔로몬식 재판처럼 송관의 자의와 재량으로 케이스 바이 케이스의 기조(ad-hocbase)로 행하여지는 사법이다. 조선시대 송관이 그런 식으로 결정한 사례를 찾기 어렵다."고 주장했다. 윌리엄 쇼의 주장처럼 심희기 역시 조선의 법 운용이 법의 한도 안에 있었다고 보았다. 필자는 조선의 재판이 자의적이 아니었다는 주장에는 원칙적으로 동의하지만, 법의 테두리 안(경우에 따라서는 넘어서기도 하는)에서 고려되었던 정·리의 재량을 깊이 고찰할수록 조선의 고유한 법 문화의 본질을 잘 설명할 수 있으리라 본다.

43) Shaw, William, 1981, 앞의 책 'Korean legal reasoning' 참조.

한계'를 고민하지 않을 수 없었다. 따라서 정조의 이른바 굴법으로 보이는 현상을 윌리엄 쇼의 주장대로 '예외적인 현상'으로 단정하거나 혹은 애써 '법치의 한계' 안에 있었다고 강조하기보다 조선의 법문화를 구성하는 중요한 증거로 인정할 필요가 있다.

요컨대 법의 인율 과정에서 정과 리가 중요했음을 강조하는, 이른바 정·리·법에 대한 통합적인 고려야말로 '조선 형정의 법 해석 모델'이라고 정의할 수는 없을까? 확실히 정조는 모든 심리 및 판결에서 법을 기준으로 삼았다. 그럼에도 일부의 지적대로 몇몇 판례들은 법을 굽히고 정과 리의 측면을 지나치게 강조하기도 했다. 정과 리의 과도한 고려로 인해, 당시 신하들 모두 정조를 살려주기 좋아하는 호생지덕의 군주로 칭송하는 오해가 발생했던 것이다. 조선의 법 해석에 필히 따르는 정·리·법 세 가지 요소들의 참작과 적용은 근본적으로 법에 즉해 해석하려는 입장과 정과 리에 조금 더 비중을 두려는 입장들 사이에 필연적인 긴장을 야기시켰다.[44]

필자는 조선의 살옥 심리 과정에 필수적이었던 정·리의 고려를 주관적인 인치의 증거로 단정하거나 법에 즉한 인율을 객관적인 법치의 증거로 환원하기보다, '정·리와 법'의 조화야말로 조선 유교형정의 중요한 입론, 즉 (법에 근거하되 사건의 고유한 맥락과 인간의 도리(인륜)를 종합적으로 고려함으로써 시중(時中)의 판결에 이를 수 있다) '통합적인 심리(審理)론'으로 정의할 필요가 있다고 본다.

---

44) 뒤에서 살펴보겠지만 19세기 초 정원용을 포함한 많은 신하들은 정조의 법치를 호생지덕의 관점에서 파악했으며, 다산 정약용은 이를 우려하여《흠흠신서》를 저술했다. 이를 보면, 정·리에 대한 정조의 강조와 이로 인한 굴법(屈法) 현상을 '예외적'이라거나 항상 '법의 테두리 안'에 있었다고 주장할 수만은 없다.

'최선의 판결'과 공론

조선의 법 추론(심리)에서 중요했던 정·리와 법의 조화를 깊이 고찰하기 위해, 중국의 법치를 둘러싼 일본학계의 논의를 살펴볼 필요가 있다. 조선의 형정 운용이 기본적으로 중국의 법치를 참고했다는 사실은 주지하는 바이다. 그동안 중국도 법에 의한 통치라기보다 인치(人治)와 그에 따른 자의적 통치가 이루어졌다는 편견에서 자유롭지 못했다.[45] 이슬람뿐 아니라 중국도 비서구의 비(非)법적 통치에 대한 서구 학계의 비판에서 결코 예외가 아니었다.

미국에서 활동했던 중국사학자 필립 황은 중국의 법 전통에 대한 서구의 편견을 비판했는데, 그는 명·청대의 당안(檔案)을 분석하여 청대 민사 재판의 실재(practice)가 법에 기초하여 권리의 유무를 가리는 재판의 성격이 강했다고 주장했다. 은정(恩情) 등에 기초한 조화와 중재 등의 모습은 관잠서(官箴書)에 소개된 좋은 목민관의 표상(representation)에 불과할 뿐이었다고 강조했다.[46] 이러한 필립 황의 주장은 서구 학자들의 편견, 즉 중국의 재판은 법에 의한 통치가 아니라 인정 등을 고려한 중재와 깨우침〔敎諭〕의 성격이 강하다는 주장에 대한 반론이었다. 그런데 이러한 필립 황의 비판은, 사실 청대의 재판 과정(특히 민사의 경우에)은 일견 정·리의 가치를 내걸고 하는 '교유적(敎諭的)인 조정'에 가깝다는 일본의 법사학자 시가 슈조(滋賀秀三)의 견해를 비판하려는 의도를 함축하고 있었다.

---

45) 천쯔판(陳子盼), 2019, 〈'정·리·법'에서 '법치 생활 방식'으로-중국 법 관념의 발전 논리〉, 《중국법연구》 40 참조.

46) Philip Huang, *Civil Justice in China: Representation and Practice in the Qing*, Stanford University Press, 1996.

결국 1996년 일본의 가마쿠라에서 '청대 중국의 법과 사회 그리고 문화-미국과 일본 연구자의 대화'라는 연구 모임이 개최되었다. 당시의 논의 결과를 정리한 데라다 히로아키(寺田浩明, 이하 데라다)는 필립 황의 비판으로 시가 슈조의 주장이 무력해지는 것은 아니라고 강조했다. 그는 전근대 중국의 재판에 대한 미국학계의 속설, 즉 중국의 재판은 자의적이고 무원리적인 타협이나 조정에 가깝다는 속설에 대한 비판에는 동의할 수 있지만, 시가 슈조의 경우는 도리어 중국의 재판도 나름 건실하고 일관성을 지닌 결정 과정이었다고 주장한 것으로, 중국의 법치에 대한 서구 학자들의 편견을 지지하는 입장이 아니었다고 옹호했다.

시가 슈조는 중국의 민사 재판이 법에 의해 강제되었다기보다는 정·리를 후경으로 한 조정과 교유의 과정(법을 정·리의 바다 위에 떠 있는 빙산에 비유)을 비교적 일관되게 유지했다고 주장했다. 그는 정·리를 고려했다는 사실이 법률이나 재판 제도가 제대로 작동하지 않았다는 사실을 의미하는 것이 아니며, 사건의 상황을 일반 원칙(법률)에 얽매여 기계적으로 판단하지 않고 개별 사안을 두고 즉자적으로 혹은 더 구체적으로 판단하려고 시도한 것에 가깝다고 보았다. 즉 개별 사안마다 '특수성'을 좀 더 우위에 놓고 판결하려 했다는 것이다.[47)]

시가 슈조에 따르면 법은 정·리를 부분적으로 실현한 것이고, 정·리 일반의 작용에 단서를 제공하는 성격을 지녔다. 때문에 법률의 문구(文言)는 정·리에 의거해 해석되고 변통되어야 했다고 그는 주장했

47) 홍성화, 2007, 〈청대 민사 재판의 성격에 관한 논쟁-필립 황과 시가 슈조(滋賀秀三)의 연구를 중심으로〉, 《사림》 28, 192·193쪽 참조.

다. 그는 또한 청대 학자 서사림(徐士林)이 결혼〔婚約〕 조항에서 신의 성실의 문제를 둘러싼 율례(律例)의 해석에 대해 '율이란 국법인데 곧 인정이다〔夫律國法也 卽人情也〕.'라고 말하면서, 정·리라는 바다의 일부가 얼어붙은 것이 법이다."[48]라고 주장했는데, 그렇다고 해서 중국의 법치가 '자의적이거나 무원칙적'이었다는 것은 아니라는 것이다.

물론 데라다는 그럼에도 불구하고 시가 슈조가 특별히 강조해 말했던 중국의 재판 과정에서 고려된 '정·리와 법의 관계'가 서구적인 의미의 '법의 지배(rule of law)'와 어떻게 다른지 충분히 설명되고 있지는 못하다고 보았다. 데라다는 기본적으로 시가 슈조의 주장에 동의하면서도 좀 더 정교한 논의의 필요성을 강조했고, 후속 작업으로 이에 대한 논의를 전개한 바 있다.[49]

이하 데라다의 논의는 민사 재판에 집중되고 있지만, 민·형사상 재판 과정이 엄격하게 구분되지 않았던 조선의 사법 전통을 이해하는 데 시사하는 바가 크다. 중국과 마찬가지로 조선의 법전 역시 민사에 관한 율문이 매우 소략하다는 사실은 잘 알려진 바이다.

데라다는 중국의 민사 특히 재산이나 가족 등의 문제와 관련한 분쟁은 사회 통념이나 가치 등 도리로 표현되는 예와 도덕(이른바 정·리의 영역)에 의해 해결되는 경우가 많았던 반면, 도둑이나 살옥 등 단죄하지 않을 수 없는 경우는 형률에 의거한 비교적 엄격한 처벌이 이루어졌다고 주장했다.

필자 역시 기본적으로 데라다의 의견에 동의하지만, 여기서 약간의 이견을 덧붙일 필요가 있어 보인다. 사실 중국의 민사 사건 모두

---

48) 홍성화, 192쪽 재인용.

49) 이상의 연구 성과는 寺田浩明, 2018,《中國法制史》, 東京大學出版會 참조.

가 법이 아닌 정·리에 의해서 자의적으로 조정되지 않았던 것처럼, 이와 반대로 살옥사건 역시 법률(죄형법정주의)에 의해서만 처리되었던 것은 아니다. '비교적'이라는 단어가 의미하듯이 살옥사건 역시 민사와 마찬가지로 사정과 이를 둘러싼 사회적 가치(리)를 고려하여 처벌 수위를 조정하지 않으면 안 되었다.

결국 중국이나 조선의 재판에서 민사 혹은 형사를 불문하고 본질적으로는 정·리를 고려하지 않을 수 없었다. 다만 민사 사건의 경우 '사건의 맥락적 사실(情)'을 두고 지방관의 입회 하에 분쟁 당사자 양측의 서로 다른 이해를 조정과 합의를 거쳐 하나의 사정(진실)으로 파악해 나갔다면, 살옥사건의 경우는 지방관의 지휘(검시 등을 포함한) 하에 증인들의 심문에 기초하여 '사건을 둘러싼 진실(情)'을 파악했다는 차이가 있다. 그러나 필자가 보기에 형사와 민사를 막론하고 모든 재판은 최선의 인율을 위해 사건의 진실(情)과 이를 둘러싼 사회적 가치(理)의 참작이 불가피했다는 점에서 근본적으로 차이가 없었다.

문제는 데라다의 주장대로 일단 개별 사건마다 고유한 맥락(사정)에 귀를 기울이면, 어떤 원칙(법)에 의거하여 일방적으로 판결할 수 없으며 결국 개별 사건마다 사정을 고려하면서 '무한한 개별주의'에 빠질 수밖에 없다는 지적이다. 이에 데라다는 "하나하나의 개별 사건마다 그 사건에 상응하는 사회 정의를 개별적으로 제시할 것을 요구받는다면, 중국에서는 어떻게 그 해답(판결)의 공평성·보편성을 보증할 수 있었을까?"[50]라고 자문했다.

이는 조선의 경우도 예외가 아니었기에 주목하지 않을 수 없는 물음이다. 즉 중국이나 조선 모두 하나의 사건을 심리할 때마다 고유한

50) 寺田浩明, 2018, 위의 책, 39쪽 참조.

사정을 고려하게 되면, 사건마다 개별적인 판결(판례)만이 존재할 뿐 기본적으로 하나의 원칙(법)을 적용하기 어렵기 때문이다.

> 시종 특수한 상정(想定)이 달라붙어 따라다니고 있음을 깨닫게 될 것이다. 즉 정(情)이라는 요소를 고려한 이상, 해답(판결)은 각 사건마다 무한히 달라질 것이다. 그러나 그중 하나의 사건을 뽑아 이 사건에 대하여 어떻게 판결할 것인지를 묻는다면, 천하의 신실하고 공평한 인간들이 내리는 판단은 대부분 '일치'할 터이다. 어떤 사안에 대해서도 자연스럽게 이에 상응하는 '천하의 공론(公論)'이 존재한다는 것이다. 즉 개별주의라 해도 답의 공유라는 측면에서는 기묘할 정도로 '보편주의적'이라는 것이다. 재판에서 지향하는 바는 해당 사건에만 적용되는〔專用〕 보편적인 해답(판결)의 발견, 또는 그러한 하나의 해답을 보편적으로 공유하는 실현 과정인 셈이다.[51]

데라다는 해당 사건마다 고유한 사정〔情〕을 고려한다고 해서 모든 사건마다 판결(해답)이나 규칙이 달라지지는 않는다고 주장했다. 즉 개별 사건마다 고려할 정·리가 달라진다 해도 매번 그 해답이 무한히 달라지고 판단의 기준(법)이 개별화하지는 않는다는 것인데, 어떻게 가능할까 묻지 않을 수 없다.

데라다는 한 건의 민사 재판에 대해 이른바 천하의 공론, 즉 세상 사람들이 어느 정도 인정하는 '물정(物情)의 공유'가 기묘할 정도로 보편적으로 얻어졌다고 강조했다. 그는 중국의 민사 재판이 정·리를 고려한 조정의 과정이라는 사실을 부정하지 않으면서 동시에 그렇다

51) 위와 같음.

고 해도 자의적이거나 개별 사안마다 판결(해답)이 달라지는 문제가 발생하지 않았다고 주장했다. 이른바 세상물정으로 표현되는 공론이 판결의 보편성을 지지하고 있기 때문이라는 것이다.[52)]

살옥과 같은 형사 심리의 경우에도 법(율문)이 있다고 해서 정·리의 고려가 불필요한 것이 아니었다. 물론 살옥의 경우 민사 재판과 달리 군현 단위의 지방관들은 사건을 판단하는 것이 아니라 상부의 해답(판결)을 구하기 위한 기초 증거를 수집하는 역할을 담당했다.

살옥사건에 대한 판단은 생사가 갈리는 중차대한 결정이었으므로, 조선의 경우 최초의 의율(擬律)은 군현의 사또가 아닌 도관찰사로부터 시작되었다. 이는 중국도 마찬가지여서 "단죄형(살옥사건의 경우)으로 가는 순간, 황제와 형부(刑部)·독무(督撫)가 재판의 최종 판단 주체가 되었으며, 주현관은 …… 상사가 행할 최종 판단을 위해 사전 준비를 하는 관료제의 말단 직원에 가까운 존재였다. 차이는 바로 의율의 권한 여부였다."[53)]

민사의 경우 군현의 지방관이 판단(의율)했지만 살옥사건은 군현의 지방관이 의율하지 않았다. 그러나 관찰사(중국의 독무)와 형조(중국의 법무)의 관리들이 의율하는 순간이 오면, 법 이외에 사건마다의 고유한 맥락(정)과 도덕적 차원(리)을 고려하지 않을 수 없었다. 중국이나 조선 모두 개별 사건마다 법조문이 모두 준비되어 있지는 않았으므로, 의율 과정에서 관련 법조문을 인율하려면 '정·리의 참작'이 불가

---

52) 세상물정의 공론이 판결의 보편성을 보장한다는 데라다의 주장은, 정조가 정과 리를 고려하여 인정세태에 부합하는 시중의 인율(법)을 구했던 과정과 일치한다. 정조가 강조했던 도덕감정(공론)에 부합하는 정·리·법의 통합적 해석이야말로, 법을 기준으로 하되 사건마다의 고유한 맥락(정)과 인륜의 도덕적 측면(리)을 고려하여 최선의 해답을 구하는 과정이었다.

53) 데라다 히로아키(寺田浩明), 2017, 〈명청 중국의 민사 재판의 실태와 성격〉《법사학연구》 56; 寺田浩明, 2018,《中國法制史》, 東京大學出版會 참조.

피했던 것이다.

결국 정·리·법을 통합적으로 고려한 해답(판결)은 기본적으로 민사와 형사를 구별하지 않았다. 다시 한 번 말하지만 처벌(斷罪)을 중심으로 집행되는 살옥 심리의 경우에도 의율 과정에서 사건의 고유한 정·리를 고려하지 않을 수 없었던 것이다.

이처럼 정·리의 고려는 법치에 위반되는 것이 아니라 천하의 공론에 다가서는 동시에 보편적인 물정에 부합하는 과정이라고 볼 수 있다. 법에 기초하면서도, 정·리의 고려 여부에 따라 '천하의 공론'에 도달할 수도 있고 반대로 도달하지 못할 수도 있었다. 물론 하나의 사건을 둘러싸고 고유한 사정(정)과 도덕적 측면(리)을 고려하여 최선의 법조문, 즉 지공무사(至公無私)의 결론에 도달하는 과정은 생각보다 쉽지 않았다.

우선 판관의 입장에서 해당 사건마다 나름의 고유한 사정과 도리를 고려할 때, 정·리에 대한 주관적인 판단이 사건 가해자나 피해자들의 입장과 반드시 일치하지 않았기 때문이다. 정·리에 대한 판관의 견해가 가해자의 입장에서도 피해자의 입장에서도 수용되지 않는다면, 결국 양자 모두 원통함을 호소할 것이 분명했다.

나아가 양측의 원통함을 끝내 해소하지 못할 경우, 그것은 하나의 살옥사건을 둘러싼 몇몇 사람들의 억울함에 그치지 않고 공동체(사회)의 구성원들에게 국가(왕)의 재판이 공평하지 않다는 인식을 심어줄 것이요, 결국 억울함은 공동체 전체로 번져나갈 터였다.

따라서 판관은 개별 사건마다 고유한 사정과 도리에 대한 자신의 이해(정·리의 고려)가 세상물정에 부합하도록 노력하는 한편, 자신의 최종 판결이 공동체 구성원들에게 정의로운 해법으로 인정받을 수 있도록 최선을 다해야만 했다. 판관은 가해자의 사정만 지나치게 배려한다거나 반대로 피해자의 고통만 일방적으로 고려한 판결을 내려서는 안 되었다. 개별 사건에 따른 고유한 사정과 이를 둘러싼 인간의 도리를 고려하여 '공평무사'한 결론에 도달해야만, 죗값이 너무 무겁거나 반대로 너무 가볍지 않다는 지공(至公)의 평가를 얻을 수 있었다.

가령 민사 사건의 경우, 분쟁 당사자들이 각자 자신에게 유리한 사실만을 적당히 골라 만들어낸 독자적인 사건상이 서로 부딪칠 것이었다. 때문에 분쟁을 해결하기 위해 본 사건에서 무게를 두어야 할 사실은 무엇인가를 놓고 분쟁 당사자 사이에 '공통된 양해가 형성되는 방식', 즉 양자가 함께 받아들일 수 있는 공유된 진실을 '만들어가는' 형태를 띠어야 했다. 따라서 민사 사건의 경우 정·리의 고려는 외형적으로 볼 때 하나의 '객관적인 진실'을 발견(혹은 창조)해가는 과정과 흡사했다.[54]

반면 살옥사건은 분쟁 당사자끼리 하나의 사안을 두고 사실을 확정해가는 조정의 차원이 아니었다. 특히 죽은 자는 말이 없고 가해자는 거짓말을 할 가능성이 매우 높았다. 따라서 살옥사건의 경우 무엇보다 옥정(獄情)이라는 사건의 진실을 파악하는 일이 중요했다. 물론 이러한 과정 역시 민사 사건에서 분쟁 당사자끼리 '사건의 정황'을 합의해가거나 발견해나가는 과정과 완전히 동일하지는 않았지만, 사건 조사와 피의자 및 사건 관련자들의 심문을 통해 '사건의 고유한 진실'을 파악해나갔다는 점에서는 기본적으로 동일했다.

사건의 진실(옥정) 파악은 지방관의 정교한 수사와 심문에 크게 의존했다. 따라서 사건의 고유한 진실을 파악하기 위해, 수사관(지방관)

---

54) 寺田浩明, 2018, 앞의 책, 41쪽.

은 법의학에 정통할 뿐 아니라 피의자를 포함한 사건 관련자들에 대한 철저한 심문 능력이 필요했다. 살옥사건의 경우 정도의 차이는 있지만 민사 사건과 마찬가지로 심문 과정을 통해 가해자와 피해자, 즉 양측 당사자는 물론이고 증인 등 사건 관련자들로부터 '사건을 둘러싼 고유한 진실(정)'을 발견하고 그들로부터 진상의 해명에 동의하겠다는 다짐〔侤音〕을 받았다.

이후 살옥사건의 범인을 어떻게 처벌할지를 둘러싼 의율 과정에서 사건을 둘러싼 맥락(정)과 인간의 도리와 같은 도덕적 고려가 불가피했다. 요컨대 조선의 심리 과정은 민·형사 사건을 막론하고 개별 사건마다의 정과 리를 고려하고 이를 근거로 인율(법)하는 통합적인 해석의 과정이었다.

정조는 살옥사건을 심리하면서 천하의 공론, 즉 물정에 부합하는 최선의 판결을 얻음으로써 당대의 인정세태에 호응하고자 했다. 그만큼 심리 과정은 정조에게 중요한 통치 수단이었다. 물정에 부합하는 시중(時中)의 판결을 내리는 순간, 그 재판 결과는 민심에 공평한 법 감정으로 수용될 것이요 원통함은 저절로 사라질 터였다. 정조가 살옥 심리에 밤을 새워가며 정성을 쏟았던 이유가 여기 있었다. 법에 근거하면서도 사건 저마다의 고유한 사정을 헤아리지 않을 수 없었고, 사건의 특별한 맥락을 고려하면서도 인간의 도리에 부합하는 '공론〔至公〕'에 도달하지 않을 수 없었다.

정조는 개별 사건마다 정의로운 판결을 내리고, 이를 통해 자신의 통치가 법보다 교화를 지향한다는 사실을 백성들에게 암시하고자 했다. 정·리와 법의 조화로운 판결은 생각보다 결코 쉽지 않았다. 그 지난한 과정과 정조의 고심들이 이 책에서 살펴보려는 주요 내용들이다. 무위이치(無爲而治)를 목표로 삼아 살옥사건 한 건 한 건마다 공평한 판결에 이르고자 노력했던 정조의 형정론을 본격적으로 논의하기 에 앞서, 그 이전의 조선 형정론을 일별해볼 필요가 있다.

1부

조선 형정론의 전통과 '덕주형보'

1.
'경민'에서 '수덕'으로

《의옥집》, 기지의 허용

15세기의 학자이자 관료였던 강희맹(姜希孟, 1424~1483)이 아들에게 남긴 유훈(訓子)을 일별해보면, 조선 후기 도학자(성리학)의 이미지와 사뭇 다르다는 점을 깨닫게 된다. 훈계 가운데 도둑 부자의 이야기가 흥미롭다. 이른바 도둑이 아들을 천하제일의 도둑으로 키운 내용이다(盜子說).

아버지보다 도둑질 기술이 뛰어나다고 자만하는 아들을 가르치려고, 아버지는 부잣집에 들어갔다가 일부러 아들을 홀로 광에 가두고 도망쳤다. 위기에 처한 아들이 기지를 발휘하기를 바란 것이다. 창고에 갇힌 아들은 당황하지 않고 쥐 흉내를 내거나 연못에 돌을 던져 빠져죽은 것처럼 위장하여 탈출에 성공했고, 마침내 훌륭한 도둑이 되었다는 이야기다.[1)]

---

1) 《사숙재집(私淑齋集)》 권9, 〈훈자오설(訓子五說)〉.

강희맹은 자만하다가는 망신하기 십상임을 가르치는 한편, 위험한 순간에 기지를 발휘할 수 있는 능력을 강조했다. 단지 '해학'으로 볼 수도 있지만 이러한 계교와 기지를 허용할 만한 '융통성'으로 인정한 것은 15세기 문화의 중요한 특징 중 하나였다.[2] 일종의 공리적 태도로 간주되는 '폭넓은 융통성'은 이후 이른바 '도학(道學)'으로 불리는 성리학의 심화 과정에서 가장 첨예한 논쟁처가 되었다.[3]

자식을 가르치는 훈계의 글에 '도둑질 일화'가 적절한지를 놓고 논란이 있을 법하다. 훈계의 '목적'에 비추어볼 때 도둑질 일화(수단)가 과연 허용할 만한 융통성인지 여부이다. 조선 후기에는 '음(淫)으로 음(淫)을 다스리는 태도'를 강하게 비판한 바 있다.[4] 다시 말해 교훈이 목적이라면 내용(일화) 역시 목적에 합당해야 했다. 진실이 중요하다면서 거짓말을 사례로 가르친다면, 이를 어떻게 받아들일 것인가?

조선 사회의 성리학 이해가 깊어질수록 천리(天理)에 비추어 수단의 한계를 어디까지 허용할지를 두고 논란이 불가피했다. 유훈의 사례로 도둑질을 인용한 것도 부적절하지만, 문제 해결의 방도로 계교와 지략을 인정할지 여부는 더 문제였다.

적어도 조선 전기에는 수단의 정당성(합목적)을 둘러싼 한계(융통)를 놓고 상대적으로 유연했던 것으로 보인다. 이는 형정 운용에서도 확인된다. 조선 전기에는 지방관이 범인을 잡기 위해 함정수사 등 간

2) 김호, 2016, 〈조선 초기 《의옥집(疑獄集)》 간행과 '무원'의 의지〉, 《한국학연구》 41. 조선 초에 간행되어 지방관들에게 배포되었던 이 책은 함정수사의 기법들이 다양하게 소개되어 있다. 지방관은 살옥사건을 해결하기 위해서 필요하다면 속임수와 같은 수단과 방법상의 융통성을 발휘해야 한다는 취지이다. 그러나 16세기 중반 이후 목적 달성을 위한 수단(기지와 계략)의 '허용 범위'에 대한 우려와 비판의 목소리가 높아지면서 이 책은 더 이상 간행되지 않았다.

3) 호이트 틸만, 김병환 외 역, 2017, 《공리주의 유가-주희에 대한 진량의 도전》, 교육과학사 참조.

4) 이옥, 심경호 역, 2001, 《선생, 세상의 그물을 조심하시오》, 태학사 참조.

계(奸計)를 사용하는 것이 허용되었다. 의옥을 해결할 수 있다면(목적) 범인을 잡기 위한 속임수는 비난받기보다 솔로몬의 지혜로 칭송받았다. 이처럼 지방관의 지혜로운 수사 기법 및 의옥 해결의 의지를 모아 선정(善政)의 참고로 삼은 책이 《의옥집(疑獄集)》이다.[5)]

'의옥'은 글자 그대로 의심스러운 살인 사건이었다. 의옥은 사건 조사가 제대로 안 되었거나 설혹 조사가 이루어졌더라도 범행을 확정할 만한 증거가 없거나, 혹은 범인이 자백하지 않은 사건들이 대부분이었다. 의옥은 몇 가지 문제를 일으켰는데, 일단 의옥이 되면 사건 판결이 지체되는 체옥(滯獄) 상태가 이어졌다. 체옥이 되면 가해자와 피해자 등 사건 관련자 모두가 사건 조사와 관련하여 오랫동안 구금되어야 했으므로 백성들의 불편과 고통이 이만저만이 아니었다.

사실 이보다 더 큰 문제는 '죄의유경(罪疑惟輕)'이었다. 고대 이래 중국과 조선에서는 범죄 행위가 불확실한 경우(의옥), 피의자를 가볍게 처벌하도록 했다. 범인이나 범행을 확정하지 못한 상태에서 범인을 무겁게 처벌〔살인자 상명(償命)〕했을 경우, 뜻하지 않게 억울한 피해자가 나올 수 있기 때문이었다.

이처럼 의옥을 사죄에 처하지 못하자, 고의로 의옥을 만들어 처벌을 피하려는 범인들이 증가했다. 이러한 악의(惡意)로 인해 의옥을 감형했던 취지는 크게 훼손되었다. 때문에 사법 정의를 구현하고 무원(無冤)의 이상을 실현하기 위해 의옥 해결이 급선무로 떠올랐다.

조선 초부터 의옥 해소에 적극적으로 임할 것을 요구하는 상소가

---

5) 《의옥집》은 중국 오대 때 화응(和凝, 898~955)이 한대 이후 의옥 해결의 사례(29건)를 수집 편찬한 뒤 아들 화몽(和㠓, 951~995)이 보완하여 완성한 책이다. 이 책이 우리나라에 전래된 시기는 분명치 않지만, 1059년(문종 13)에 고려에서 간행되었으며 조선 초인 1418년(태종 18)과 1483년(성종 14)에 재간되었다는 기록이 있다. 《의옥집》의 간행 및 서지사항에 대해서는 오용섭, 2007, 〈조선 전기 간행의 《의옥집》〉, 《서지학연구》 36 참조.

빗발쳤다. 1407년(태종 7) 7월 의정부는 시무를 논하면서 원통하고 억울한 체옥을 첫째로 꼽았다.[6] 1416년(태종 16) 5월 한재가 극심하자 태종이 민원의 해결 방도를 구언했는데, 의정부와 6조 대신들은 당시의 급무로 체옥의 해소와 의옥의 원통함을 들었다. 두 가지로 보이지만 모두 의옥으로 야기된 문제였다.[7]

이후에도 의옥과 체옥, 그리고 이로 인한 백성들의 원통함(冤抑)은 끊임없이 지적되었다. 세종은 의옥 처리 방안을 구체적으로 제도화하기도 했다. 매년 가을 중앙에서 관리를 보내 지방의 의옥을 처리하고, 그럼에도 해결되지 않는 사건은 형조가 책임지도록 조처했다.

> 청송(聽訟)하는 자(지방관)가 신문할 때 매질을 가하거나 압슬하고 여러 해를 옥에 가두어 원통하고 억울한 이들이 많습니다. 바라건대 공명정직한 자를 가려 매년 가을 각 도에 보내어 원옥(冤獄)을 심리토록 하며 …… (살옥처럼) 관계가 지극히 중한 의옥은 형조에 이관하여 의논하도록 해야 합니다.[8]

민원(民怨)의 핵심에 의옥이 있었다. 세종대 검험 제도를 정비하고 《신주무원록(新註無冤錄)》을 간행한 일은 의옥 해결을 위한 의지의 천명이었다.[9] 조선 초부터 지방관의 칠사(七事) 중 '공정한 재판(詞訟簡)'이 항상 문제가 되었고,[10] 목민서에는 청송(聽訟)이나 신옥(愼獄) 등 지

---

6) 《태종실록》, 태종 7년(1407) 7월 2일 "一曰伸治冤抑 一 疑獄未決 久被囚繫者 京中則令刑曹司憲府巡禁司 外方各道監司 具錄被囚日月 所犯情狀 申聞取旨 裁決無滯".

7) 《태종실록》, 태종 16년(1416) 5월 14일.

8) 《세종실록》, 세종 17년(1435) 6월 8일.

9) 김호, 2003, 〈《신주무원록》과 조선 전기의 검시〉, 《법사학연구》 27 참조.

10) 《태종실록》, 태종 6년(1406) 12월 20일(을사) 참조.

방관의 임무가 강조되어 있었다. 조선 초에는 명(明)에서 간행된 주봉길(朱逢吉)의 《목민심감(牧民心鑑)》을 주로 활용했는데,[11] 원대(元代)의 《목민충고(牧民忠告)》를 증보한 이 책은 1404년 명에서 간행되자 곧바로 조선에 수입되어 1411년(태종 11) 복간되었다.[12] 중국에서 수입한 서적 외에 조선의 지방관들이 직접 목민서를 편집하기도 했다. 창평현령을 역임했던 박흥생(朴興生, 1374~1446)은 중국의 관잠서(官箴書)를 참조하여 《거관잠계(居官箴戒)》를 편찬했다. 여기서 박흥생은 법의 엄격한 준수를 강조하면서도 융통성을 매우 강조했다.[13]

사실 법과 재량(융통성), 혹은 의옥사건의 해결을 통한 공정한 판결은 생각만큼 쉽지 않았다. 특히 목민서의 격언(格言)과 같은 짧은 구절들은 살옥사건에 임하는 원칙을 강조했지만, 의옥 해결의 구체적인 방법까지 알려주지는 않았다. 《목민심감》 〈청송편〉 '중시시조(重視屍條)'를 보면, "시체를 현장에 그대로 놓아둔 채 철저하게 조사하여 관청에 보고한다. 근래 관리들이 직접 검시하지 않은 채 오직 시체를 다루는 하인〔下人, 오작(仵作)〕에게 맡기는 경우가 많다."고 지적한 후, "지방관이 직접 검시하며 상처의 유무와 치명(致明) 여부 및 크기와 깊이 등을 철저하게 조사하여 원통한 일이 발생하지 않도록 하라."고 강조했다.[14] 살옥 조사의 원칙과 지방관의 역할을 언급했을 뿐이다.

이는 《목민심감》 〈청송편〉 '신편복조(愼鞭扑條)'에서도 반복된다. 형

11) 김성준, 1988, 〈나의 책을 말한다-《목민심감(牧民心鑑)》 연구〉, 《한국사시민강좌》 22 참조.

12) 《목민충고(牧民忠告)》에 대해서는 장양호(張養浩), 한상덕 역, 2015, 《백성의 행복, 그대 손에 달렸네-고전으로 읽는 청렴, 삼사충고(三事忠告)》, 경상대학교출판부, 6~15쪽 참조.

13) 김호, 2018, 〈15세기 초 박흥생(朴興生)의 목민론-《거관잠계(居官箴戒)》를 중심으로〉, 《조선시대사학보》 85 참조.

14) 김성준, 1988, 〈조선 수령칠사와 《목민심감》〉, 《민족문화연구》 21; 김성준, 1989, 〈《목민심감》과 《거관요람》의 비교 연구〉, 《동방학지》 62, 28쪽 참조.

법을 적용할 때 반드시 죄의 경중을 헤아려 결단할 것을 주문하면서, 강악(强惡)하여 여러 번 죄를 저지른 자는 통렬히 징계하고 선량한 자가 과오를 저지른 경우 관대하게 처결하여 권선(勸善)하라고 주문했다.[15] 악의를 징계하고 과실을 용서하라는 원칙을 말하고 있지만, 구체적으로 어떤 경우가 이에 해당하는지 사례를 제시하지는 않았다.

이에 비해 《의옥집》은 목민서에 제시된 원칙을 구체적으로 적용한 사례집이었다. 과거의 역사를 통해 배울 수 있었기에 《의옥집》의 활용도는 매우 높았다. 성종대에 성건(成健)은 지방의 청옥(聽獄) 실정을 비판하면서, 자백을 강요하는 심한 고문으로 백성들이 허위 자백하는 경우가 많다고 주장했다. 그는 살옥사건을 처리하는 지방관들이 《당음비사(棠陰比事)》나 《의옥집》의 사례를 공부한다면 고문하지 않고 사건을 해결할 수 있다고 강조했다[16]

조선 초부터 의옥의 변석(辨釋)에 능한 관리들은 칭송의 대상이 되었다. 세종대 조석문은 형옥의 처리가 밝다는 평가를 받았고,[17] 성종대 정광필은 추관(推官)으로 명성을 떨친 바 있었다. 그는 종묘의 위패가 사라졌을 때, 고문 없이 도둑을 잡아 사람들의 감탄을 자아냈다.[18] 조광조 역시 법리에 밝은 안찬(安瓚)을 칭송하고 그가 형조에 근무했다면 체옥이 없었을 것이라고 주장했다.[19] 이처럼 의옥 해결 능력은 관리들의 중요한 미덕이었다. 《의옥집》에는 기지와 지혜(심지어

15) 김성준, 1989, 앞의 논문, 17쪽 참조.

16) 《성종실록》, 성종 14년(1483) 8월 24일.

17) 《삼탄선생집(三灘先生集)》 권13, 〈추충좌익정충출기포의적개정난익대순성명량경제홍화좌리공신대광보국숭록대부영중추부사창녕부원군충간공묘비명(推忠佐翊精忠出氣布義敵愾定難翼戴純誠明亮經濟弘化佐理功臣大匡輔國崇祿大夫領中樞府事昌寧府院君忠簡公墓碑銘)〉.

18) 《정문익공유고(鄭文翼公遺稿)》, 〈정문익공사적부록(鄭文翼公事蹟附錄)〉.

19) 《정암선생문집(靜菴先生文集)》, 〈사실(事實)〉, "靜菴乃曰若使安瓚在秋部 當無滯獄 蓋惜瓚之才而譏趙之不斷也".

함정수사에 가까운 방식)로 사건을 해결한 일화들이 풍부했으므로, 관리들의 필독서가 되기에 충분했다.

《의옥집》에 수록된 일화는 모두 66건에 달했다.[20] 일화의 선별이나 수록에서 일관된 체계는 보이지 않는데, 그도 그럴 것이 편자인 화씨(和氏) 부자가 대를 이어 수집한 사례를 모아놓았기 때문이다. 물론 《의옥집》을 음미하다 보면 몇 가지 특징을 발견할 수 있다. 먼저 의옥을 해결하기 위해 지방관은 무엇보다 '사건을 주의 깊게 관찰'할 필요가 있다는 것이다. 의옥을 간파하는 관리들은 무심하게 지나칠 단서들에 주목하여 실마리를 찾아내는 능력이 남달랐다. 양리(良吏)들이 의옥의 정황을 주의 깊게 살피는 이유는 과연 무엇인가? 《의옥집》의 저자는 민(民)에 대한 사랑을 강조했다. 관리의 애민 정신이야말로 인정(仁政)의 기초라는 주장이었다. 의옥 해결에만 마음이 앞서다 보면 고문이나 위력을 사용하여 자백을 강요하게 되는데, 《의옥집》은 고문 없는 수사의 중요성을 특별히 역설했다. 의옥의 해결은 사건의 진실을 파악하려는 의지만큼이나 겁박하지 않는 조사를 강조했다.

그런데 《의옥집》의 저자는 고문하지 않는 대신 기지와 휼계를 수사에 활용해도 좋다고 허용했다. 《의옥집》의 일부 사례들을 보면 미궁에 빠진 사건을 해결하는 사또의 번뜩이는 기지와 함께 함정에 가까운 속임수를 볼 수 있다. 일부이지만 지방관들은 범인을 잡기 위해 '거짓으로 협박하고 재물로 유혹하는 방법'을 서슴지 않았다. 이처럼 《의옥집》은 간혹 지나쳐 보이는 휼계를 지혜의 이름과 융통성으로 허용하고 있었다. 과연 범인을 잡기 위한 속임수와 증인에 대한 뇌물이 정당

20) 이하 《의옥집》의 특징에 대해서는 김호, 2016, 〈조선 초기 《의옥집》 간행과 '무원'의 의지〉, 《한국학연구》 41 참조.

한가? 악을 징벌하는 수단이 선하지 않다면 어떻게 할 것인가?

범인을 잡기 위한 어쩔 수 없는 방법(수단)이라고는 하지만, 징악(懲惡)의 목적에 비추어 '속임수'를 어디까지 허용할지에 대한 논란은 쉽게 사라지지 않았다. 《의옥집》을 둘러싸고 '지혜로운 지방관'과 '수단과 방법을 가리지 않는 형정' 사이의 논란이 불가피했다. 선한 사회를 만들기 위한 '다양한 방법' 가운데 불가피한 형벌을 용납했듯이, 징악의 효과적인 수단으로 '속임수'를 인정할지를 놓고 고민이 깊어졌다. 이후 목적과 수단 사이의 불일치와 긴장은 조선 형정론의 주요한 논쟁처가 되었다.

이상적으로는 선한 사회로 가기 위해 징악보다 권선을, 살옥을 해결하기 위해 속임수보다 과학 수사를 추구했지만, 현실적으로 징악과 엄형이 불가피했고 휼계와 속임수가 허용되었다. 불가피하다지만 이를 그대로 놔둔 채 조선의 이상을 추구할 수는 없었다. 점차 징악의 형벌로부터 권선의 교화로, 속임수로부터 과학 수사를 통한 문제 해결로 나아가지 않으면 안 되었다. '목적에 부합한 수단'과 '허용 범위'를 둘러싼 문제는 가뜩이나 교화의 보조 수단으로 규정되었던 형벌(법)의 동원 문제와 관련하여 피할 수 없는 난제가 되었다.

향촌 교화의 어려움과 《경민편》

조선 형정론의 전개 과정과 관련하여 16세기 김정국(金正國)의 《경민편(警民編)》은 매우 흥미로운 저술이다. 성리학자였던 김정국은 기본적으로 권선의 교화를 추구하면서도 불가피한 엄형의 효과를 인정하곤 했다. 그는 성리학의 이상을 강조하면서도 현실을 깊이 고려했다.

한마디로 '권도(權道)에 능한 성리학자'라고 할 만했다.[21]

실록의 평가 역시 김정국의 이러한 면모를 잘 보여준다. 그는 선을 좋아했지만 지나치지 않았고 악을 미워했지만 심하지 않아, 기묘년(사화)에도 심하게 패하지 않았고 조정에 다시 돌아오자 사람들이 꺼리지 않았다는 것이다.[22] 특별히 모나지 않은 그의 입장은 지치주의(至治主義)를 표방하는 사림파들의 비판을 면치 못했다. 그렇지만 그는 권귀(權貴)들에게도 눈엣가시 같은 존재였다. 김정국은 중종대의 험난한 정치 상황에서, 권도를 유지하며 사림들의 이상이 구현되길 바랐던 정치가였다. 지나친 이상주의를 경계하면서도 현실과 마냥 타협하지는 않았던 것이다.

향촌 교화책을 정리한《경민편》에서, 김정국은 성리학의 통치론은 권선(인륜의 교화)을 근본으로 하지만 징악(형벌)이 불가피하다며 '균형〔時中〕'을 주장했다. 이러한 그의 주장은 조선 초의《의옥집》과 함께 조선 전기 형정론의 특징을 잘 보여준다고 할 수 있다.[23] 요컨대, 불가피하지만 (수사 과정에서) 속임수를 허용할 수도 있으며, 어쩔 수 없지만 (공동체의 질서를 위해) 엄벌의 효과를 인정할 수밖에 없다는 것이다.

조선시대 한 지방의 선정(善政)은 왕을 대리한 지방관이 행정과 사법 그리고 민생과 교육에 이르는 모든 분야에 최선을 다해야 이룰 수 있었다. 따라서 지방관의 자질이 특히 중요했다. 이들은 교화를 추구하되 지방의 고유한 현실〔氣質〕을 직시해야만 했다. 향촌에 호강(豪强)

21) 이하 내용은 김호, 2017,〈'권도'의 성리학자 김정국,《경민편》의 역사적 의의〉,《동국사학》63 참조.

22)《중종실록》, 중종 36년(1541) 5월 20일.

23) 김정국, 정호훈 역, 2012,《경민편》, 아카넷 참조.

과 잔민(殘民)뿐이라면 무리하게 교화를 추구할 수 없었다. 16세기 이래 교화의 방도로 선호되었던 향약이 법보다 무섭게 된 이유도 여기 있었다. 향약을 강조하다가 이를 제대로 지키지 않는다고 엄벌에 처하는 일이 잦아지자 교화의 취지가 무색해졌던 것이다. 항산(恒産)이 없는 소민들에게 항심(恒心)을 요구하는 것은 애초에 무리였을지도 모를 일이었다.[24]

현실을 고려하면서 교화의 목표를 이루어낼 지방관을 선임하기란 쉽지 않았다. 관료 대부분이 중앙의 내직을 선호하고 외직을 탐탁하게 여기지 않았던 것은 비단 조선 전기에 국한된 일은 아니었지만, 김정국은 당시 지방관들이야말로 목민관의 지위를 단지 가렴(苛斂)의 방도로 삼고 있다고 비판했다. 조정에서 뛰어난 인재를 지방관에 임명하지 않을뿐더러 수재들 스스로도 수령의 직책을 버려진 것으로 여기니, 용렬하고 미천한 자들만이 목민관의 자리를 채우고 있었다.[25] 지방의 통치는 '경천근민(敬天勤民)'하는 지방관에 달려 있었다. 수령이 적임자라야 비로소 왕명에 따라 교화가 펼쳐지고 흩어진 사람들이 모여들었다.

문제는 무능하거나 백성의 고혈을 빨아먹는 탐관오리들만이 아니었다. 김정국은 자신의 경험을 들어 경학(經學)의 이상만을 읊조리는 자칭 도학자들을 강하게 비판한 적이 있다. 김정국의 스승 이세정(李世靖)의 이야기다. 이세정은 학문에 밝았으나 과거에 번번이 떨어져 60세가 되도록 관직에 오르지 못했다. 이에 제자들 가운데 좌의정 이장곤, 참판 성몽정, 동지 김세필, 그리고 김안국과 김정국 형제 등이

---

24) 율곡 이이는 향약의 성급한 시행을 반대하면서 교민(敎民)[恒心]에 앞선 양민(養民)[恒山]을 강조했다. 이러한 입장은 조선 후기까지 이어졌다.《목민심서》권4, 예전禮典〈교민(敎民)〉참조.

25) 《(국역)사재집》, 504쪽.

나서 스승을 의금부도사(義禁府都事)에 추천했다. 얼마 후 이세정은 청양현감에 임명되었다. 이에 김정국을 포함한 제자들은 당시 충청감사 최숙생에게 스승의 인사고과를 청탁했다. 경학에 밝고 맑은 지조가 있으니 함부로 깎아내리지 말아달라고 부탁했던 것이다.

제자들의 기대와 달리 이세정은 곧 파직되고 말았다. 그러자 김정국과 김세필 등이 충청감사 최숙생을 찾아가 그 이유를 따져 물었다. 돌아온 대답은 의미심장했다. 수령이 부패하면 한 명의 도적에 불과하지만 수령이 무능하면 여섯 명의 도적(아전) 때문에 백성의 고통이 더하다는 것이었다.[26]

실무 능력과 현실에 무능한 채 '도학(道學)' 운운하는 이들을 신랄하게 비웃은 김정국의 태도는 16세기 이래 사문(斯文, 성리학자)의 분화 과정을 잘 보여준다. 김정국은 한편으로는 도학자들의 이상을 지지하면서도 다른 한편으로는 현실에 밝지 못한 상황을 에둘러 비판하고 있었다.

가령 어떤 수령은 생치(生雉)를 바치라는 감사의 요청이 있자, 아전에게 생치가 무엇인지를 물었다. 아전은 말린 꿩고기를 건치(乾雉)라 하고 말리지 않은 생고기를 생치(生雉)라 한다고 답했다. 완고한 수령은 화를 내면서 이미 죽은 고기에 어찌 '생(生)' 자를 사용할 수 있느냐며 자신은 생치 대신 사치(死雉)를 올리겠다고 보고했다. 얼마 지나지 않아 고지식한 수령은 좌천되었다.[27] 김정국은 우스개라고 했지만 뼈가 있는 이야기였다. 도학자를 현실을 모르는 고지식한 사람이라고 냉소한 것으로, 김정국은 현실과 조응하지 않는 도학의 이상은 아

---

26) 《(국역)사재집》, 592·593쪽.

27) 《(국역)사재집》, 570쪽.

무 소용이 없다고 비판했다.

김정국은 변통(융통성)을 매우 강조했다. 가령 중국 고대로부터 수천 년이 지난 조선시대를 삼대(三代)의 제도로 다스릴 수는 없었다. 선왕의 제도만을 고집하다가는 변화하는 민심을 거스를 수밖에 없었다. 시속에 따른 제도의 변화는 불가피했다.[28] 삼대의 이상을 구현하기 위해 경학의 구절만 암송할 수 없었다. 조선의 현실을 직시해야만 했다.

김정국이 바라본 조선의 현실, 지방의 풍속은 과연 어떠했는가? 그에게 지방은 한마디로 호강들의 무대이자 무지한 소민들의 세상이었다. 지방의 대표적인 호강은 향리(鄕吏)들이었다. 형님 김안국이 겪은 향리들의 폐단은 이러했다. 1516년(중종 11) 김안국이 경상감사에 임명되어 문경새재를 지나고 있었다. 원정(院亭)에 이르러 잠시 쉬면서 벽에 쓰인 시구(詩句)를 보았는데, 지방관이 역졸을 괴롭혀가며 말을 몰아 임지에 부임하나 백성들에게 큰 도움이 되지 않는다는 자조 섞인 내용이었다. 굴을 몇 개씩 파놓고 사또를 기다리는 '늙은 토끼(향리)'들 때문이라는 것이다. 백성들이 향리의 횡포를 일소할 나리님(國卿)을 기대하지만 희망사항일 뿐이라는 울분이 글 속에 가득했다.[29]

지방 통치를 어렵게 하는 것은 비단 향리만이 아니었다. 향소(鄕所)를 장악한 품관사족들도 마찬가지였다. 조선 초의 실록을 보면, 향촌사족을 이른바 '덕(德)의 적(賊)'이라는 향원(鄕愿)으로 묘사하곤 했다.

---

28) 《(국역)사재집》, 〈정귀시의론(政貴時宜論)〉, 508~510쪽.

29) 《(국역)사재집》, 602쪽.

옥절과 주안은 역리를 힘들게 했을 뿐	玉節朱鞍勞驛吏
털끝만큼의 도움도 백성에게 이른 적이 없네.	曾無毫補到蒼生
영남의 늙은 토끼들은 모두 굴이 세 개이니	嶺南老兔皆三窟
고삐 잡고 맑게 할 경(卿)을 기다린다네.	攬轡澄淸待國卿

이른바 향중공론(鄕中公論)을 이끄는 사족들의 회의체〔留鄕所〕를 '향원의 소굴'로 폄하했던 것이다.

조선 전기 유향소의 존치와 복설이 거듭된 이유가 있었다.[30] 김정국이 고양의 망동에 은거할 때 향소의 좌수(座首)를 맡았던 박세구(朴世矩)는 비루하지 않다는 평가를 받았지만, 그렇다고 향원이 아니라 할 수도 없는 지경이었다.[31] 심지어 김정국 스스로 향원이 될 뻔하기도 했다. 그는 전직 관료 자격으로 유향소 모임에 참석했다가, 향음주례를 시행하는 덕화(德化)의 장을 망친 장본인이 되었다. 김정국은 과음과 희언(戲言)으로 모임을 망친 후, 경기감사에 편지를 보내 다음과 같이 자책했다. "스스로 예교를 훼손하여 향촌에서 용납받지 못하게 되었으니 어찌 얼굴을 들고 다시 향회에 참석하겠는가?" 향촌의 사족들은 예교의 모범은커녕 질책의 대상이 되곤 했다.[32]

부민(富民)들 역시 향촌의 호활무단(豪猾武斷)이기는 마찬가지였다. 호남 제일의 부자였던 남원 사람 황진동은 친·인척들의 가난을 전연 돌보지 않아 지탄받고 있었다. 이들을 교화하지 않으면 지방의 통치는 불가능했다. 지방 유생들의 수준은 더욱 한심했다. 망동 좌수 박세구의 〈향촌십일가(鄕村十一歌)〉의 수준은 한마디로 속되고 졸렬할 뿐이었다.

김정국이 관찰사로 부임해 목격한 황해도의 풍속은 열읍(列邑) 모두 교화와 거리가 멀었다. 물론 김정국은 성리학자로서 하늘이 부여

---

30) 이태진, 1986, 〈사림파의 유향소 복립운동〉, 《한국사회사연구》, 지식산업사 참조.

31) 《(국역)사재집》, 222쪽. 1542년(중종 37) 소수서원을 세웠던 풍기군수 주세붕은 서원 건립의 목표가 향촌 사족, 즉 향원들을 교화하는 것이라고 강조했다. 《무릉잡고(武陵雜稿)》 권6, 원집(原集) 〈벽사(闢邪)〉.

32) 《(국역)사재집》, 〈상김감사서(上金監司書)〉, 462~465쪽.

한 인간의 도덕본성을 신뢰했다. 타고난 본성에는 후박의 차이가 없으므로 포기하지 않으면 누구나 성인군자가 될 수 있다고 보았다.[33] 하지만 황해도의 교생(校生)들은 한문의 구두조차 떼지 못했다.[34] 김정국이 황해도 신계를 방문했을 때의 일이다. 그는 고을 순행에 앞서 향교에서 공자를 알현하기로 했다. 신계향교의 문묘는 민가와 구별할 수 없을 정도로 허물어져 달팽이 껍질이 부서진 듯 황량했다. 사당은 곧 무너져 내릴 듯했고 흙 계단은 이미 흔적조차 없었다. 겨우 알성례(謁聖禮)를 마친 후 만난 유생들은 학문할 준비가 되어 있지 않았다. 상황이 이런데도 수령들은 향교를 수리할 생각조차 없었다.

후일 신계 사또로 부임한 정세신(정몽주의 후손)이 무너진 향교를 중수하고 김정국에게 기문을 요청했다. 김정국은 흔쾌히 교생들을 위한 격려의 글을 써주었다. 1530년(중종 25)의 일이었으니, 김정국이 파직되어 고향의 망동에 우거한 지 18년이 지난 때였다. 그 긴 시간 동안 신계향교는 쇠락한 그대로였던 것이다.[35]

16세기 전반 향촌의 사정은 열악했고 교화를 기대하기는 무척 어려웠다. 그럼에도 김정국은 황해도 열읍을 돌며 교생들에게 학습을 권면했다. 관청의 창고를 빌려 해주의 학도 수십 명을 가르치기도 했다. 당시 김정국이 만든 학교 규칙(約條)을 보면 영·호남에 비해 인재가 없는 황해도의 현실을 개탄하면서도 본성의 선함이 다르지 않다고 강조했다. 풍습과 기질의 차이일 뿐 모두 군자가 될 수 있다고 희망한 셈이다. 또한 학교 규칙에는 선을 권장하는 만큼 악을 징계하려는 의지도 강렬했다. 일찍 일어나 정좌 후 독서하고, 암송과 사색을

---

33) 《(국역)사재집》, 〈권열읍제교생(勸列邑諸校生)〉, 102쪽.

34) 《(국역)사재집》, 104쪽.

35) 《(국역)사재집》, 454·455쪽.

통해 명변(明辨)의 깊이에 도달한 후 체득의 실천을 통해 선을 잃지 말 것을 강조하면서도, 방자한 행동과 농담 그리고 타인과의 다툼과 주색을 매우 엄벌했다. 이익을 좇을 경우 반드시 쫓아내도록 했다.[36)]

김정국이 목도한 황해의 풍속은 실상 '짐승의 무리'에 가까웠다. 이들은 형과 다투고 아버지와 소송하기 일쑤였다.[37)] 김정국이 재임할 당시 놀랄 만한 사건이 벌어졌다. 연안 백성 이동(李同)의 이야기이다.[38)] 이동은 밥을 먹다가 아버지와 다투게 되자 밥그릇을 들어 아버지를 구타했다. 강상에 어긋난 대죄였기에 추국이 열렸고, 이동은 순순히 아버지를 구타한 사실을 자복했다. 심지어 아버지를 때린 일이 강상죄에 해당한다는 사실조차 몰랐다. 죽을죄인지 몰랐기에 숨김없이 자백했고 곧 사죄에 처해질 운명이었다. 황해도 백성에게 아버지와 다투고 구타하는 일은 그저 '일상'이었다.

당시 김정국은 백성 이동을 죽이는 대신 반성할 기회를 주기로 결정했다. 가르치지 않고 죽일 수는 없다(罔民)면서 처벌보다 교화를 우선했다. 패륜죄인을 사형에 처하지 않은 자신의 처분을 경(經)·권(權)의 시중을 얻었다고 자평한 것을 보면, 교화보다 엄형으로 풍속을 교정하려는 관행이 일반적이었던 것으로 보인다.

물론 김정국은 '현실적'이라는 미명하에 엄형과 혹형이 자행되고 있다고 비판했다. 1516년 밀양부 풍각현의 백성 박군효가 아버지를 난타 살해한 사건이 발생했다.[39)] 부는 현으로 강등되었고 부사 대신

36) 《(국역)사재집》, 487·488쪽.

37) 《(국역)사재집》, 101쪽, "鬩兄訟父彼何心 西土民風近獸禽".

38) 《(국역)사재집》, 582~584쪽.

39) 《중종실록》, 중종 12년(1517) 12월 13일. 당시 형님 김안국이 경상감사였기 때문에 김정국은 사건의 내막을 자세히 알고 있었다.

현령이 파견되었다. 현령으로 병조좌랑 김광철이 선발되었다. 문무를 겸전한 그가 밀양의 완악한 풍속을 교정할 수 있다고 본 것이었다. 당시 김광철에게 전별시를 써준 김정국은 교화를 부탁했다.[40] 그러나 형벌이 인심을 어지럽힐 뿐이니 백성의 선한 본성을 밝히라(明明德)는 김정국의 당부와 달리 김광철은 남형을 일삼다가 파직되었다. 죄인을 고문해 죽게 한 일로 최하의 고과를 받은 것이다.[41]

김정국은 엄형으로는 선한 사회를 이룰 수 없으며 억울한 자들만 늘어난다고 비판했다. 그가 형벌의 한계를 지적한 것은 이뿐이 아니었다. 남형도 문제이지만 혹형은 더욱 큰 문제였다. 연안부사 안팽수의 일화이다. 어떤 이가 양민(良民)을 도둑으로 무고했다. 술에 취한 안팽수는 아전에게 이들 양민 삼부자(三父子)의 취조를 맡겼고, 뇌물을 받은 아전은 삼부자를 고문해 죽게 했다. 후일 예조참의에 임명되어 연안을 떠나려던 안팽수는 당일 동헌에서 급사하고 말았는데, 김정국은 이 일을 두고 혹형의 죗값을 받았다고 논평했다.[42]

16세기 향촌의 현실은 교화보다 형벌이 현실적인 듯 보였다. 남형과 혹형은 문제였지만 지방의 호강들과 무지한 백성들에게 교화는 난망(難望)했고 엄형이 효과적이었다. 1536년 김정국은 황해도 평산부사 이림에게 보낸 편지에서, 황해도에 도둑이 많다고 하여 혹형을 일삼으니 악순환이 되풀이된다고 한탄했다.[43] 김정국의 기대와 달리 상당수의 지방관들은 금수와 같은 민속(民俗)의 교정을 위해 엄형에 의존하고 있었다.

---

40) 《(국역)사재집》, 78·79쪽.

41) 《중종실록》, 중종 24년(1529) 5월 2일.

42) 《(국역)사재집》, 573·574쪽.

43) 《(국역)사재집》, 310쪽.

사실 김정국의《경민편》역시 교화를 지향하는 권선의 항목보다 징악의 구절이 더 자세했다. 기본적으로는 '교화'를 앞세웠다는 점에서 김정국은 15세기의 '엄형의 효과와 간계(奸計)의 허용'에서 어느 정도 벗어나 있었지만, 그럼에도 여전히 형벌의 효과를 기대하는 입장은 유지했다.

후일 정조는《경민편》을 가리켜《여씨향약(呂氏鄕約)》과 표리를 이룬다고 평가하면서,《여씨향약》을 권선의 방도로《경민편》을 징악의 처방으로 규정했다. 정조는 이 책을 두고 "법이 좋지 않은 것은 아니나, 후세의 백성들이 거짓이 날로 늘고 있는데, 법으로만 다스린다면 속임수만 더할 뿐 효과도 없이 폐단만 생긴다."고 비판했다.[44]

조선 전기에 교화서였던《경민편》은 조선 후기에는 교화서보다 형법서와 가까운 취급을 받았다. 요컨대 선의지를 북돋는 교화를 통해 사회 질서를 유지해야지 형벌을 일삼다가는 이를 피하려는 속임수와 거짓(僞)이 늘어날 뿐이라는 비판이었다.[45]

'독법' 전통

주지하는 대로《경민편》은 지방관(황해도관찰사)에 부임해 향촌의 현실을 직시한 김정국의 향촌 교화책이었다. 당시 황해도의 민풍(民風)은 금수와 다를 바 없었다. 아버지를 난타하고도 죄인 줄을 모르는

44) 《일득록》5,〈문학(文學)〉5, "蓋法非不善而後世民僞日滋 因法生詐則其蔑效而有弊".

45) 《경민편》연구는 그동안 주로 국어학 연구자들에 의해 이루어졌다. 김해정, 1993,〈경민편언해 연구〉,《한국언어문학》31; 여찬영, 2005,〈《경민편(언해)》동경교대본과 규장각본 연구-한문 원문 및 구결의 차이〉,《우리말글》33; 이은규, 2005,〈《경민편(언해)》의 어휘 연구〉,《언어과학연구》35; 이은규, 2007,〈《경민편(언해)》이본의 번역 내용 비교〉,《언어과학연구》43 등 참조.

백성들과 사서삼경의 구두조차 떼기 어려운 유생들이 쇠락한 향교를 차지하고 있었다. 향촌은 사익에 골몰하는 호강들과 무지한 백성들로 가득했다. 그러나 이들을 다스린다며 엄형으로 일관할 수는 없었다. 그렇게 되면 형벌을 피하려고만 할 뿐이어서 백성들의 속임수만 늘게 되었다. 근본적으로 가르치지 않은 채 처벌한다면 백성을 법의 그물망으로 밀어넣는 것과 다를 바 없었다.

'백성을 그물질하는(罔民)' 정치를 둘러싸고 양 혜왕(梁惠王)과 맹자가 논쟁을 벌인 적이 있었다. 선정의 방도를 묻는 양 혜왕에게 맹자는 백성들에게 항산을 마련해주지 않은 채 잘못을 처벌한다면, 이는 죄에 빠지도록 유도한 후 뒤쫓아가서 형벌을 가하는 것이요 결국 백성을 그물질하는 데(罔民) 불과하니, 어진 임금은 해서는 안 될 일이라고 강조했다.《맹자》는 염치를 알려면 항산이 있어야 하고, 배가 고프지 않아야 교화도 가능하다고 보았다. 소민들을 엄형으로 다스린들 풍속 교화에 어떠한 효과도 없었다.

교화를 통한 근본적인 풍속 교화에 앞서, 각종 범죄에 따른 처벌 조항부터 상세히 알려줄 필요가 있었다. 이른바 독법령(讀法令)이었다. '독법'은 원래《주례(周禮)》〈지관사도(地官司徒)〉에 수록된 향촌 교화의 한 방법이었다. 사계절이 시작되는 첫날 백성들을 모아놓고 처벌 조항을 읽어줌으로써 범죄를 예방하는 제도였다. 특히 송대 사마광(司馬光)은 독법을 전국적으로 확대 시행한 것으로 유명했다.

조선 역시 건국 초부터 이러한 '독법령'을 시행했다. 1415년(태종 15) 형조는 백성들이 율문을 알지 못해 범죄를 저지른다고 판단하고,《대명률》을 발췌하여 서울의 오부(五部)와 지방에서 강론하도록 건의했다.[46] 물론 이러한 독법령이 전국 구석구석에 미치지는 않았던 것으로 보인다. 이에 1439년(세종 21) 세종은 사죄에 해당하는 율문만이

라도 초록하여 백성들에게 알려주도록 했다. 법을 몰라 죽음을 면치 못하는 백성들이 많았기 때문이다.[47]

15세기 말 성종대에 이르러 향음주례와 함께 독법의 전통을 복구하려는 시도가 재개되었다.[48] 이는 16세기 이후에도 이어져 독법은 유향소의 주요 업무 가운데 하나가 되었다.[49] 사실 독법은 16세기 향촌 교화의 주요한 방도였지만, 처벌과 관련된 금지 조항을 읽어주는 일종의 '경고'에 불과하다는 점에서 근본적인 교화책으로 보기 어려웠다. 따라서 16세기 중엽 이후에는 점차 향약과 병행하거나 향약으로 대체해나갔다.

그런데 16세기 초반 김정국은《경민편》을 통해 조선 초부터 치폐를 거듭하며 실효를 거두지 못했던 독법의 전통을 부활하고자 했다. 그는 향촌 교화를 위한 향약의 전면적 실시가 어렵다면, 법령을 고지하여 범죄를 예방하는 편이 '시중'에 해당한다고 판단했다. 이상적으로 교화가 요원하다면 현실적으로 경고가 필요했다. 이것이 김정국이 생각한 권도였다. 형벌 대신 교화가 근본이었지만 현실을 고려할 때《경민편》의 제목 그대로 '백성에 대한 경고'가 최선이었다.

> 형벌(刑)과 법은 모두 선왕들이 백성을 사랑하는 어진 마음에서 나온 것이다. 가르치지 않은 채 처벌하고 죄수로 판결한다면 백성을 속인 것(罔民)에 가깝지 않은가. 내가 외람되이 황해도관찰사에 임명되고 난 후 관할 지역을 순시하고 백성의 풍속을 살피고 옥사(獄事)를 판결할 때에 이

46) 《태종실록》, 태종 15년(1415) 5월 6일.

47) 《세종실록》, 세종 21년(1439) 11월 13일.

48) 《성종실록》, 성종 10년(1479) 1월 22일.

49) 《신증동국여지승람》 권24, 경상도 예천군 참조.

러한 점에 대해 깊이 탄식하지 않은 적이 없었다. 우매한 백성이 인륜의 중요함을 모른다면 어떻게 법을 제정한 자세한 사정을 알겠는가. 어리석은 백성들은 소경과 귀머거리와 같고 무지한 백성들은 오직 의식주에만 매달리느라 법을 어겨 잘못에 빠져드는 것조차 알지 못한다. 이에 유사(有司)가 법에 따라 백성을 잡아가두기를 마치 그물을 쳐서 날짐승을 잡고 함정을 만들어 짐승을 잡는 듯이 하면, 어떻게 백성을 개과천선시켜 죄에서 멀어지게 할 수 있겠는가. 내가 이를 안타깝게 여겨 사람의 도리와 가장 관계되고 백성이 범하기 쉬운 일을 12조목으로 만들어《경민편》이라고 했다. 간행해서 널리 배포하여 어리석은 백성들이 귀로 눈으로 익혀 만에 하나라도 악을 없애고 선을 따르기를 바라는 것이다.[50]

《경민편》은 십여 조목의 간단한 내용으로 구성되어 있다.[51] 〈부모〉를 시작으로 〈부처(夫妻)〉, 〈형제자매〉, 〈족친〉, 〈인리(鄰里)〉 등 가문과 지역사회 내에서 실천할 인륜을 가르치고 이를 어겼을 경우의 처벌 내용을 정리했다. 이어서 〈투구(鬪毆)〉, 〈근업(勤業)〉, 〈저적(儲積)〉, 〈사위(詐僞)〉, 〈범간(犯姦)〉, 〈도적〉, 〈살인〉, 〈노주(奴主)〉와 관련한 대표적인 범죄와 처벌 조문을 요약해놓았다.

한마디로 교화〔教〕와 형벌〔法〕을 쌍으로 제시하여 가르침으로 인도하고, 어길 경우에 해당하는 구체적인 처벌을 적시한 것이다. 예를 들어 〈부모〉 항목은 다음과 같은 권선〔教〕과 징악〔法〕의 대구로 이루어져 있다.

---

50) 《(국역)사재집》, 421~422쪽.

51) 이하《경민편》12조의 구체적인 해설은 정호훈의 역주를 참고했다. 정호훈 역, 2012,《경민편-교화와 형벌의 이중주로 보는 조선 사회》, 아카넷.

(권선) 아버지는 하늘과 같고 어머니는 땅과 같다. 수고롭게 나를 낳으시고 부지런히 젖을 먹이시며 힘들고 고생스럽게 키워서 길러내시니 부모의 은혜와 덕은 하늘같이 끝이 없다. 조부모는 나의 부모를 낳으셨으니 부모와 다름없다. 그러므로 부모를 잘 섬겨 효도하고 온순히 하여 어긋나게 하지 않으면 향리에서 선하다고 칭송하며, 나라에서도 선하다 하여 상을 준다.

(징악) '조부모와 부모를' 모살(謀殺)하면 능지처사하고, '조부모와 부모를' 구타하면 참(斬)하고 '조부모와 부모를' 욕하면〔詈罵〕 교형(絞刑)에 처하고 '조부모와 부모의' 가르침을 따르지 않고 정성껏 봉양하지 않으면 장 일백(杖一百)에 처한다. 부모를 고발하면〔告訴〕 중형에 처한다. 수절하는 계모는 친모와 마찬가지이다.

특히 《대명률》 등을 참조하여 능지처사→참형→교형→장 일백으로 이어지는 징악(懲惡) 제도의 내용을 자세하게 고지했다. 권선의 교화를 중시한다고 했지만, 차라리 주요 형률을 요약하여 알려주는 독법의 전통에 가까웠다.

사실 '망민(罔民)'의 본의는 항산 이후에 항심을 요구할 수 있고 교화 이후에 처벌할 수 있다는 '교화론 중심의 통치'를 강조한 것이었다. 의식주를 해결한 이후라야 비로소 인간의 도리를 가르칠 수 있고, 예의염치를 알게 한 이후라야 처벌도 가능하고 그 효과도 크다는 뜻이었다. 그러나 《경민편》의 구성은, 교화와 동시에 사죄를 저지르고도 죗값을 치러야 하는지조차 모르는 데다 형량이 얼마나 무거운지 알지 못하는 백성들에게 이를 경고〔警民〕하는 것에 가까웠다.

이러한 경향은 부부의 도리를 강조한 〈부처〉 항목에서도 확인된다. 부부의 화목을 강조한 내용보다 갈등 시의 처벌 구절이 더 자세하다. 먼저 남편을 모살하면 능지처사에 처했다. 남편을 구타하면 장 일백이고 중상해를 입혔을 경우 교형에 처한다고 알렸다. 죽였을 경우는 물론 참형에 처해졌다. 남편을 배신하면 장 일백이지만 배신하고 개가할 경우 교형에 처한다고도 했다.

시댁 식구들을 존중해야 한다는 점도 빠뜨리지 않았다. 남편의 조부모와 부모를 구타하면 참형에 해당하고 욕을 해도 교형에 처해진다고 경고했다. 고소하면 장 일백과 함께 노역형〔徒役〕에 처해졌다. 다른 남자와 잠간(潛奸)할 경우 적발되면 장 구십(杖九十)이었지만 이를 계기로 개가하면 교형에 처한다고 했다.

남편의 경우에도 마찬가지였다. 부인을 구타 살해할 경우 교형에 처한다고 경고했다. 물론 여성들이 지켜야 할 조문이나 경고에 비하면 턱없이 부족했다. 〈형제자매〉의 경우 재산 분쟁 시 엄형을 강조하여 화목을 유도했으며, 〈인리〉에서는 환난상휼을 강조하면서 동시에 소민을 침범한 호민(豪民)에 대해서는 모두 국경 근처나 해안가 등의 험난한 지역으로 이주〔全家入居〕 시키는 형벌에 처한다고 엄포했다.

확실히 《경민편》은 선초의 독법 전통을 이어받았다. 경고성 고지는 〈투구〉 이하에서 더욱 강해졌다. 태 이십에서 교형에 이르는 각종 처벌의 항목과 구체적인 범죄 내역을 제시하는 등,[52] 《경민편》은 범죄 예방의 근본책으로 교화를 강조했지만 실상은 범죄를 억제하기 위한 형벌의 공포와 경고에 기대고 있었다. 심지어 농사에 근실하지

---

52) 구체적으로 구타는 태 이십(笞二十), 상해를 입힌 경우 태 사십, 상투를 자른 경우〔拔髮〕 태 오십, 출혈이 심하면 장 팔십, 이〔齒〕 한 개나 손발가락을 하나 부러뜨리거나 눈 하나를 멀게 하거나 귀·코를 헐게 하거나 더러운 오물을 입이나 코에 부어넣으면 장 일백이었다. 또한 이 두 개 이상을 손상시키거나 임산부를 구타하여 아이가 유산되거나 칼로 사람을 상해한 경우 장 팔십과 노역형〔徒役〕에 처했다. 구타 혹은 자상으로 불구〔篤疾〕가 된 경우 장 일백과 유삼천리(流三千里)에 처했고, 사람을 죽이면 교형에 처했다.

않을 경우 처벌받는다거나〔근업(勤業)〕, 구걸할지언정 도둑질하지 말라고 경고했다(〈盜賊〉). 〈살인〉에는 모살 등의 중범죄에 대한 처벌 조항을 고지했다. 모살을 사주한 수범의 경우 참형, 실행한 자〔下手〕는 교형에 처한다고 알렸다. 다만 재물을 노린 모살은 수·종을 가리지 않고 모두 참형에 처한다고 경고했다.

동시에 향촌 사회의 상호 감시와 고발을 격려했다. 범죄를 알고도 고발하지 않을 경우 함께 처벌하겠다고 위협하기도 했다. 당시 타인을 저주하여 죽게 한 경우 참형에 처했는데, 이러한 정황을 몰랐더라도 함께 집에 거주한 동거인(同居人)들도 모두 유배형으로 처벌한다고 고지한 것이다. 집안의 '저주' 행위와 같은 살인 공모 행위를 상호 감시하고 일체 고발하도록 유도한 셈이다.

〈모살〉의 범죄 유형은 대부분 참형이나 교형 등 중범죄에 해당했다. 타인을 속여 살해하거나(사지로 유인하는 등) 자신의 악행이나 범죄를 은폐하려는 기도(독살, 저주, 사지 유인 등)에 대해서는 특히 엄형을 강조했다. 모든 범죄 모의를 계획 단계에서 철저하게 제거하려는 의지가 강렬했다.

요컨대 《경민편》은 당대의 혹형과 남형을 비판하고 교화를 통해 도덕사회를 만들겠다는 저자 김정국의 주장과는 사뭇 다르게 '형벌의 공포'나 '법의 경고'에 기대어 범죄를 억지하려는 의도가 강했다. 김정국은 성리학의 이상만을 강조했던 도학자들을 '현실'에 무지하다고 비판한 바 있었다. 그는 교화라는 이상과 형벌에 기댈 수밖에 없는 현실을 고려하여 '교화와 형벌의 조화처〔權道〕'를 모색했고 그 결과물이 《경민편》이었다. 엄벌을 비판했지만 형벌이 주는 실효를 버릴 수 없었던 것이다.

김정국은 성리학의 이상을 지향하되 현실의 사공(事功)을 강조한 정치가였다. 그는 원칙을 고집하되 실질을 중시했다. 현실을 무시한 이상은 실현될 수 없다고 보았다. 조광조를 비롯한 많은 기묘 사림들이 급진적인 도학정치를 주장하다가 정치적 이상을 구현하기는커녕 도리어 구세력의 복귀에 빌미를 제공했던 것은 아닐까? 김정국은 도학의 이념에 동의하면서도 현실과의 타협을 주저하지 않았다. 이상은 현실을 통해 구현될 수 있었기에, 누구의 눈에는 '타협'으로 보이는 태도가 김정국에게는 최선(권도)이었다.

물론 《경민편》이 형벌의 공포에만 기댄 것은 아니었다. 김정국은 권선(교화)을 앞세우고 징악(형벌)의 두려움을 뒤에 배치하여 교화가 근본임을 강조했다. 《경민편》은 조선 전기 처벌 위주의 형정론이 16세기 이후 교화 중심으로 전환하고 있음을 잘 보여주고 있다. 물론 그 한계는 명백했다. 김정국은 형벌과 교화의 조화라고 했지만, 실상 형벌의 비중(독법)이 압도적으로 높았다. 《경민편》에 제시된 향촌통치론(형정론)은 16세기 이후 조선의 성리학 수준이 깊어지고 형벌보다 교화 중심의 통치론이 강조되면서 곧 비판에 직면했다.

16세기 후반 안동 권문(權門)은 《해동잡록(海東雜錄)》을 편찬하면서 《경민편》의 내용을 합록했는데, 이때 형벌 조항(징악)을 삭제하고 교화(권선)의 내용만 초록했다. 또한 17세기 중반에 간행된 《경민편(언해)》을 보면, 정철(鄭澈)의 〈훈민가(訓民歌)〉 16편을 따로 증보하여 교화서로 면모를 일신했다.[53] 17세기가 지나면서 처벌보다 교화를 강조한 내용들을 증보하거나 덧붙이는 경향은 가속화되었다. 급기야 18세기에 이르러 정조는 《경민편》을 교화서가 아니라 '형벌의 두려움'

53) 정호훈, 2006, 〈16~17세기 《경민편》 간행의 추이와 그 성격〉, 《한국사상사학》 26; 정호훈, 〈조선 후기 《경민편》의 재간과 그 교육적 활용〉, 《미래교육학연구》 20-2, 2007 참조.

에 기댄 법가의 책으로 비난하고, 이 책을 향촌에 배포하자는 수원 유생 우하영(禹夏永)의 주장을 일축했다.[54)]

조선 전기에 '현실의 고려'라는 이름으로 허용되었던 각종 속임수나 함정수사 그리고 오랜 시간을 요하는 교화보다 효과가 비교적 빠른 엄벌이나 경고의 방식에 기대었던 형정론은 시간이 흐를수록 점차 교화 중심의 성리학 통치론으로 전환되고 있었다. 성리학에 대한 이해가 심화될수록 '불가피한 수단'으로 여겨졌던 법(형벌)의 통치에 대한 비판적 성찰도 함께 깊어졌다.[55)] 일상의 폭력을 해소하고 평화로운 질서를 추구하려는 목적과 수단으로서의 형벌 사이의 불일치는 더욱 문제시되었다. 수단으로서의 형벌(법)과 그 한계에 대한 성찰이 깊어지면서 점차 덕주형보의 형정론이 대두했다.

'덕주형보'와 영조의 수덕론

17세기 전반 김육(金堉)에 의해 《의옥집》의 조선판이라 할 수 있는 《종덕신편(種德新編)》(1644)이 편찬되었다. 이 책에는 속임수와 휼계에 대한 성리학자들의 우려와 불편한 심정이 잘 드러나 있다.[56)] 의옥을 해결하기 위한 지혜로 속임수나 함정수사마저 허용되자, 이러한 수

---

54) 《일성록》, 정조 20년(1796) 4월 25일.

55) 《경민편》의 효과를 특별히 강조한 정치가로 소론계 학자 박세채를 꼽을 수 있다. 형벌의 '현실적 효과'에 대한 박세채의 기대는 조선시대 학문과 정치의 상관관계에 대해 더 깊이 음미할 필요성을 제기한다.

56) 《종덕신편(種德新編)》, 국립중앙도서관 소장본; 《잠곡유고(潛谷遺稿)》 권9, 〈종덕신편서(種德新編序)〉. 김육은 덕을 쌓는 일의 중요성(《소학》의 가르침)을 강조한 후, 말미에 의옥 해결의 지혜를 조금만 수록했다.

단을 동원하는 것이 과연 합당한지에 대한 비판이 일었다. 이는 조선 초에 간행된 《의옥집》이 16세기 이후 점차 사라지게 된 이유와 무관하지 않다. 조선의 성리학자들은 의옥 해결의 시급함에는 동의하면서도, 억울함을 풀어주는 데 급급하여 지나친 속임수마저 허용할 수는 없다고 보았다.

"먼저 가르치지 않은 채 형벌로 백성을 죽이는 것을 포학(虐)하다고 한다."[57]는 《논어》의 구절에 잘 드러나 있듯이, 교화를 우선하면서 형벌은 불가피하게 사용하는 것이 성리학자들의 목표였다. 17세기에 이르러 《의옥집》은 조선의 도덕론과 법 감정에 맞게 재편집되었다. 김육은 《종덕신편》을 편찬하면서 《의옥집》의 속임수나 휼계 부분을 삭제하고, 덕을 쌓아 인정(仁政)을 베푼 결과 의옥이 자연스럽게 해결된 일화들로 채워넣었다. 단지 하권 말미에 〈석의록(釋疑錄)〉을 두어, 기지를 발휘한 《의옥집》의 일부 사례를 초록해두었을 뿐이다. 지나친 속임수를 '지혜(智)'의 이름으로 권장할 수는 없었던 것이다.

17세기 이후 교화를 강조함에 따라 앞서 살펴보았던 대로 16세기에 엄형으로 경고했던 《경민편》의 내용과 체제에도 변화가 생겼다. 징악의 내용은 대부분 삭제되었고 권선의 교화들로 보충되었다. 성리학의 본의를 깊이 이해하면 할수록, 통치 수단으로서의 형벌은 더욱 불가피하게 여겨졌고 형정 운영은 더욱 신중해지지 않을 수 없었다.

김육은 《종덕신편》의 서문에서 '덕의 함양'을 주장했다. 선정의 역사를 살피다 보면 의옥을 환하게 해결하여 사람들의 억울함을 구제하는 일을 간혹 볼 수 있다고 말한 김육은, 이처럼 사물이나 사건의 본질을 깊이 파헤치고 깨닫기 위해서는 인의(仁義)와 지혜(智)가 가장

---

57) 《논어》, 〈요왈(堯曰)〉, "不敎而殺 謂之虐".

필요한데, 이는 기본적으로 인간의 선한 본성(明德)을 수양하는 데서 비롯한다고 강조했다.

> 매번 옛 책을 볼 때마다 상대를 사랑하고 사람들을 구제하는 일에 대해 말한 것이 있으면 반드시 마음속으로 기뻐하여 기록하였으며, 아울러 옛 사람이 의혹을 풀고 간사함을 밝힌 일도 기록하여 그 아래에 붙여 기록하였다. 무릇 상대를 사랑하는 것은 인(仁)에 근본하였고 다른 사람을 구제하는 것은 의(義)에 근본하였으며 의혹을 푸는 것은 지(智)에 근본한 것으로, 이 모두는 사람들의 성품에 본디 있어서 애연(藹然)히 피어오르는 것이다. 그러니 참으로 능히 스스로 깨우쳐서 밝힌다면 널리 확충시켜 그 본성을 다할 수가 있을 것이다.[58]

김육은 애물(愛物)의 마음으로 살옥 혹은 의옥을 해결해야 한다고 주장했다. 이는 지방관이 문제 해결을 위해 속임수나 함정수사를 사용하는 대신, 기본적으로 어진 마음(仁)과 정의(義)를 추구하는 자세를 갖추도록 요구한 것이었다. 김육은 덕을 쌓아 의옥을 해결했던 사례를 수집했고, 이를 기초로 15세기 《의옥집》의 사례를 대체할 '적덕(積德)한 지방관들의 인정(仁政) 사례집'을 간행하고자 했다.

> 내가 비록 불민한데다 거칠게 나돌아 다니느라 어느 한 가지도 제대로 시행한 바가 없었다. 그러나 인정(仁政)의 사례를 좋아하는 마음은 끝내 해이해지지 않았기 때문에 차츰차츰 쌓여서 권(卷)을 이루었으니 서명

58) 《잠곡유고》 권9, 〈종덕신편서〉〉, "每觀古書 有愛物濟人底事 必欣然記之 竝記古人釋疑辨姦之事 附於其下 夫愛物本於仁 濟人本於義 釋疑本於智 皆人性之所固有 而藹然闖發者也 誠能自牖而明之 則可以擴充而盡其性矣".

을 《종덕신편》이라 했다.[59]

애물존심(愛物存心)의 정신으로 인정을 베풀어야 한다는 김육의 취지는 영조의 '수덕론(樹德論)'으로 이어졌다. 언젠가 영조가 김육의 《종덕신편》을 읽고 있었다. 지나가던 신하가 '사서오경도 충분한데 어찌 이 책을 읽습니까?'라고 질문하자 영조는 《종덕신편》의 가치를 구구히 강조했다고 한다. 시간이 흐른 뒤 영조는 직접 어제 서문을 지어 책의 의미를 칭송했다. "《중용》에 큰 덕은 반드시 그 수(壽)를 얻고 그 지위를 얻는다 했으니, 이는 성인을 가리켜 한 말이다."[60]

영조는 '덕(德)'이란 한 글자의 의미가 실로 지대하다고 주장했다. 영조에게 덕의 정치, 이른바 덕치(德治)의 중요성은 왕 개인의 지위나 왕실의 안녕에 국한된 것이 아니었다. 덕치는 조선이라는 한 나라의 안위와 직결된 문제였다. 형벌의 공포에 기대어 통치한다면 분명 그 신속한 효과는 덕치에 비할 바가 아니었다. 그럼에도 엄형에 의지한 국가는 오래 존속할 수 없다는 것을 역사가 증명하고 있었다.

영조는 모든 관료들에게 애물의 마음을 강조했다. 그 방법은 종덕(種德)의 정치였다. 1758년(영조 34) 김육의 《종덕신편》을 언해하면서 영조가 붙인 서문을 보자.

> 오호라, 종(種)은 곧 나무를 심는다는 말이니 사람이 능히 덕을 심는다면 인을 실행하는 데 무엇이 어렵겠는가? …… 고 영상(김육)이 깨달아

---

59) 위의 책, "余雖不敏 欲效其爲 而鹵莽棲屑 一無所施 然其好此之心 終不懈也 因積而成卷 名之曰種德新編 蓋欲觀而益勉 且付子孫而爲勸 用子正思齊之心 爲文正終身之誦 若曰有所爲而爲之譏以釋氏因果之說者 非知我者也 歲甲申仲夏 潛谷老人書".

60) 《어제종덕신편언해(御製種德新編諺解)》, 〈어제서(御製序)〉, 국립중앙도서관본.

감동한 바는 《소학》 중에 이르기를 "처음 벼슬하는 선비라도 진실로 애물의 마음을 가진다면 사람들에게 반드시 도움이 되는 바가 있다(一命之士 苟存心於愛物 於人必有所濟)."는 16자이다.[61)]

영조는 특히 '형정'의 운영 과정에서 단 한 명의 억울한 사람도 생겨서는 안 된다고 강조했다.[62)] 한 사람의 죄 없는 이를 죽이고서 천하를 얻는다면 왕 노릇을 하지 않겠다는 의지를 천명했던 것이다. 영조는 중국 한(漢)·송(宋)의 역사가 장구했던 비결을 덕치에서 찾았다. 엄벌이 아닌 종덕의 정치야말로 국가의 안녕을 보장하는 근본이었다.

맹자가 양 양왕(梁襄王)에게 "살인을 좋아하지 않는 사람이라야 능히 천하를 통일할 수 있습니다."라고 하고, 또 말하기를 "한 사람이라도 죄 없는 이를 죽이고서는 천하를 얻는다 해도 왕 노릇하지 않겠습니다."라고 했다. 성인 맹자께서 어찌 나를 속였겠는가? 한 고조는 약법삼장(約法三章)으로 천하를 평정하여 삼한(三漢)[전한(前漢)과 후한(後漢), 그리고 촉한(蜀漢)]이 연면히 400년에 이르렀고, 송 태조는 인후한 덕으로 나라를 세워 북송·남송으로 장구한 세월을 유지하였으니, 덕에 대한 하늘의 보답이 어찌 미덥지 않겠는가?[63)]

영조는 신료들 모두 《종덕신편》을 읽고 '애물(愛物)'의 정신으로 '제인(濟人)'의 효과를 거두기 바랐다. 법(조문)은 간략할수록[約法三

61) 위의 책, "희라 죻은 심은단 말이니 사ᄅᆞᆷ이 능히 덕을 심으면 인을ᄒᆞ미 므어시 어려오리오 ᄯᅩ 그 셔문을 보니 고샹의 텩연히 감동ᄒᆞ미 이심은 곳 쇼혹 가온ᄃᆡ 닐온 일명 져ᄉᆡ(극히 ᄂᆞ즌 벼슬이라) 진실로 ᄋᆡ믈ᄒᆞᄂᆞᆫᄃᆡ ᄆᆞᄋᆞᆷ을 두면 사ᄅᆞᆷ에 반ᄃᆞ시 건지미 잇다 ᄒᆞᄂᆞᆫ 십뉵ᄌᆡ라".

62) 영조의 형정에 대해서는 조윤선, 2009, 〈영조대 남형·혹형 폐지 과정의 실태와 흠휼책(欽恤策)에 대한 평가〉, 《조선시대사학보》 48 참조.

章〕 좋았다. 법이 번다해진다는 것은 점차 덕치의 이상에서 멀어지고 형벌을 불가피하게 동원할 수밖에 없는 현실을 의미했다. 영조는 후대의 왕들이 자신의 본의를 제대로 이어주기 바랐고〔繼志述事〕, 조정에 오르는 신료들 모두 종덕의 뜻을 받들어 억울한 사람이 단 한 명이라도 생기지 않도록 해야 할 것이라고 주문했다.

> 오호라, 부덕한 나는 하늘을 본받지 못하고 조종의 뜻을 따르지 못하여 왕위에 오른 지 몇 해가 지났건만 백성들이 빈곤에 시달릴 뿐만 아니라 죄 없이 억울하게 처벌받은 경우가 없다고 확신하겠는가? 이는 하늘의 뜻을 저버린 것이요 천지 간 순환의 이치를 배반한 것이니, 생각이 이에 미치니 불현듯 송구하여 두렵다. …… 고 영상(김육)은 무명옷 입고 가난한 선비 시절부터 진작 애물, 제인의 마음이 있었지만, 오호라 부덕한 이 몸은 머리 흰 늘그막에 이르러 비록 애물하는 마음은 있었으나 제인의 성과를 거둔 바 없었다. 이것이 내가 두세 번 탄복하여 감동한 바 있어 이 글을 쓰게 된 이유이다.[64]

---

63) 《어제종덕신편언해(御製種德新編諺解)》, 〈어제서〉, "ᄆᆡᆼᄌᆡ 냥양왕을 ᄃᆡᄒᆞ야 ᄀᆞᆯᄋᆞ샤ᄃᆡ 사ᄅᆞᆷ 죽이믈 즐기디 아닛ᄂᆞᆫ 재 능히 혼일(천하엇다)ᄒᆞᆫ다 ᄒᆞ시고 ᄯᅩ ᄀᆞᆯᄋᆞ샤ᄃᆡ ᄒᆞᆫ 죄 업ᄉᆞ니ᄅᆞᆯ 죽이고 텬하를 어더도 ᄒᆞ디 아니ᄒᆞᆫ다 ᄒᆞ시니 희라 추셩이 엇디 나ᄅᆞᆯ 소기시리오 ᄒᆞᆫ고죄 법을 언약ᄒᆞᄃᆡ 샤쟝으로 ᄒᆞ야 텬하ᄅᆞᆯ 뎡ᄒᆞᆫ고로 삼한(쳐한동한측한이라)에 면연ᄒᆞ야 ᄉᆞᄇᆡᆨ년을 누리고 송태죄 인후ᄒᆞᆷ으로 나라ᄒᆞᆯ 셰온고로 남송 북송이 녁년을 오래게 ᄒᆞ니 덕의 보응을 바드미 엇디 밋브디 아니ᄒᆞ리오".

64) 《언해종덕신편》, 〈서문〉, 국립중앙도서관본, "우차ᄒᆞᆸ다 부덕이 능히 하늘을 법 바드며 조종을 법밧디 못ᄒᆞ야 님어ᄒᆞᆫ 몃ᄒᆡ예 ᄒᆞᆫ갓 젹ᄌᆞ의 뎐련ᄒᆞᆯ ᄲᅮᆫ이 아니라 우차ᄒᆞᆸ다 죄 업ᄂᆞ니 그릇걸닌 재 업ᄉᆞᆫ 줄을 엇디 알니오 이ᄂᆞᆫ 황텬을 뎌ᄇᆞ리미오 텩강을 뎌ᄇᆞ림이라 ᄉᆡᆼ각이 이에 밋ᄎᆞ매 늠숑ᄒᆞ믈 ᄭᅵᄃᆞᆺ디 못ᄒᆞ니 엇디 다만 글은 스ᄉᆞ로 글이오 나ᄂᆞᆫ 스ᄉᆞ로 낸 탄식ᄲᅮᆫ이리오 오희라 고샹은 그 위포로브터 이믜 ᄋᆡ믈ᄒᆞ고 졔인ᄒᆞᆯ ᄆᆞ옴이 잇거ᄂᆞᆯ 우차ᄒᆞᆸ다 부덕은 ᄇᆡᆨ슈모년의 비록 ᄋᆡ믈ᄒᆞᄂᆞᆫ ᄆᆞ옴이 이시나 졔인ᄒᆞᄂᆞᆫ 효험을 보지 못ᄒᆞ니 이 나의 ᄲᅧ 삼복ᄒᆞ야 탄식ᄒᆞᆷ을 니ᄅᆞ혀 이 글의 감동ᄒᆞ미 잇ᄂᆞᆫ 배니라 뭇 뎐재유유ᄒᆞ거ᄂᆞᆯ 드ᄃᆡ여 셔문을 블너 ᄡᅥ 칙머리의 두노라".

수년이 지난 1771년 영조는 《종덕신편》의 재간에 그치지 않고 본인이 직접 《어제수덕전편(御製樹德全編)》을 편찬했다. 작은 소책자에 불과하지만, 이 책을 통해 영조는 덕의 정치와 그 효과를 다시 한 번 강조했다. 주나라가 1,000년의 정치를 이어나간 바탕이나 조선이 400년의 역사를 계승한 근거가 모두 '덕치(德)'를 천명했기 때문이라는 것이다.

> 고 상신 김육이 책을 편찬하고 서명을 《종덕신편》이라 했으니 그 뜻이 심오하다. 이는 《서경(書經)》〈대우모(大禹模)〉에서 말한 고요가 덕을 펼친다는 뜻과 같다. 내가 일찍이 이 책을 완미했으니 대개 덕(德)이라는 한 글자가 지대하다. 《서경》에서 능히 큰 덕을 밝힌다거나 《대학》에서 명덕을 밝힌다는 말이 모두 이러한 뜻이다. 《중용》의 지(知)·인(仁)·용(勇) 또한 여기에 근본한 말이다. 오호라, 옛날 주나라의 후직(后稷)이 덕을 뿌리니 1,000여 년이 지나 문왕이 비로소 그 명을 받았다. 우리 조선의 시조는 큰 덕과 깊은 인정으로 나라의 기틀을 열었는데 열성이 서로 이어 지금에 이르렀으니 아름답고 아름답도다.[65]

종덕을 통치의 근간으로 삼는 이유에 대해 영조는 모든 사람의 명덕을 밝히는 교화(明明德)가 중요하기 때문이라고 해석했다. '명명덕의 천명'이야말로 조선이 덕치의 나라임을 한마디로 표현한 것에 다름 아니었다. 조선의 왕들은 개국 이래 이러한 정신을 이어받아 영조

65) 《수덕전편(樹德全編)》, 국립중앙도서관본, 3a-3b, "故相金堉著書名曰種德新編 其意深也 此取尙書所云 皐陶邁種德之義也 予嘗深味乎此 大抵德之一字 大矣哉 書之克明峻德 大學之明明德 皆此義也 中庸知仁勇 其本亦此也 嗚呼 昔周后稷 樹德于先 千有餘年 文王始受命 我朝始祖 以大德深仁 肇基洪業 列聖相承 式至于今 猗歟休哉".

자신의 시대에 이르기까지 400년의 장수를 누렸으니 그 뜻이 매우 아름답다는 주장이었다.

역대의 선왕들이 법이나 형벌에 기대기보다 '덕'을 밝히는 교화를 중시한 이유는 무엇일까? 영조는 《주역》의 "선행을 쌓는 집안에 반드시 경사스러운 일이 넘친다[積善之家 必有餘慶]."는 유명한 구절을 인용했다. 아울러 《중용》의 "큰 덕을 베풀면 그만한 지위를 얻게 된다."는 내용을 덧붙였다. 이상의 해석은 단지 주나라가 오래된 나라로 명맥만 유지한 듯 보이나 문왕이 덕을 베풀어 천명과 합일한 덕분에 주나라의 새 기틀을 마련할 수 있었다는 결론으로 이어졌다.[66]

영조는 덕치야말로 조선왕조의 통치 이념이라고 역설했다. 조선이 경전의 가르침대로 적선(積善)과 대덕(大德)을 베풀어 새로운 천명을 이어가는 유신(維新)의 정치를 해왔다는 것이다. 왕조 역사의 발원도 적덕의 과정으로 설명했다. 영조는 이씨 왕조의 출발이었던 전주의 조경묘(肇慶廟)야말로 주나라에서 후직(后稷)을 제사지낸 예(禮)를 이어받은 곳으로 덕치의 상징적인 장소라고 칭송했다. 400년 해동조선의 역사는 대대로 인덕을 쌓고 어진 정치를 추구한 결과[積德累仁]가 분명했다.[67]

통치자라면 명명덕의 교화가 통치의 근본이요 형정은 불가피한 수단임을 누구보다 잘 알아야 했다. 영조의 가르침 속에서 성장한 정조는 덕치, 즉 왕조의 적덕누인(積德累仁)을 정치의 근간으로 삼을 수밖에 없었다. 인정의 방도이기는 하나 형정은 늘 불가피한 동시에 보조

66) 《수덕전편》, 국립중앙도서관본, 7a, "經曰積善之家 必有餘慶 中庸曰大德必得其位 詩云周雖舊邦 其命維新 傳註云周國雖舊 至於文王 能新其德 始受命".

67) 《수덕전편》, 국립중앙도서관본, 9a, "今者全州肇慶廟 卽周家祠后稷之禮也 咸有一德 商書旣云嗚呼 四百年海東朝鮮 寔由於積德累仁 觀此肇慶廟 可知也".

적인 정치 도구라는 점을 가슴 깊이 새겨야 했다. 살옥사건에 대한 정조의 뼈를 깎는 심리 과정은 바로 적덕누인의 효과를 통해 단 한 명의 억울한 사람도 만들지 않겠다는 의지의 천명이자 단 한 명이라도 교화의 가능성을 포기하지 않으려는 다짐이었다. 형정은 더욱 신중〔欽〕하게 운용되어야만 했다.

앞으로 살펴볼 정조의 형정 운영은 기본적으로 교화를 우선한 흠휼(欽恤)의 기조를 유지했다. 정조의 흠휼에 대한 강력한 의지와 섬세한 형정 운용은 영조의 수덕론, 즉 법에 의지하는 대신 인간 본연의 덕을 함양하는 교화의 정치를 그대로 이어받은 것이었다. 정조가 즉위하자 가장 먼저 반포한 책이 《흠휼전칙》이었다는 사실은 우연이 아니었다.[68]

---

68) 심재우, 1999, 〈정조대 《흠휼전칙》의 반포와 형구 정비〉, 《규장각》 22 참조.

2.
《무원록》과 옥정 파악의 중요성

조선판 《무원록》의 증보 과정

성리학의 덕치를 표방하고 흠휼을 강조할수록 객관적이고 과학적인 살옥 조사 과정이 필요했다. 정의로운 살옥 판결은 무엇보다 해당 사건의 진실(獄情)을 파악하는 데서부터 시작했다. 조선 초부터 《의옥집》을 간행하고 《무원록》에 주석을 달아 간행한 이유가 여기 있었다.

세종은 어려운 원대의 이문(吏文)을 조선 사람들도 이해할 수 있도록 주석을 달아 《신주무원록(新註無冤錄)》을 간행했다. 1059년 고려에서 중국의 《의옥집》을 수입 간행했던 사실로 미루어볼 때, 송대의 《세원록(洗冤錄)》과 《평원록(平冤錄)》 등과 같은 법의학서도 고려시대에 전래되었을 가능성이 높다. 아울러 고려 말에 원의 《지정조격(至正條格)》이 활용된 사례를 보면, 같은 시기에 중국의 《무원록》도 수입되었을 것으로 보인다.[69]

1308년 중국(원)에서 《무원록》이 간행된 지 100여 년이 지난 1435년(세종 17) 조선 조정에서 《무원록》의 간행과 활용을 두고 적극적인 논의가 일어났다. 수많은 살옥사건을 객관적으로 조사하려면 지침서가 필요했기 때문이다. 《무원록》에는 검시 방법은 물론 검안 문서의 작성법이 두루 갖추어져 있으므로 이과(吏科)와 율과의 수험서로 정하여 사대부들도 이를 익혀 검험에 사용할 수 있게 하자는 주장이었다. 다만 문장이 까다롭고 조선과 다른 중국의 제도를 이해하기가 쉽지 않았다.

세종은《무원록》의 조선판 간행을 위한 주석 작업을 서둘렀다. 법률에 밝았던 최치운이 중심이 되어 '음훈(音訓)' 작업을 수행했다. 1438년(세종 20) 겨울 조선판 무원록《신주무원록》이 편찬되자, 곧바로 강원도 관찰사 유효통의 주관 하에 인쇄에 들어갔다.[70] 문과 출신이나 의학에 정통했던 유효통(兪孝通)은 이미《향약채취월령》,《향약집성방》과 같은 거질의 의서 간행을 주관했던 경험이 있었다. 이러한 유효통의 이력은《신주무원록》을 그의 부임지인 강원도에서 출판하는 배경이 되었다. 1440년 봄 비로소《신주무원록》초간본이 세상에 나왔다.[71]

조선 초에 간행된《신주무원록》은 이후 여러 번의 중간(重刊)을 거치면서 조선시대 살옥사건의 조사 및 검시의 표준 지침서가 되었다. 예컨대 중종대 전라도에서 발생한 구질덕 치사 사건의 경우를 보면, 독살과 자살 여부를 놓고《신주무원록》의 은비녀 조항을 참고했다.[72] 선조대 검험이 끝나고 사체를 처리하는 문제를 놓고 벌어진 논쟁에

---

69) 중국 송원대 이후 법의학의 발달에 대해서는 최해별, 2014, 〈송원시기 검험(檢驗) 지식의 형성과 발전-《세원집록(洗冤集錄)》과《무원록(無冤錄)》을 중심으로〉,《중국학보》69 참조.

70) 《신주무원록》, 〈발문〉, 서울대학교 규장각 '규 2216'본 참조. 1440년(세종 22) 강원도관찰사 최만리가 쓴 발문에는 간행을 둘러싼 저간의 사정이 소개되어 있다.

71) 이상《신주무원록》의 간행 과정과 내용은 김호, 2003, 〈《신주무원록》과 조선 전기의 검시〉,《법사학연구》27 참조.

72) 《중종실록》권55, 중종 20년 11월 15일(경오).

서도《신주무원록》의 지침을 따르자는 결론이 내려졌다. 검시 후 문제가 없을 경우 친속에게 시체를 내주어 매장했지만, 사건 조사를 둘러싸고 의혹이 끊이질 않을 경우 임시로 구덩이에 사체를 묻고 조사에 대비한다는 내용이었다.[73)]

《신주무원록》 간행 이후 발생한 살옥사건의 조사는 이 책의 지침을 따르고 있었다. 문제는 대부분의 살옥사건이, 동서고금을 막론하고 사건이 발생한 시대와 장소의 '고유한 환경'이나 '특수한 사정'들과 깊이 연관되어 있다는 사실이다. 조선의 풍속이나 역사적 환경이 중국의 그것과 달라 조선에서 발생하는 살인 사건을 둘러싸고 특별히 고려해야 할 요소들이 계속 늘어났다. 또한 조선 후기에 이르면서 살인 사건을 완전 범죄로 만들고 악의를 은폐하려는 시도들 역시 증가했다. 범죄 기술의 진화에 맞추어《신주무원록》의 증보와 수정이 뒤따라야만 했다.

가령 독살의 경우《신주무원록》에는 비상(砒霜)에 관한 항목 자체가 없었다. 중국에서 비상으로 사람의 목숨을 해치는 사건이 드물었는지 모르지만, 어쨌든 조선에서는 비상을 사용하여 살인하거나 자살하는 사례들이 늘고 있었다. 이에 선조대의 한 검험관이 검안을 작성하면서 사망 원인〔實因〕을 '비상치사(砒霜致死)'로 기록했다. 당시 형조는《무원록》에 '비상치사'라는 실인(實因) 자체가 없다는 이유를 들어 '비상(砒霜)' 두 글자를 검안에 기록한 검험관의 파직을 요청했다.[74)] 이처럼 시대에 따른 사인의 변화나 범죄 수단의 발달 등에 따라 조선의 현실에 걸맞은《신주무원록》의 증수 작업이 요구되었다. 조선

---

73) 《선조실록》 권163, 선조 36년 6월 5일(경인).

74) 《선조실록》 권23, 선조 22년 8월 23일(무술).

의 현실에서 '비상치사'가 늘고 있다면, 《무원록》에 비상치사를 실인으로 첨가하지 않을 수 없었다.

이뿐만이 아니었다. 임금들의 수교(受教)에 따라 종종 검시 규칙의 예외가 나타나기도 했다. 숙종은 이미 시신을 매장한 경우 이를 파내어 검험해서는 안 된다고 수교한 바 있었다. 무덤을 파헤치는 일 자체를 부도덕하거나 비윤리적으로 생각했던 것이다. 그런데 숙종의 수교 이후, 살인을 저지른 범인들이 사체를 재빨리 땅에 묻어 검험을 방해하는 일이 발생했다. 현실에서 폐단이 끊이질 않자, 정조는 즉위 초에 《무원록》의 관련 조문을 정비했다. 경우에 따라 무덤을 파고 검시할 수 있도록 법례를 재정비한 것이다.[75]

수사 기법과 법의학 지식 역시 시간의 흐름에 따른 변화에 대처하지 않을 수 없었다. 《신주무원록》의 수정과 증보에 대한 이러한 요구는 당대의 현실에 따른 것이었을 뿐 아니라 《신주무원록》 간행 이후 수백 년간 쌓였던 조선의 법의학 지식을 업데이트할 기회를 만들기도 했다. 최초의 결과물은 1748년(영조 24) 구택규(具宅奎, 1693~1754)의 《증수무원록(增修無冤錄)》으로 나타났다.[76] 그는 이미 1746년(영조 22) 《속대전(續大典)》 교정 작업에 참여하는 등 법률 전문가로 정평이 나 있었다.

> 《무원록》을 중간하여 팔도에 반포했다. 각 지방에 《무원록》이 있어 살옥의 검험에 참고했는데, 글자가 어긋난 것들이 많아 이해하기 어려운 부분이 많았다. 좌의정 조현명이 《세원록》과 《평원록》 그리고 《미신편(未信編)》 등을 참고하고 정리하여 팔도에 반포하기를 청하자 임금이 그대로

75) 《정조실록》 권3, 정조 1년 5월 10일(갑술).

76) 이하 조선 후기 《무원록》의 간행 경위는 1796년 간행된 《증수무원록대전》의 구윤명 발문에 의거하였다.

따랐다. 조현명은 구택규를 천거하여 일을 주관하도록 했다.[77)]

구택규는 《신주무원록》을 완전히 재편집함으로써 새로운 조선 후기판 《무원록》을 만들 계획이었다. 기왕의 《무원록》 체제를 그대로 놔두고 주석을 첨가하는 정도가 아니라 새롭게 환골탈태한 《무원록》을 기획했던 것이다. 당시 청의 형부(刑部)에서 증보 간행한 《율례관교정세원록(律例館校正洗冤錄)》(이하 《(율례관)세원록》)을 주로 참고했다.[78)] 이 책은 기왕의 《세원록》을 청대의 현실에 맞추어 4권으로 증보한 법의학서로 1694년(강희 33) 《대청률(大清律)》의 부록으로 간행되었다. 특히 《세원록》을 가장 상세하게 풀이했다고 평가받는 청대 학자 왕명덕(王明德)의 《세원록보(洗冤錄補)》(1673년)를 기준으로 하고 여러 법률가들의 학설을 채집한 장점이 있었다.[79)]

구택규의 뒤를 이어 《증수무원록》의 보완 작업을 마무리한 이는 아들 구윤명(具允明)이었다.[80)] 그는 1796년 《증수무원록대전(增修無冤錄大全)》을 발간하면서, 〈발문〉을 지어 아버지 구택규의 작업을 다음과 같이 평가했다. "선친(구택규)께서 영조의 명을 받아 《무원록》의 쓸데없는 내용을 덜어내고 빠진 것은 보충하여 책을 펼치면 강령과 절목이 일목요연했을 뿐 아니라 어렵고 의심스러운 자구들을 전부

---

77) 《영조실록》 권68, 영조 24년 9월 9일(경신).

78) 이 책이 정확하게 언제 조선에 수입되었는지는 알 수 없다. 다만 1745년 연행사 일원이었던 역관 현덕연(玄德淵)이 이 책을 구입한 공로로 상을 받았다는 기록이 전한다. 《영조실록》, 영조 21년 7월 13일(계미).

79) 중국 법의학의 역사에 대해서는 최해별, 2017, 〈13~18세기 동아시아 '검험(檢屍)' 지식의 전승과 변용〉, 《역사문화연구》 61; 최해별, 2019, 《송대 사법 속의 검시 문화》, 세창출판사 참조.

80) 1711~1797년. 조선 후기의 문신. 본관은 능성(綾城). 자는 사정(士貞), 호는 겸산(兼山). 1743년(영조 19) 정시문과 급제 후 사헌부 지평·장령을 거쳤다. 왕실과 가까운 훈척으로 영조의 깊은 신임을 받았다.

모아 음훈을 달았다." 아울러 본문의 각 항목들도 해석이 상세하여 참고하기에 편리했다고 설명했다.

사실 구윤명의 평가에도 불구하고 구택규의 《증수무원록》은 여전히 중국의 공문서 투식이 남아 있거나 해설이 충분하지 않았다. 선친의 편찬 작업을 이어받은 구윤명은 이전의 증수를 보완하는 데 불과하다고 겸손해했지만, 책의 전체적인 분류를 새로 만들었을 뿐 아니라 부족한 해설을 보충하는 데 더욱 유념했다. 특히 《증수무원록》에 남아 있던 중국 공문서의 흔적을 완전히 일소했다. 책의 순서와 분류를 새롭게 세우고 조선의 현실에 맞는 검험과 공문서 양식의 기초를 마련했다. 구윤명의 《증수무원록대전》이야말로 명실상부한 조선 고유의 법의학서라 할 만했다.

구윤명은 조선 사대부들이 법률을 공부하지 않아 살옥의 조사와 심리의 처결이 매우 불합리하다고 비판했다. 살옥사건의 검험은 매우 중요한 일인데도 그저 사건이 발생하고 나서야 비로소 책을 펴보고 조례를 고찰할 뿐이라는 것이다. 그 결과 검시 절차와 공문서를 제대로 알지 못한 채 사람의 목숨을 결정할 수밖에 없다고 주장했다.

살옥사건의 의혹은 대부분 죽음의 실인을 상세히 살피지 못한 데서 연유했다. 구윤명은 사인을 확정하고 그 물증을 확보하려면 《무원록》을 샅샅이 공부하고 서로 이웃하거나 참조할 만한 항목들을 쉽게 찾을 수 있어야 하는데, 애초에 참조할 만한 조항들이 여기저기 흩어져 있어 이용 자체가 쉽지 않다고 보았다. 따라서 《무원록》의 증수 작업은 처음부터 조문의 체계와 편집을 재정비하여 '(사인 등에 따라) 재분류'함으로써 열람에 편리하도록 만들어야 했다.

구윤명은 《무원록》의 편찬 과정을 살펴보면 태생적으로 체계가 난삽할 수밖에 없었다고 판단했다. 즉 원대의 《무원록》을 간행하면서 이전의 《세원록》, 《평원록》, 《결안정식(結案程式)》 등을 분류별로 취합할 수밖에 없었는데, 이 과정에서 편차의 잘못과 문장의 중복 및 문자의 착오가 많아졌고 결국 문리가 통하지 않는 책이 만들어졌다는 것이다.

구윤명 역시 청대 《(율례관)세원록》의 새로운 법의학 체계와 지식을 충분히 활용했다. 그는 검험에 관한 ① 각종 법식을 앞에 수록하고 ② 각종 검험 조례를 수록한 뒤, 마지막에 ③ 기타 잡론(雜論)을 실어 체계를 바로잡았다. 구윤명의 증수 작업으로 선초의 《신주무원록》과는 크게 달라진 법의학서가 완성되었다.

> 《무원록》 상권은 중국 원나라 정부에서 사용했던 공문서 형식으로 하권의 조례와 그 뜻이 중첩된 것이 많고 비록 중첩되지 않았더라도 원래 중요하지 않은 내용도 있으니, 이를 삭제하거나 간략하게 하고 긴요한 구절만을 취하여 각각의 조항 아래에 넣어 참고에 편리하도록 했다.[81]

원대의 공문서 투식과 중첩된 내용을 삭제하고 부족한 내용은 《(율례관)세원록》의 새로운 지식으로 보완(補)했다. 스스로 밝힌 바대로, 구윤명은 '새로운 법의학 지식'의 수용에 가장 많은 공을 기울였다. 내용을 보충하는 과정에서 해당 항목이 없으면 가장 가까운 조문에 부록하는 등 체계의 완비에 힘썼다.

또한 구윤명은 수백 년간 조선의 현실에서 축적되어온 법의학 지식을 활용했다. 이는 중국의 《무원록》에 주석을 가하는 정도에 머물던 기왕의 편찬 작업과는 차원을 달리했다. 조선에서 누적된 다양한 검험

81) 《증수무원록(대전)》, 〈범례〉.

지식과 수사 기법 가운데 참고할 만한 지식은 중국의 법의학서에는 없는 고유한 내용들이었다. 구윤명은 이에 대한 자신의 의견 표명을 아끼지 않았으며 이러한 내용에 '부(附)' 자를 붙여 원문과 구별했다.[82]

마지막으로, 구윤명은 문구나 용어 사용의 정확성을 기하기 위하여 법률학자 김취하(金就夏)의 감수를 받았다. 전문가의 검토를 받고 그 결과를 수용함으로써 구윤명의 《증수무원록대전》은 활용도가 높아졌다. 김취하 역시 본문의 체계와 내용을 훼손하지 않는 범위에서 본문에 첨삭을 가하고, '증(增)'자를 붙여 구분했다.[83]

정리하자면, 《증수무원록(대전)》의 편찬은 청대의 새로운 중국 법의학 지식을 수용〔보(補)〕하고 여기에 조선학자들의 의견〔부(附)와 증(增)〕을 덧붙이는 과정이었다. 15세기 《신주무원록》의 '조선화 과정'은 구씨 부자의 증보 과정과 함께, 1790년(정조 14) 서유린의 《증수무원록언해》로 이어졌다. 1791년 언해본 초고가 완성되었고[84] 수년 후인 1796년 《증수무원록대전》과 《증수무원록언해》 두 책이 동시에 간행됨으로써, 조선판 무원록의 증수 작업은 완료되었다.[85]

중국 법의학 지식의 수용과 실용성의 강화

앞서 언급한 대로 조선 후기 법의학의 발전은 중국 청대의 새로운 법의학 지식을 수용하는 과정에서 한층 진보했다.[86] 구씨 부자는 《증수

---

82) 《증수무원록(대전)》, 〈범례〉.

83) 《증수무원록(대전)》, 〈발문〉.

84) 《정조실록》 권40, 정조 18년 6월 28일(계미).

85) 《정조실록》 권45, 정조 20년 11월 3일(갑진).

무원록》에 증보된 새로운 지식을 '보(補)'로 표시했는데, 무려 45군데에 달한다. 이와 함께 구윤명의 의견〔附〕과 김취하의 수정〔增〕을 더한 구절 역시 십수 군데에 달한다. '보'와 '부' 그리고 '증'의 내용을 구체적으로 살펴보면, 조선 후기 법의학이 어떤 내용을 증보하려고 했는지 그 특징과 배경을 이해할 수 있다.

우선 청대 법의학 지식의 수용〔補〕을 살펴보면 다음과 같다. 첫째, 허술한 검시 기강을 바로잡도록 했다. 검장(檢狀), 즉 검시의 지휘와 문서 작성을 지방관이 직접 담당하고 절대 이서에게 맡기지 말아야 한다는 것이다. 중국이나 조선에서 지방관 대신 서리의 손에서 조사가 이루어지면서 많은 부정이 야기되었는데 이를 특별히 지적했던 것이다.[87] 둘째, 살옥사건을 철저히 조사하지 않고 덮으려는 지방관들을 엄벌한다는 것이다. 특히 복검관이 초검관과 다른 조사 내용을 보고하면 서로 문제가 될 수 있으므로 초검안의 조사 내용을 그대로 베끼는 경우가 많았는데, 발각 시에 무겁게 처벌하도록 했다.[88] 셋째, 살옥 조사에 필요한 법물(法物)에 대한 주의 사항이다. 가령 백포(白布)와 백지(白紙)는 미리 술과 초 등으로 시험하여 변색되지 않은 상태를 유지하도록 강조했다. 과학적이고 객관적인 시료(試料) 사용에 대한 주의를 환기했던 것이다.[89]

마지막으로 가장 중요한 증보 사항은 사체의 상흔을 정교하게 검사하여 실인을 파악함은 물론 타살을 자살로 위장하는 등의 악의(惡

86) 중국 법의학 지식의 영향에 대해서는 최해별, 2015, 〈동아시아 전통 '검험(檢驗)' 지식의 계보-검험 서적의 편찬, 전파, 변용을 중심으로〉, 《이화사학연구》 50; 최해별, 2017, 〈13~18세기 동아시아 '검험〔檢屍〕' 지식의 전승과 변용〉, 《역사문화연구》 61 참조.

87) 《증수무원록언해》 권1, 〈검복총설(檢覆摠說)〉.

88) 《증수무원록언해》 권1, 〈검식(檢式)〉, '면검(免檢)'.

89) 《증수무원록언해》 권1, 〈검식〉, '응용법물(應用法物)'.

意)를 간파해야 한다는 것이었다. 시체의 상흔이 피륙(皮肉, 표피)에 가려 보이지 않을 경우, 마황과 감초 등을 달여 시신에 바르고 얼마 뒤 씻어낸 다음 반드시 진피의 상흔을 조사하도록 강조한다든지,[90] 뼈의 골절 여부를 세밀하게 관찰하여 사인을 결정하도록 했다. 뼈의 골절 부위를 새 솜으로 문질러 솜이 걸려 보풀이 일어나는지 확인하고, 골절 부위의 뼈가 안쪽 혹은 바깥쪽을 향하는지 조사하여 구타의 방향을 확증하도록 했다. 밖에서 가격했다면 골절된 뼈의 가시 부위가 안으로 향한다고 설명하는 식이다.[91]

특히 치명처(급소) 가운데 치사(致死) 흔적이 잘 드러나지 않는 상처 부위의 조사 방법을 증보했다. 예를 들어 명문골(命門骨) 부위는 신장으로 연결되는 급소이지만 상흔을 확인하기가 어려웠다. 급소이지만 상흔이 잘 드러나지 않는 신체 부위를 철저하게 조사하도록 했던 것이다.[92]

한마디로 청대 법의학의 수용〔補〕은 살인에 대한 철저한 조사와 '살인 후 위장'을 간파해내는 기술이 중심이었다. 중국의 경우는 명·청대에, 조선의 경우는 조선 후기에 이르러 살인의 증거를 은폐하려는 시도들이 증가했던 것으로 보인다. 이에 따라 위장을 밝혀내기 위한 법의학 지식도 함께 발전할 수밖에 없었다. 특히 액사(縊死)를 위장한 살인은 밝혀내기가 더 어려웠다. 가령 범인이 목을 졸라 피해자가 죽기 직전 줄에 매달아 자살로 위장한 경우는 구분이 더욱 어려웠다. 이에 목을 맨 흔적이 두 가지라면 반드시 위장 여부를 살피도록 당부했다. 스스로 목을 맨 경우〔自縊〕는 상흔이 하나든 둘이든 깊고

90) 《증수무원록언해》 권1, 〈검식〉, '백강건췌시(白僵乾瘁屍)'.

91) 《증수무원록언해》 권1, 〈검식〉, '괴란시(壞爛屍)'.

92) 《증수무원록언해》 권1, 〈검식〉, '응용법물(應用法物)'.

붉은 상처가 남지만, 목을 졸라 살해한 후 매달아 위장했다면 검붉은 액흔과 흰빛의 액흔 두 종류가 나타난다고 지적했다.

살인 후 익사로 가장하는 경우도 많았다. 사건이 오래되어 피륙이 모두 녹아내린 경우에도 반드시 해골을 취하고 더운 물을 머리 위에 부어, 코에서 흙이나 모래 등이 나오는지 확인하도록 했다. 생전에 익사했다면 모래가 흘러나오지만, 살해 후 익사로 위장했다면 물속에서 숨을 쉬지 않아 흙이나 모래가 나오지 않는다는 것이다.[93] 또한 물에 빠진 사람은 살려고 발버둥 치면서 물을 먹고 배가 팽창하거나 두 손을 움켜진 모양이 되지만, 살해 후 익사를 가장한 경우는 배가 팽창하지 않을뿐더러 입이나 코에 물거품이 없다고 설명했다.[94]

구타사를 위장한 경우라면 상흔과 흉기를 찾는 데 더욱 주의를 기울이도록 했다. 가령 골절 부위가 가지런하면서 심홍색(深紅色)을 띤다면 칼처럼 날카로운 쇠붙이로 인한 상처이지만, 골절 부위가 가지런하지 않고 옅은 홍적색(紅赤色)이라면 나무 등으로 인한 상처라는 것이다.[95] 또한 손이 아니라 발로 구타한 경우에는 상처가 클 것이라고 심상하게 예상해서는 안 된다고 강조했다. 신발을 신고 걷어찬 경우, 신발코의 쇳조각으로 인한 상처가 주먹의 구타 상처보다 작을 수 있기 때문이었다. 이처럼 사인을 확인하기 위해 상처를 세밀하게 관찰할 뿐 아니라 다양한 변수를 고려해야 한다고 강조했다.[96]

다음은 빈번하게 나타나는 자상(刺傷) 사건의 경우이다.[97] 자살한

93) 《증수무원록언해》 권3, 〈익수사(溺水死)〉.

94) 《증수무원록언해》 권3, 〈익수사〉, '변생전사후익(辨生前死後溺)'.

95) 《증수무원록언해》 권3, 〈구타사(毆打死)〉.

96) 《증수무원록언해》 권3, 〈구타사〉.

97) 《증수무원록언해》 권3, 〈인상사(刃傷死)〉, '자할사(自割死)'.

경우라면 숨통 아래 자상이 한 군데에 불과하다는 것이다. 이는 자살자가 한 번 찌른 후에 고통으로 다시 벨 수 없기 때문이었다. 만약 자상이 여러 군데 있고 상흔의 좌우나 깊이가 일정하지 않다면 피살이 확실하다고 설명했다. 또한 자살의 경우 왼손잡이와 오른손잡이를 구별하여 시신을 조사하도록 했다. 오른손으로 칼을 잡고 스스로 목을 찌른 경우 시신의 오른손은 부드럽지만 왼손은 경직되어 있다는 것이다. 그러나 타인에 의해 살해된 경우라면 피해자의 양손이 모두 뻣뻣하여 구부려지지 않는다고 설명했다. 이처럼 자상을 세밀하게 관찰하면 사인의 확정에 큰 도움이 되었다.[98)]

독살(毒殺) 역시 획기적인 증보가 있었다. 매탄(煤炭) 등 연기에 질식사하거나[99)] 파두(巴豆)에 중독사한 경우,[100)] 수은이나 간수를 먹고 죽은 경우 등 다양한 중독 사례를 증보했다.[101)] 심지어 살인 후 시신을 유기한 경우 이를 밝혀내는 방법도 보충했다. 시신을 불태워 뼛조각조차 남아 있지 않은 경우, 살해 장소로 추정되는 곳에 "땔감과 장작을 태워 뜨겁게 달군 후 참깨를 두어 말 펴놓았다가 쓸어내면 참깨 속의 기름이 땅에 스며들어 사람의 형상이 드러난다."는 것이다. 들판이라면 주변과 달리 풀이 무성한 곳을 찾아야 한다고도 했다. 시체를 불

---

98) 《증수무원록언해》 권3, 〈구타사〉, '피인살사(被人殺死)'. 피차가 상하게 된 경우는 대면하여 서로 찌르는 예가 많고, 보통 사람이 칼을 잡을 때에는 흔히 오른손으로 잡으니, 대면하여 서로가 찌르면 그 상처는 왼편에 있는 것이 많다. 옆으로 그은 것이 아니라면 칼끝이 먼저 오른쪽에 미치지는 못할 것인데, 다만 원래 왼손을 사용하는 자라면 먼저 오른편부터 상하게 한다. 만약 누워 있던 곳에서 찔리게 되면 마땅히 먼저 누어 있던 방의 문을 어디로 내었는지, 누었던 침상이 어떻게 놓여 있는지를 분변해야 하고, 본인이 평일에 눕는 습관이 머리와 발을 어디로 향하는지를 자세하게 심문한 연후에 상처의 좌·우를 검사하고, 여러 방법을 동원하여 범인이 평상시에 손을 사용하는 버릇을 시험하면 범인이 다른 변명을 못하게 된다.

99) 《증수무원록언해》 권3, 〈화소사(火燒死)〉, '인노병재상실화소사(因老病在牀失火燒死)'.

100) 《증수무원록언해》 권3, 〈중독사(中毒死)〉, '중파두독사(中巴豆毒死)'.

101) 최해별, 2015, 2017, 앞의 논문 참조.

태우거나 묻은 장소는 시신으로 인해 풀이 무성해지기 때문이었다.[102)]

살인 후 위장을 간파하는 기술의 증보는 앞서 언급한 대로 범행을 은폐하려는 악의가 증가하자 이를 세밀하게 조사하여 응징하려는 의지 또한 강렬했다는 증거이기도 했다. 정의로운 형정은 살인 사건의 '진실(獄情)'을 철저하게 파악하는 데서 시작되었다. 이에 따라 조선 후기 법의학은 범행의 은닉 시도를 간파하여 응징하는 방향으로 발전했다. 나아가 범인이 법에 따라 응분의 죗값을 치르도록 하려면 무엇보다 조사관(지방관)의 철저하고 정확한 수사가 선행되어야만 했다.

살옥사건을 정확하게 조사하려는 의지는 김취하의 설명(增)에서도 잘 드러난다. 율학교수(律學教授) 김취하는 법의학에 관한 한 정조가 가장 신임하는 인물이었다.[103)] 김취하 또한 살인의 위장을 간파하는 데 진력했다. 상당 부분은 본인의 경험을 수록했던 것으로 보인다.

김취하는 액사를 위장한 경우, 상이한 두 종류의 액흔을 잘 살펴야 한다고 강조했다. 늑흔(勒痕, 목을 조를 때 생긴 상흔)은 깊지만 조흔(弔痕, 목을 매달면서 생긴 상흔)은 얕다고 언급한 후, 전자는 상흔이 검붉지만 후자는 희다고 설명했다. 액사는 반드시 액흔을 세밀하게 관찰하여 살인을 자살로 은폐하려는 악의를 간파해야 한다는 것이다.[104)]

김취하는 ① 목을 졸라 살해하려다가 죽기 직전 매달아 자액사로 위장한 경우와 ② 자액한 시체를 옮겨 매달은 경우를 구별하라고 강조했다. 두 사건 모두 상이한 두 가지 액흔이 시신에 남지만, 전자는 죽기 직전에 자액을 위장한 경우이고 후자는 사망한 시신을 옮겨 매달은 경우였다.[105)] 과연 양자를 어떻게 구별할 수 있을까? 김취하는

---

102) 《증수무원록언해》 권3, 〈잡록(雜錄)〉, '검지(檢地)'.

103) 《일성록》, 정조 10년(1786) 1월 22일,

104) 《증수무원록언해》 권2, 〈늑액사(勒縊死)〉, '자액사(自縊死)'.

전자는 살인의 의도가 명백히 드러나는 반면 후자는 그렇지 않다고 보았다. 즉 후자는 "외부인이 집안에서 목을 매 자살한 경우 주인이 냄새나 검험을 피하려고 시신을 다른 곳에 옮긴 경우"였다. 이를 확인하려면 반드시 '혈음(血瘖, 사후의 시반)이 없는 흰색의 액흔'을 확인해야 한다고 강조했다. 아울러 목을 맨 끈이 느슨하다면 시체를 옮긴 증거가 분명하므로 재삼 확인하도록 했다.

이상과 같이 조선 후기의 법의학 지식은 전에 비해 정교해지고 세밀해졌다. 청대의 새로운 법의학 지식을 흡수할 만큼 조선의 법의학 경험도 진일보했다. 김취하는 조선의 법의학 경험을 들어 중국의 지식을 수정하거나 비판하기도 했다. 가령 시신이 오래되어 독살의 증거를 확인하기 어려울 경우, 《무원록》은 뜨거운 초(醋)와 지게미를 시신의 하반신으로부터 상반신을 향해 덮어가면서 사람의 입안과 목구멍에 은비녀를 넣어 독기(毒氣)를 확인하도록 했다. 그러나 위에서 아래로 할 경우 독기를 확인할 수 없다고 주장했다. 그러나 김취하는 이 경우라면 은비녀를 곡도(穀道, 대장과 항문을 아울러 이르는 말)에 넣어 확인할 수 있다고 수정했다.[106]

청대의 법의학 지식이라고 해서 무조건 수용하지는 않았다. 가령, 간수를 먹고 사망한 시신을 '시체의 즙(屍汁)을 끓여 소금을 확인'〔補〕하도록 한 데 대해 김취하는 부정적이었다. 대개 사람의 피와 물은 달이면 짠맛이 나기 마련이므로, 이를 증거로 삼을 경우 문제가 발생할 수 있다고 지적했다. 특히 시신을 찌는 행위의 불인한 측면을 감안했던 것으로 보인다.[107]

---

105) 《증수무원록언해》 권2, 〈늑액사〉, '이자액시(移自縊屍)'.

106) 《증수무원록언해》 권3, 〈중독사〉.

107) 《증수무원록언해》 권3, 〈중독사〉, '복염로사(服鹽滷死)'.

한편 조선에서는 독사(毒死)를 확정하려고 죽은 자의 입안에 밥을 넣었다가 닭에게 먹이는 방법을 사용했는데, 1764년(영조 40) 영조는 반계법(飯鷄法)을 금지했다. 백성들이 죽은 닭을 먹고 죽을까 염려했기 때문이었다.[108] 김취하는 "모름지기 백성을 사랑하는 지극한 뜻을 받들어야 한다."고 주장했다.[109]

이처럼 김취하는 인정(仁政)과 관련한 조선의 법의학 전통을 특별히 강조했다. 심문 시 곤장이나 지나친 고문을 금지한 것이야말로 조정의 법령이라거나,[110] 시장(屍帳)을 작성할 때 시형도(屍型圖)를 갖추고 구체적인 격목(格目)을 모두 써넣어 형식을 완비하도록 요구한 것 등이다.[111] 또한 조선의 시장(屍帳)이 두루마리라는 점을 고려하여 지면(紙面) 끝부분의 교차 지점에 자호(字號)를 써넣고 인장을 찍어 시장 문서의 시작과 끝을 확인〔勘合〕할 수 있도록 해야 한다고도 강조했다.[112]

마지막으로 구윤명의 부연〔附〕 설명을 살펴보자. 그는 기본적으로 법의학 지식보다 검시에 임하는 지방관의 태도를 강조했다.

> 백성의 목숨을 관장한 자로서 이를 익숙하게 강독하고 깊이 생각할 것이요, 각 조항의 논의 내용을 참고하여 충분히 이해한 후라야 사물의 법도를 잃지 않을 것이다. 그렇지 않고 살옥사건을 당하여 조례만 따라 검시했다가는 스스로 오판하여 남을 잘못되게 할 가능성이 크다.[113]

---

108) 《증수무원록언해》 권3, 〈중독사〉.

109) 《증수무원록언해》 권3, 〈중독사〉.

110) 《증수무원록언해》 권1, 〈검식〉, '개관검험(開棺檢驗)'.

111) 《증수무원록언해》 권1, 〈시장식(屍帳式)〉.

112) 《증수무원록언해》 권1, 〈시장식〉.

113) 《증수무원록언해》 권1, 〈검복(檢覆)〉.

구윤명은 살옥 현장으로 급히 출동해야 할 검시관의 늑장 대응으로 많은 폐단이 발생한다고 지적하고,[114] 가령 복검관이 검시 요청에 응하지 못할 상황이라면 살옥 현장을 지나는 제삼의 지방관을 초빙해서라도 신속하게 검시를 마무리하도록 권고했다.[115] 또한 구윤명은 검시를 지휘한 지방관이 친히 문서를 작성해야 할 뿐 아니라 반드시 지방관의 친필로 실인을 기입해야 한다고 강조했다. 또한 서울이나 지방을 막론하고, 사인을 단지 '결항(結項)' 혹은 '인상(刃傷)'처럼 간단히 적어 보고서를 마무리하는 경우가 있는데, 이는 법의 취지에 크게 어긋난다고 비판했다. 검시를 담당한 지방관은 실인을 손수 기입해야 할 뿐 아니라 사망 원인을 구체적으로 자세하게 적어야지 글자의 많고 적음에 구애받아서는 안 된다는 것이다.[116]

당시 지방관들의 문제는 실인을 '결항', '인상' 정도로 대충 적는 데 그치지 않았다. 구윤명은 "근래 서울과 지방의 검안을 보면, 전혀 정밀하지 않아서 상처 이외에는 모두 '온전하다(全)'는 한 글자를 적을 뿐"이라고 비판했다. 치명상 부위 이외에도 시신의 상태를 상세하게 기록해야 하는데 그렇지 않았던 것이다. 이에 "백성의 목숨을 관장하는 자로서 마땅히 치밀하고 상세히 살펴야 한다."고 강조했다.[117]

지금까지 조선 후기 법의학의 발전 과정을 일별해보았다. 특별히 청대 법의학 지식의 수용에 적극적이었던 《증수무원록대전》은 '살인 후 은폐(혹은 위장)'를 밝히는 데 치중했다. 이는 조선 후기에 범행을 숨기려는 시도가 증가함에 따라 악행을 응징하려는 의지 또한 커졌

114) 《증수무원록언해》 권1, 〈검복총설(檢覆摠說)〉.
115) 《증수무원록언해》 권1, 〈검복총설〉.
116) 《증수무원록언해》 권1, 〈검식〉, '면검(免檢)'.
117) 《증수무원록언해》 권1, 〈시장식〉.

음을 보여주는 증거이기도 했다.

요컨대 살옥사건을 둘러싸고 단 한 명의 억울한 이도 만들지 않겠다는 정조의 의지, 즉 정의로운 형정은 사건의 진실을 파악하는 데서 출발했다. 옥정(獄情)을 정확하게 조사할 때 비로소 사건을 둘러싼 맥락을 고려할 수 있었다. 한마디로《무원록》은 살옥 심리의 기초이자 출발점이었다. 이에 정조는《무원록》을 언해하여 독자층을 확대하는 동시에 율관(律官) 몇 명을 골라 지방을 돌면서《무원록》을 정기적으로 강독할 계획까지 수립했다.

정조의《무원록》활용

덕치를 강조할수록, 아울러 흠휼의 정신을 고취할수록 엄형이나 신문(訊問)은 그만큼 삼가야 했다. 물론 이 틈을 파고드는 '악의와 악행'을 처벌하는 일은 더욱 중요해졌다. 과학적이고 객관적인 물증을 확보하고 사인을 결정하기 위해서《무원록》공부는 필수적이었다.

《무원록》에 대한 정조의 신뢰는 대단했다. 매년 수십 건(혹은 그 이상)의 살옥사건을 심리하던 정조는 율관으로 하여금《무원록》을 가지고 대령하도록 했다. 검안을 읽다가 문득 의문이 생기면 바로《무원록》의 해당 조문을 확인했다.[118)]

정조는 조선의 모든 살옥 조사를《무원록》에 근거하여 시행하도록 명했다. 살옥사건은 진실을 파악하고 실인을 확정하는 일이 가장 중요한데, 당시 많은 검관들이《무원록》에 없는 지식과 자신의 의견

---

118)《일성록》, 정조 8년(1784) 윤3월 14일.

을 뒤섞어 검안을 작성하고 있었기 때문이었다. 정조는 《무원록》에 준거하도록 명령하고, 이를 위배한 지방관은 반드시 논감(論勘) 조치했다.[119]

무엇보다 《무원록》의 보급이 중요했다. 형정의 긴요한 책으로 《무원록》만 한 것이 없다고 강조한 정조는 당시 《무원록》의 보급 상황에 불만을 드러냈다.[120] 특히 언해본이 완성되자 채제공에게 전체적인 감수를 강요하다시피 한 후, 한 글자라도 잘못된 부분이 있으면 간행한 것만 못하다고 질책했다.[121] 《무원록》을 보급하기 위해 언해본을 만들었지만, 혹시라도 잘못된 번역이나 내용이 섞여 있다면 효과를 기대할 수 없었기 때문이다.

정조는 율학교수 2~3명을 골라 전국에 파견하고, 지방의 향품(鄉品) 가운데 총민한 이들을 골라 《무원록》을 강독하도록 조처하기도 했다. 이는 김취하의 건의를 따른 것으로, 검시 업무에 참여할 인재를 길러낼 하나의 방도였다. 물론 비변사 관료들은 비용과 인력 문제를 들어 난색을 표했지만 정조는 이를 강행하려고 애썼다.[122]

정조의 《무원록》 공부는 그 누구보다 깊고 세밀했다. 정조 치세의 살옥 관련 사건을 심리한 《심리록》에는 정조가 《무원록》에 근거하여 의옥을 변파한 후 범인을 확정하거나 범인으로 몰린 피해자를 구해낸 사례들이 수없이 수록되어 있다. 이 가운데 몇 가지만 살펴보면 다음과 같다.

정조는 허술한 검안이야말로 가장 문제라고 비판했다. 가령 황해

119) 《일성록》, 정조 9년(1785) 7월 10일.

120) 《일성록》, 정조 9년(1785) 6월 8일.

121) 《일성록》, 정조 15년(1791) 3월 15일.

122) 《일성록》, 정조 10년(1786) 1월 22일.

도의 윤성태와 옥취정이 다투다가 벌어진 살옥사건을 보자. 당시 윤성태가 옥취정의 상투를 잡고 얼굴을 바닥에 찧었다는 검안의 보고와 달리, 자세하게 시장(屍帳)을 살펴본 결과 옥취정의 얼굴에는 상처 자국이 없었다. 정조는 이를 문제삼아 재조사를 명하고 부실하게 조사한 검관을 처벌했다.[123] 시장의 내용과 검안의 실인이 일치하지 않는 경우가 생각보다 많았다. 지방관이 검시에 참여하지 않거나 검안 문서를 직접 작성하거나 감독하지 않은 결과였다.

정조는 지방관이 올린 초검 및 복검안을《무원록》과 일일이 대조하면서 읽고 또 검토했다. 1772년(영조 48) 평안도 의주에서 변채강이 자신을 도둑으로 의심한 이덕태를 구타 살해한 사건이 발생했다. 사건은 구타사인지 병사인지를 둘러싸고 10년을 끌면서 해결되지 않았다. 1785년(정조 9) 정조는 검안을《무원록》과 꼼꼼히 대조한 후 문제점을 지적했다. 검안에 기록된 구타사의 증거가《무원록》의 내용과 모순된다는 것이다. 정조는 신문(囟門)과 태양혈은 급소 부위로 이 부위를 구타하여 사망했다면 실인을 '구타사'로 인정할 수 있지만, 당시 사망한 이덕태의 시장을 살펴본 결과 신문과 태양혈에서 대략 2촌 정도 떨어진 부위를 맞았으므로 이를 과연 '급소'라 할 수 있을지 의문이라며 문제를 제기했다. 당시 정조는 "가령 귀뿌리〔耳根〕에서 귓바퀴〔耳輪〕까지의 길이는 수 푼〔數分〕에 불과하지만, 귀뿌리는 요해처인데 반해 귓바퀴는 그렇지 않다. 또한 인후에서 턱까지는 1촌에 불과하지만, 인후는 요해처이고 턱은 그렇지 않다."는 논거를 들었다. 다시 말해 이덕태가 급소를 구타당해 죽었다고 확정하기 어렵다는 취지였다.

---

123)《심리록》, 기해년(1779), 〈황해도 황주 윤성태 옥사〉.

정조는 '치명의 상처'는 청흑색(青黑色)이나 자암색(紫黑色) 등 검푸르거나 검붉은 상흔을 동반한다는 《무원록》의 설명에 주목했다. 당시 이덕태의 시장에는 왼쪽 귀에 피가 약간 흘러나온 상처만이 기록되어 있었다. 결국 귀는 급소 부위가 아닌데다 상흔 역시 치명상에 해당하지 않는다고 본 정조는 시장을 면밀하게 검토한 결과 '구타사'를 확증할 수 없다고 주장했다. 정조의 치밀한 논리 덕분에 이덕태의 죽음은 '병사'로 확정되었고, 10년 넘게 감옥에서 고생하던 변채강은 살인의 누명을 벗을 수 있었다.[124]

정조는 《무원록》을 통해 사건의 내막과 실인을 정확하게 파악하고 이를 근거로 사람의 목숨을 구하는 호생지덕의 정치를 펼치고자 했다. 그렇다고 처벌받아 마땅한 자를 쉽게 용서하거나 감형하지는 않았다. 전주 양시돌 사건의 경우, 정조는 《무원록》의 지식을 동원해 살해 후 범행을 은폐하려 한 악행을 간파해냈다.[125] 양시돌이 한설운금과 술을 마시고 다투다가 그날 사망했는데, 목을 매 자살한 사건으로 보고되었다. 정조는 시장을 살펴본 후 자액(自縊)이 될 수 없다면서 사건의 재조사를 명했다. 정조는 사망 후에 목을 매달아 자살한 것처럼 위장한 경우 액흔이 흰 빛을 띤다는 《무원록》의 조항을 근거로 삼았다. 검시 과정에서 이를 살피지 않았던 지방관의 견책은 당연했다.

정조는 검시를 담당할 지방관들이 평소에 《무원록》을 숙지하고 있어야 살옥 조사나 의옥 해결을 할 수 있다고 강조했다.[126] 황해도 배천의 조재항은 아내 윤씨를 구타 살해한 범인으로 지목되었다. 훗날 무고로 밝혀졌지만 소홀한 검시가 특히 문제였다. 정조는 최종 판부

124) 《심리록》, 기해년(1779), 〈평안도 의주 변채강 옥사〉.

125) 《심리록》, 신축년(1781), 〈전라도 전주 양시돌 옥사〉.

126) 《심리록》, 경자년(1780), 〈황해도 배천 조재항 옥사〉.

에서 검시 과정의 두 가지 중요한 '실수'에 주목했다.

먼저 《무원록》에 따라 손가락으로 상흔을 눌러보고 상흔의 발변을 확인했어야 하는데 그렇게 하지 않았다는 것이다. 사망 후의 상흔은 흰색을 띠기 때문에, 시신의 상흔을 손가락으로 눌러보아 청홍색을 유지하면 생전의 상처이지만 흰색을 띠면 사후의 상흔이 분명했다. 그런데 본 사건을 조사한 지방관은 손가락으로 눌러보긴 했지만 이후의 발변 여부를 살피지 않고 범범하게 구타 상흔으로 단정하고 말았다. 둘째, 물을 부어 상흔을 확인하는 방법이다. 《무원록》은 시신을 물로 충분히 씻어내 피부를 벗겨낸 후 진피층의 상흔을 살펴본 후 실인을 확정하도록 명시했다. 그런데 초검과 복검 모두 시신의 진피층이 드러날 때까지 시신을 물로 닦아내지 않은 채 소루한 보고서를 작성했던 것이다. 《무원록》에 해박했던 정조의 심리 덕분에 조재항은 혐의를 벗고 석방될 수 있었다.

정조를 설득하려면 지방관들 역시 《무원록》에 근거하여 논리를 펼쳐야 했다. 강원도 흡곡의 문장오 사건을 처리하는 과정에서 강원감사 이면긍은 《무원록》을 십분 활용했다. 문장오가 신종견을 구타 살해한 정범으로 조사 중인 사건이었는데, 감사 이면긍은 수차례 이루어진 검안에서 발에 차인 상처 부위가 결분골(缺盆骨)과 심감(心坎)으로 기록되어 있는 것을 확인했다. 《무원록》에 의하면 해당 부위는 속사처로 3일을 넘기지 못하고 죽는 급소였다. 문제는 구타당한 신종견이 열하루나 살아 있었다는 점이었다. 급소를 맞았다면 열흘 이상 살기 어렵다는 추론에 근거하여 신종견의 병사를 의심했던 이면긍은 갈증과 신열 그리고 두통을 앓았던 신종견이 기장〔稷〕과 박〔匏〕을 다려 먹고 약으로 쓸 똥물을 구했다는 정황 증거와 함께 상한병〔傷寒〕을 실인으로 주장했다. 이면긍은 문상오의 감형을 요구했고, 정조는 《무원록》을 철저하게 활용한 강원감사의 추론을 칭찬한 후 형조의 의견을 구하지 않은 채 곧바로 문장오를 감사정배(減死定配)하도록 지시했다.[127)]

《무원록》에 근거하여 사건의 진실과 맥락(獄情)을 정확하게 파악할 때, 이후의 공정한 심리 과정에 필요한 기초 자료(검안)가 만들어졌다. 사건의 내막과 진실을 정확하게 파악한 후라야 심리 과정에서 감형이나 가중의 참작과 재량도 가능했다. 이처럼 형정의 정의로움은 옥정 파악 후의 심리 과정에서 인간다움(리)을 고려하여 법을 집행할 때 비로소 완수되었다.

정조 치세에 검서관으로 유명했던 유득공은 가평 사또 시절 살옥 사건을 잘못 처리했다가 파직의 수모를 겪은 적이 있었다. 가평의 지득운은 공신의 후손이었지만 쇠락하여 매우 가난한 상태였다. 당시 가평의 풍헌(風憲) 김가인백은 상민(常民)이었으나 돈이 많아 부민(富民)의 권세를 누리고 있었다. 신향(新鄕) 김가인백은 몰락한 지득운의 딸을 며느리로 맞을 계획을 꾸미고는 일방적으로 혼서(婚書)를 지득운의 집에 보내 혼인을 강요했다. 격분한 지씨 집안에서 혼서를 거절하자, 김가인백은 자신의 아들과 지씨의 딸이 이미 화간하는 사이라는 소문을 동네에 퍼뜨렸다. 이를 수치스럽게 여긴 지득운의 딸이 곡기를 끊고 굶어죽게 되었다.

본 사건을 조사한 가평 사또 유득공은 지씨의 죽음을 병사(病死)로 보고했다.[128)] 유득공은 시장(脈錄)에 '눈은 감겨 있고 입은 열려 있으며 발바닥이 노랗다.'고 기술하고 《무원록》의 〈시기사(時氣死)〉와 똑같다고 주장했다. 굶어죽은 것이 아니라 시깃병(역병)에 전염되어 죽

127) 《일성록》, 정조 19년(1795) 윤2월 27일.

128) 《고운당필기(古芸堂筆記)》, 〈지녀옥안(池女獄案)〉; 《심리록》, 을묘년(1795), 〈경기도 가평 김가인백 옥사〉; 《일성록》, 정조 19년(1795) 6월 2일, 7월 22일 등 참조.

었다고 보고했던 것이다.

당시 유득공의 검안을 본 정조는 대노했다. 정조는 지씨 사건의 판부를 통해 혹 병사라 해도 병들어 죽게 된 원인과 왜 그렇게 되었는지 사건을 둘러싼 맥락을 따져 물어야 한다고 강조했다. 정조는 지씨의 죽음에 근본적으로 김가인백의 핍박과 무함이 있었다는 '진실'을 확인하지 않은 유득공을 질타했다. 규중의 아녀자를 핍박하여 원한을 품게 하고 이 때문에 병들어 죽게 했다면, 이를 처벌해야 마땅하다는 취지였다.

《무원록》을 철저히 참고해야 하지만 《무원록》을 핑계로 '당대의 가치(인륜과 도리)'를 충분히 고려하지 않는다면 이는 정의로운 형정이 될 리 없었다. 무릇 공정한 심리는 궁극적으로 법(法)의 적용으로 완료되지만, 이는 사건의 맥락적 진실(情)을 깊이 살피고, 사건을 둘러싼 인간적인 도리(理)를 고려하는 정·리와 법의 '조화'를 요구했다. 《무원록》은 정의로운 형정을 구현하기 위한 필수조건일 뿐 충분조건은 아니었다.

훗날 다산 정약용은 정조의 공정한 심리를 두고 찬탄을 금지 못하겠다고 말한 바 있다.[129] 정조가 단지 《무원록》에 밝아서만도 아니었고 인륜과 교화의 도리를 강조해서만도 아니었다. 또한 사건의 맥락적 사실(옥정)을 잘 살펴서만도 아니었다. 정조의 살옥사건 처분은 형정 심리의 중요한 세 가지 요소, 즉 정과 리와 법 가운데 어느 한쪽도 모자라지 않았다는 것이다. 정조 역시 형정 운영의 공정함을 추구했던 자신의 '의리처(義理處)'가 바로 그 지점(時中)에 있다고 강조한 바 있다.

---

129) 《흠흠신서》 권5, 〈상형추의(祥刑追議)〉 1, '수종지별(首從之別)' 3.

정조에게 공정한 심리와 형정은 사건의 판결을 둘러싼 '시중의 의리처'를 발견하는 데 다름 아니었다. 교화의 중요성을 알면서도 형벌이 불가피한 현실을 인정할 줄 알았던 정조는 하나의 살옥사건을 판결하면서, 옥정(정)과 인륜(리) 그리고 법의 취지(법)를 헤아려 시중을 득하기 위해 밤을 새워 검안을 읽고 또 읽었다. 형정에 대한 정조의 깊은 이해는《일득록》과《심리록》을 통해 더욱 자세히 알 수 있다.

2부

《일득록》을 통해 본 정조의 법치

1.
정조의 흠휼론

형정교화의 중요성

정조는 기본적으로 교화의 가능성을 신뢰했다. 이른바 모든 사람의 본성은 하늘로부터 부여받아 선한 상태요, 본래의 명덕(明德)을 밝힐 수만 있다면 처벌받을 일을 사전에 예방할 수 있었다. 교화의 목표는 법(형벌의 공포)을 사용하기 전(事前)에 교화를 통해 '도덕적 인간'을 길러냄으로써 형벌의 폭력을 방지하는 것이었다. 병들기 전에 예방하는 것이 가장 훌륭한 의사의 미덕이듯이 폭력(형벌)을 사용하지 않는 다스림이야말로 이상적인 정치가의 덕목이었다.

정조는 항상 신하들에게 "내 눈에는 좋지 못한 사람을 본 바 없다."고 말했다.[1] 인간 본성의 선함(도덕본성)에 대한 굳은 믿음으로 '하늘은 항상 좋은 사람을 낳고 사람은 항상 선한 일을 할 것'이라는 희망을 버리지 않았다. 정조는 왕위에 오른 이래 한때의 노여움으로

1) 《일득록》 1, 〈문학〉 1, "予眼中未嘗見不好底人".

사람을 사죄에 처한 경우가 없었다고 자부할 정도였다.[2] 이는 인간 본연의 선함을 신뢰하고 교화에 치중했을 뿐 기분에 따라 엄벌로 사람들을 다스리지 않았다는 주장이었다.

정조는 중국과 조선의 역사가 시작된 이래 모든 정치가들이 꿈꾸었던 삼대의 이상을 추구했다. 삼대의 이상군주들은 형정 대신 예와 덕으로 사회를 이끌었다. 덕치의 사례들은 《대학연의(大學衍義)》와 같은 정치 참고서에 자세하게 묘사되어 있었다. 진 시황제나 수 양제처럼 형벌을 일삼는 정치는 수십 년 만에 멸망한 반면, 당 태종의 정관지치(貞觀之治)는 수백 년의 역사를 이어갔다. 이유는 간단했다. 형벌이 아닌 덕의 정치를 추구했기 때문이다.[3] 형(刑)과 정(政)으로 다스리지 않아도 예의와 염치를 알아 저절로 질서가 유지되는 이른바 '무위이치'의 통치야말로 정조가 바라는 바 그 자체였다.

> 무릇 천하의 일은 소리 나는 것보다 소리 없는 것이 낫고, 유위보다 무위가 낫고, 자취가 있기보다 자취가 없는 것이 낫다. 따라서 소리 없는 음악과 작위(作爲) 없는 교화야말로 신기한 공을 감추고 적막하여 아무것도 없는 듯한 경지로 돌아간다.[4]

'무위지화(無爲之化)'는 작위의 정치와는 차원이 달랐다. 따라서 노자의 무위로부터 법가의 형명학이 유래했다는 사실은 아이러니하면

---

2) 《일득록》 9, 〈정사〉 4, "願天常生好人 願人常行好事 眞是格言 故書諸座右 予臨御以來 未嘗因一時之怒 置人刑辟 每以爲祈天永命之本".

3) 《대학연의》, 〈심치체(審治體)〉.

4) 《일득록》 7, 〈정사〉 2, "凡天下事 與其有聲 曷若無聲 與其有爲 曷若無爲 與其有跡 曷若無跡 故曰無聲之樂 無爲之化 終歸於斂却神功 寂若無之地".

서도 의미심장했다. 도덕본성의 교화가 잘 이루어져 어떠한 조치(작위) 없이도 자연스럽게 질서가 다 잡히는 유가의 무위이치와 달리, 엄형으로 일관하여 두렵게 함으로써 질서를 유지하는 무위이치는 법가의 공포정치 그 자체였다. 무위이치라는 면에서는 같아 보이나 근본은 전연 달랐다. 노자의 무위이치는 이후 유가와 법가의 정치가들에 의해 모두 수용되었지만 그 방법과 내용의 추구는 현저히 달랐다. 형벌의 위협에 기댄 무위이치는 성리학자들이 가장 피해야 할 사태였다. 정조 역시 형벌을 최소화하고 덕의 정치, 즉 교화를 통해 사회 질서(무위이치)를 유지하고자 했다. 물론 맞닥뜨린 현실은 간단하지 않았고 형벌은 불가피해 보였지만 말이다.

> "내(정조)가 처음에 마음먹기로는 삼대의 정치를 따를 수 있겠다고 생각했지만, 세도(世道)와 인심이 날로 나빠져 나랏일에 제대로 된 것이 없다."[5]

삼대의 이상은커녕 한·당의 중간 정도에 이르기도 쉽지 않은 것이 현실이었다. 정조는 조선의 정치를 한·당의 중간에 비유해도 도리어 부끄러운 수준이라고 자책했다. 잠을 이룰 수 없었던 정조는 "한밤중까지 생각해보아도 막막하여 어찌해야 할지를 모르겠다. 애초에 아는 것이 없었다면 오히려 괜찮겠지만 아는 게 있다 보니 번뇌만 늘 뿐"이라고 초조해했다.[6] 무위이치의 이상을 몰랐다면 모를까, 삼대를 희망하지 않을 수 없었건만 현실은 한·당의 중간에도 미치지 못하고

---

5) 《일득록》 7, 〈정사〉 2, "予之初心 非不欲以三代爲可追 而世道人心 日以益甚 國事無可爲".

6) 《일득록》 7, 〈정사〉 2, "比之漢唐中主 猶可愧 中夜思之 茫然不知爲計 若初無知識則猶可 而有知識 適足以增煩惱矣".

있었다. 덕화의 이상을 추구했던 정조는 깊은 좌절감을 토로했다.

때문에 정조는 삼대의 이상 대신 소강(小康)의 정치를 자신의 목표로 조정하곤 했다. 다음은 정조가 경연에 참여한 신하들에게 던진 질문이다. "삼대 이후 밝은 임금과 어진 신하로서 소강의 통치를 이루어냈던 이들은 모두 '노자(老子)의 방법〔道〕'을 썼는데 이는 어째서인가?" 이른바 노자의 '무위이치'를 조선에 어떻게 적용할지 신하들에게 자문을 구한 것이다.

당시 서영보(徐榮輔)는 노자의 무위이치는 법가의 공리(功利)에 불과하다고 답했다. 서영보는 노장의 무위가 법가의 형벌 정치의 바탕이 되었다고 설명하고, 삼대의 정치를 목표로 한 이상 법가의 '효과 빠른 형벌〔刑名〕'에 기댈 수 없다고 주장했다. 삼대의 이상정치를 추구하려면 형명(刑名)이 아닌 유가의 교화를 방도로 삼을 뿐이었다. 현실적으로 형벌이 불가피한 수단이라고 하지만 최소한에 그쳐야 했다. 그것이 유가의 중도(中道)였다.

> "유학은 그 중도를 잡아야 하는데 중도를 견지하기는 어렵고 잃기는 쉬워서 (중도를) 잃으면 바로 치우치게 됩니다. (현실에서 신속한 효과를 볼 수 있는) 공리를 추구하는 마음은 예부터 사람들이 피하기 어려운 바이지만, 중도를 견지하는 일은 성인(聖人)이 아니라면 불가능했습니다. 때문에 후세의 명군(明君)과 현신마저 노자의 도〔刑名〕에 가까워진 것은 그만한 이유가 있었습니다."[7]

---

7) 《일득록》 8, 〈정사〉 3, "儒道至大 老亦儒道之一端也 大抵儒道允執厥中 中也者難執而易失 失則爲偏 計功謀利之心 萬古人情之所不免 而允執其中 非聖人則不能也 故後世明君賢臣之近於老道者 實由於此".

서영보는 정조의 통치가 형명의 유혹에 기대지 않고 성인의 정치, 즉 교화에 기초한 덕치를 추구해야 한다고 강조했다. 무위이치의 이상과 현실에서의 불가피한 형벌 사이에 균형이 필요했다. 지나치게 무위를 추구하다가 무질서해지거나 반대로 엄형의 공포정치를 야기할 수도 있었다. 사공(事功)의 효과만을 추구하다가는 형명의 유혹에 빠지기 쉬웠다. 중도를 견지하지 못하면 밝은 군주와 어진 신하들마저 무위이치는커녕 작위의 공포정치에 치우치곤 했음을 역사가 증명하고 있었다.

이에 정조는 "지금 사람들을 보면 노자의 도(刑名)로도 쉽지 않아 보인다."고 탄식했다.[8] 자신은 덕화를 기초로 무위이치를 구현하고자 노력하고 있고 서영보 등 많은 신하들이 노자의 형명에 기댈 수 없다고 주장하지만, 당대 풍속(物情)의 쇠락과 무질서는 형벌의 공포로도 회복시킬 수 없을 정도로 비관적이라고 보았던 것이다.

어떻게 덕화와 형벌의 균형(중도)을 유지하면서 성인의 정치를 펼칠 것인가? 정조는 치세 내내 이를 두고 고민했다. 정조는 즉위하자마자 궁궐 내 감옥인 북시옥(北寺獄)을 없애고, 형벌 도구를 재감(裁減)하는 《흠휼전칙》을 반포했다. 형구는 너비 5치, 두께 1치를 넘지 않도록 함으로써 자신의 정치가 엄벌이 아닌 도덕교화에 있음을 상징적으로 천명했다. 형정의 공포 대신 예의염치의 교화에 치중하기로 결심했던 것이다.[9]

정조 스스로 많은 고민이 담긴 책이라고 평가했던 《흠휼전칙》이 간행되자, 전국에 암행어사를 수시로 보내 지방관의 형벌 남용을 감

---

8) 《일득록》 8, 〈정사〉 3, "教曰若今時者 當稱何道耶 以予觀於今人 老道亦未易也".

9) 심재우, 1999, 〈정조대 《흠휼전칙》의 반포와 형구 정비〉, 《규장각》 22 참조.

시하기도 했다. 규정을 어긴 지방관을 엄하게 처벌했던 것이다.[10] 정조는 지방관들이 사사로운 분노를 삭이지 못하고 죄인들에게 혹형과 남형을 일삼는다고 비판했다. 어사를 보낸 것도 《흠휼전칙》의 취지를 준수하는지 살피기 위해서였다.[11] 형벌은 폭정의 상징이었을 뿐이고 교화는 삼대의 이상에 다가서려는 의지의 표명이었다.

덕화가 예방책이라면 형벌은 사후 약방문이었다. 정조는 교화와 형벌을 음식과 의약에 빗대어 말하곤 했다. 한 사람의 건강한 삶은 음식으로 섭생하여 병을 예방하는 것이 최선이요, 이후 병들면 불가피하게 약으로 치료했다. 마찬가지로 한 국가의 안녕은 교화의 덕치로 무질서를 예방하는 것이 우선이요, 이후 범죄 등이 발생할 경우 불가피하게 형벌로 교정해야 했다.[12] 음식으로 병들지 않도록 예방하듯이 선한 본성을 회복하여 무질서를 미연에 방지하는 것이 우선이었다. 물론 섭생을 아무리 잘해도 병들기 마련이기에 복약(服藥)이 불가피하고, 명덕(明德)을 아무리 밝히고자 해도 기질의 교정이 쉽지 않았기에 형벌은 불가피했다.

본연지성의 선함을 계발하는 만큼 기질지성의 특성을 고려하지 않을 수 없었다. 정조는 아는 것보다 실천이 더 어렵다는 《서경》의 구절을 인용하여, 선을 행하고 악을 행하지 말아야 함을 누군들 모르겠는가마는 능히 실천하지 못하니 그것이 걱정이라고 강조했다.[13] 악행을

---

10) 《일득록》 4, 〈문학〉 4, "欽恤典則 卽予苦心 而丁酉下綸音 京外刑具之違式者 釐正爲圖 時遣繡衣考察 而每患不如式者 卽監司守令之責耳".

11) 《일득록》 7, 〈정사〉 2, "予所頒欽恤典則 亦此意 爲官長者 或乘一時之憤 而有低昂之弊 每遣繡衣 俾先取刑具論者 重民命也".

12) 《일득록》 7, 〈정사〉 2, "如食藥療病 蓋安身須食 救疾須藥 故醫家書 不知食宜 不足以全生 不明藥性 不能以除病 食以療之 不愈然後命藥 此言足可以喩治法".

13) 《일득록》 1, 〈문학〉 1, "或曰 書云非知之艱 行之惟艱 行爲尤難 上曰然 夫善之當爲 惡之不當爲 孰不知之 而患在於不能行之耳".

삼가야 한다는 사실을 모를 리 없건만 이를 실천하지 못하는 이유는 바로 기질의 교정이 충분치 못하기 때문이었다. 기질지성은 본연지성의 선함과 더불어 인간의 '자연'이었다. 정조는 본연지성이 형기(形氣)에 떨어지면 곧 기질지성이 되니, 인간의 본성을 선의 측면에서만 볼 수 없다고 주장했다. 본연지성의 선함은 교화의 기초이지만 기질지성의 욕망을 고려하지 않을 수 없다는 지적이었다.[14)]

정조는 주자학의 공로를 인간의 선함과 더불어 기질의 욕망에 착목한 것으로 평가했다. 인간의 기질, 즉 '현실의 욕망'을 직시해야 비로소 진정한 이상정치의 목표를 이룰 수 있었다. 이에 정조는 "성(性) 한 글자는 논하기가 매우 어렵다. 맹자가 '인간의 본성이 선하다〔性善〕'고 말한 후 성(性)을 논하는 천하의 모든 사람들은 '본연(本然)'이라거나 '순선(純善)'이라 하였으니, 이는 바꿀 수 없는 이론이다. 그러나 역시 (한 측면으로만) 고정시킬 경우 잘못 볼 수가 있다. 성(性)이란 글자는 심(心)과 생(生) 두 글자를 합한 것이니 인간의 형체〔形氣〕에 부착한 이후이다. 정자(程子)는 '성(性)이라고 말한 후에는 이미 성이 아니다.'라고 했고 장횡거(張橫渠)는 '기질의 성(氣質之性)'이라 했으니 주자께서 '이전 사람들이 논하지 못한 바'라 하신 것이다. 선현들의 뜻을 잘 알 수 있다."[15)]고 강조했다.

순선한 본연지성과 더불어 기질의 욕망을 이해할 때 비로소 '인간'을 이해했다고 말할 수 있었다. 때문에 형정은 말단의 방도이나 기질의 교정, 욕망의 조절을 위해 빼놓을 수 없는 통치 수단이었다. 모든

---

14) 김호, 2007, 〈정조의 속학 비판과 정학론(正學論)〉, 《한국사연구》 139.

15) 《일득록》 1, 〈문학〉 1, "性字極難言 孟子道性善以後 天下之言性者 皆曰本然曰純善 此固不易之論 而亦不可膠守而錯看 大抵性之爲字 從心從生 則便是墮在形氣以後事也 程子曰 才說性 便不是性 橫渠說氣質之性 朱子以爲發前人所未發 先賢之意 亦可見矣".

사람이 기질을 교정하여 하늘에서 품부받은 본연지성을 회복할 때 비로소 무질서를 사전에 예방할 수 있었다. 통치의 근본을 돌아볼수록 현실의 형벌은 부득불했다.

심지어 과거의 역사를 들추어보면, 형벌을 불가피한 경우에만 통치 수단으로 동원한 것이 아니었다. 삼대의 이상을 좇아 덕으로 교화하려 해도 결국 현실은 뜻대로 이루어지지 않았고, 인심(人心)과 세도(世道)를 교화시킬 수 없다고 판단하면 한·당 이래 많은 군왕들이 그러했듯이 형벌에 의지하여 통치했다.[16] 덕화에 근거한 왕도정치 대신에 엄령(嚴令)과 상·벌에 의거한 패도가 횡행했던 것은 모두 그럴 만한 이유가 있었다. 그럼에도 정조는 정(政)·령(令)과 상·벌에만 의존한다면 관중의 패도에 불과하다고 비판하고, 예악과 인의를 본으로 삼고 형정을 말로 삼는 왕도를 지향했다.

> 호령(號令)과 부월(斧鉞) 그리고 녹상(祿賞)은 관중(管仲)이 나라를 다스렸던 세 가지 도구이니, 이른바 패자(霸者)를 보좌하는 수단이다. 어찌 예·악을 한 가지 방도로 삼고, 인·의를 한 가지 도구로 삼으며, 형·정을 한 가지 도구로 삼는 것만 하겠는가.[17]

패도의 정치 수단인 엄형과 호령에 기댈 수는 없었다. 교화만을 강조해서도 안 되었지만, 엄벌로 두렵게 만들 수는 더욱 없었다. 예악과 인의를 도구로 삼되 현실적으로 형정을 무시하지 않으면 충분했다.

---

16) 《일득록》 7, 〈정사〉 2, "予之初意 不在唐宋賢君 竊有希古之想 臨御殆過一紀 治不徯心 反不及唐宋之小康 而唐宗之委任勿貳 宋祖之洞開重門 予所自方而無媿者 諸臣亦不認予意 尙亦何言 是固自反處".

17) 《일득록》 7, 〈정사〉 2, "號令也斧鉞也祿賞也 管仲以爲治國之三器 而此所謂霸佐之言 曷若以禮樂爲一器 仁義爲一器 刑政爲一器".

시대 상황에 맞는 교화와 형정 간의 균형이 필요했다. 일찍이 주자는 강포한 자는 엄하게, 선량한 사람은 관대하게 다스리도록 조언한 바 있었다. 정조는 주자의 일화를 읽고 크게 찬동했다.[18]

교화에 의존했지만 불가피한 경우 형정이라는 도구를 허용했던 정조는 그럼에도 될 수 있으면 '악으로 악을 물리치는 사태'를 피하고자 했다. 정조는 북제(北齊) 문선제(文宣帝)의 일화를 들어 목적과 수단의 관계를 논한 바 있다. 문선제는 오랑캐의 침입이 두려워 3,000리 장성을 축조한 데 그치지 않고 4만 리에 걸쳐 성곽을 축성했는데, 그 장대함이 진 시황제의 그것을 능가했다. 당시 장성 축조에 동원된 백성들의 고통은 이루 말할 수 없었다. 결국 장성이 완성되자 민심은 이반했고 국가 또한 곧바로 멸망하고 말았다. 정조는 이를 두고 오랑캐의 방식으로 오랑캐를 막는 데 불과하다(所謂以胡防胡)고 비판했다.[19]

선정의 조건으로 사회악을 제거해야 마땅했다. 하지만 사회악을 제거하고 사람을 살리기 위해 사람(악행의 주범이지만)의 목숨을 빼앗는 방법(사형)이 과연 올바른지 묻지 않을 수 없었다. 유가의 형정론은 사람을 살리기 위해 과연 사람을 죽이는 것 말고 다른 방도는 없는가라는 근본적이면서도 모순적인 질문에 답을 구하는 과정이었다.

정조는 조선의 감옥이 사람을 살리고자 하는 뜻을 본받아 둥그렇다고 강조했다. 조선의 지방지나 읍지에 그려진 감옥은 원형의 담장이 둘러쳐져 있는 모습으로 19세기 말까지 변함이 없었다.[20] 정조는 둥근 감옥을 호생지덕의 상징으로 보았다. 기수(奇數) 즉 홀수는 양에

---

18) 《일득록》 7, 〈정사〉 2, "知建寧府趙德莊問朱子爲政寬猛 朱子曰 若教公寬一尙猛一尙 則如發瘧子相似 以某之意 御善良以寬 治強暴以嚴".

19) 《일득록》 15, 〈훈어(訓語)〉 2, "北齊文宣築長城三千餘里 又築重城 自庫洛拔至烏紇 凡四萬餘里 築城之壯 殆過秦始皇 眞所謂以胡防胡 而如是之際 芻輓轉輸之勞 民不堪其苦 城纔完而民心散 民心散而國隨之亡 可不寒心哉".

속하고 우수(偶數) 즉 짝수는 음에 속하는데, 음은 죽이고 양은 살리므로 조선에서는 형벌이나 형장의 수를 모두 홀수로 했다는 것이다. 감옥의 담장이나 문짝을 모두 둥글게 만든 것 역시 생생지덕(生生之德)의 의미라는 것이다.[21]

형벌은 불가피하지만 될 수 있으면 처벌을 가볍게 하여 호생지덕을 펼쳐야 했다. 정조는 이른바 초옥(楚獄)의 고사를 경계로 삼았다. 초왕(楚王)의 감옥에 사람이 넘쳤다는 일화는 중국 한대 명제(明帝)의 동생 초왕이 모반한 뒤 이와 연관되어 무고하게 죽은 사람이 많았던 일을 비판한 것이다. 왕이 지나치게 많은 사람을 죽이고도 이를 기쁘게 생각한 나머지 나라가 망했다는 것이다.

정조는 형정은 차라리 관대하다고 비판받을지언정 지나쳐서는 안 되고, 가볍게 처벌하는 잘못을 저지를지언정 질질 끌어서는 안 된다고 강조했다. 당시 정조의 깊은 뜻을 헤아리지 못한 누군가가 왕의 의지가 나약하다고 비판하자, 정조는 엄형을 일삼다가 나라가 망한 초옥의 고사를 지적했던 것이다.[22]

정조는 엄형 대신 교화를 택했다. 자신의 치세 동안 '살인자상명(殺人者償命)'의 원칙을 적용해야 할 죄인들 대부분을 감형 조처한《심리록》의 판례는 엄형을 삼가려는 정조의 의지를 잘 보여준다. 정조는 살옥 죄인들에 대해 '그냥 몰아서 내치기만 해도 된다.'고 보았다. 사죄를 감형하여 정배할 뿐 죽일 필요는 없다는 뜻이다.《심리록》에 등

20) 펠릭스 클레르 리델, 유소연 역, 2008,《나의 서울 감옥 생활 1878-프랑스 선교사 리델의 19세기 조선 체험기》, 살림.

21) 《일득록》6, 〈정사〉 1, "與筵臣語及刑杖曰 奇數屬陽 偶數屬陰 陰殺而陽生 刑杖之數 亦當奇而勿偶 獄制垣扉皆圓 所以寓生意也".

22) 《일득록》8, 〈정사〉 3, "楚獄濫而召災 窮逐北虜而角端至 自古人君之病 不過是乘快二字 予故於刑政 寧寬而無過 寧失之輕而不至於蔓延 不知者謂予示弱 還覺一笑".

장하는 1,205명의 중죄인 가운데 법대로 사형에 처해진 자는 15명에 불과했다. 이는 1.2퍼센트에 해당하는 매우 낮은 수치였다. 반면 석방된 자들은 무려 371명에 달했다. 중죄인의 30.8퍼센트를 풀어준 셈이다. 이뿐 아니라 참작 정배한 이들도 382명으로 31.7퍼센트였다. 결국 죽여야 할 죄수 가운데 60퍼센트에 해당하는 이들을 석방하거나 유배형으로 감형했다.[23]

과반 이상을 감형한 이유에 대해 정조는 "하찮은 금수라도 그 목숨을 아까워해야 하는데 사람은 더 말할 나위가 있겠는가. 옛날 우 임금은 수토(水土)를 다스리고 직(稷)은 곡식을 파종했으며 설(契)은 교화를 베풀어 그 공덕이 후세에 미쳤다. 이에 자손들이 모두 제왕이 되어 오래 국가를 영위했다. 그런데 백익(伯益)은 산택(山澤)을 불태워 악한 짐승을 제거했으니 공덕이 크다고 할 수 있지만, 뜨거운 불에 무고한 짐승들이 함께 목숨을 잃었다. 이에 몰아서 내치기만 해도 충분하다."고 말했다는 것이다.[24]

정조에게 선정이란 '혹시 모를 피해'까지 배려하는 호생지덕의 실천이었다. 뜻이 아무리 좋아도 혹시 그로 인해 피해가 발생할 수도 있으니 신중하지 않을 수 없었다. 지나치게 조심하여 결단력이 부족하거나 나약하다는 비판을 받는 한이 있더라도 심사숙고가 절실했다. 정조의 형정 운용은 이처럼 신중〔欽〕하고 또 신중〔欽〕했다.

심지어는 중죄인에 대한 처벌이 너무 가벼운 것은 아닌지 정조 스

---

23) 《일득록》 4, 〈문학〉 4, "審理錄 自丙申以後判京外獄案之載錄者 而重囚爲一千二百五名 而酌放者三百七十一 酌配者三百八十二 仍推者二百九十二 物故者九十 依律者十五 詳覆者二十三 更查者二十五 逃躲者五 用軍律者一 移捕廳者一".

24) 《일득록》 4, 〈문학〉 4, "雖禽獸之微 固當惜其命 况人乎 昔禹平水土 稷播穀契敷教 其功德及於後世 故子孫皆得爲帝王 歷年緜遠 伯益則烈山澤以除惡獸 其功其德 亦大矣 烈火之中 無辜之獸亦當竝命 故曰驅而放之足矣".

스로 의심할 정도였다. 당시 부패한 관료들이 많아지자 이들을 엄형에 처하자는 주장이 있었다. 정조는 "탐욕의 풍조가 지금처럼 성행한 적이 없는데, 대부(大夫)를 삶아 죽이는〔烹殺〕 엄형을 가하지 않는 것 또한 지금 같은 적이 없었다. 내가 너무 너그러운 것은 아닌지 모르겠다."고 자책했다.[25] 때문에 정조의 심리(審理)와 처벌에 대해 너무 관대하다는 비판이 일었던 것도 사실이다. 그러나 정조에게 천하에 죽일 만한 사람은 하나도 없었다. 다시 말해 애초에 사람을 죽이려고 태어난 악당〔惡漢〕은 없다는 것이다. 모든 범죄는 오직 풍속과 교화의 잘못된 결과였을 뿐이고, 그 최종 책임은 군사(君師)인 자신에게 있었다. 어느 날 옥안(獄案)을 열람하던 정조가 죄는 무겁지만 사정〔情〕을 고려해볼 때 사죄에 처할 수 없는 경우를 발견했다. 이에 신하들에게 '천하에 본래 반드시 죽일 만한 사람은 없다. 다만 왕이 그렇게 이끌었을 뿐'이라고 탄식했다.[26]

본래부터 악하게 태어난 사람이 없다고 믿었던 만큼 교화되지 않을 사람 또한 없었다. 정조는 교화시키지 못할 완부(頑夫)는 없으며 변화시키지 못할 악인(惡人)은 없다고 강조했다.[27] 정(政)·형(刑)이 말이라면 덕(德)·예(禮)가 본이라는 정조의 생각은 《논어》 〈위정〉편의 공자의 생각과 맞닿아 있었다. 잘 알려진 대로, 형벌의 정치를 일삼으면 사람들이 염치를 모르게 될 뿐이므로 교화의 정치를 근본으로 삼아야 한다는 주장이다. 즉 제도로 강제하고 잘못과 일탈을 처벌하는

25) 《일득록》 8, 〈정사〉 3, "貪風之盛 莫如今 而烹阿之不行 亦莫如今 予雖以簠簋不飾之義 姑從寬假 而得無太闊略乎".

26) 《일득록》 8, 〈정사〉 3, "嘗御便殿 閱法府奏讞 見罪重而情不當抵辟者 顧筵臣歎曰 是誠何辜也 天下本無必可死之人 直由在上者有以導之也".

27) 《일득록》 10, 〈정사〉 5, "大抵無不可化之頑 無不可移之惡 政刑之於德禮 其本末果何如也".

데만 골몰하면, 백성들은 그저 이를 피하려 할 뿐 부끄러움을 알지 못하게 된다는 것이다. 그러나 덕으로 이끌고 예로 질서를 유지하면 스스로 염치를 알아 질서가 유지된다는 것이다.[28] 이른바 '강제 없는 자발〔無爲而治〕'이야말로 정조의 이상이었다.

정조는 법으로 강제하거나 정·령으로 통제하는 정치를 극도로 제한했다. 불가피한 경우에만 정(政)과 형(刑)을 사용했다. 심지어 반역의 요언(妖言)조차 사죄에 처하지 않았다. 뒤에서도 언급하겠지만 정조는 특히 유언비어를 싫어했다. 당시 민간의 소요는 대부분 유언이나 비어를 동반했으며, 요언은 국법으로 기시(棄市)의 사죄에 해당했다. 신하들은 대중을 요언으로 현혹한 죄인을 법에 따라 사형에 처할 것을 요청했지만, 정조는 시간이 흐르면 저절로 가라앉을 뿐이라고 답했다.[29]

생명을 빼앗는 사죄는 물론이거니와 아무리 입법 취지가 좋은 법률이라도 백성을 강제해서는 안 된다는 것이 정조의 기본적인 생각이었다. 정령을 내었는데 백성이 따르지 않는 것은 시행할 만한 법령인지 충분히 고민하지 않고 시행했기 때문이라는 논리였다. 정조는 자신이 왕위에 오른 이래 백성들을 따를 수 없는 정령으로 시험하지 않았다고 강조했다. 가령 흉년으로 먹을 곡식조차 없자 조정 신료들이 금주령을 요청했다. 이에 대해 정조는 금주령을 시행해도 백성들이 따르지 않을 것이 분명하다고 지적하고, 기본적으로 백성 모두를 예비 범죄자로 만들 가능성이 있는 법령은 반포해서는 안 된다고 비

28) 《논어》, 〈위정〉, "道之以政 齊之以刑 民免而無恥 道之以德 齊之以禮 有恥且格".

29) 《일득록》 9, 〈정사〉 4, "敎諸臣曰 近日閭巷間 騷屑大起 皆言朝夕亂作 其爲說頗恠誕不經云 卿等亦聞之否 或有言妖言惑衆者 在律應棄市 令有司加究覈 一以法從事爲便 敎曰 不如靜而鎭之以竢其久則自息之爲愈".

판했다.[30]

백성들이 따를 수도 없는 제도를 강제하거나 혹은 민심에 반하는 법률을 억지로 시행한다면 이는 선정이 될 수 없었다. 정조는 "국가는 민심에 기초하여 운영되는데, 백성의 마음은 한 번 잃으면 수습하기 어렵다."고 강조했다.[31] 민심에 어그러지는 정령을 강요하는 대신 민심(物情)에 호응해야 했다.[32]

정조는 형벌의 공포보다 백성들의 마음을 얻는 쪽을 택했다.[33] 백성들의 신뢰를 얻으려 했던 정조는 절대 법으로 군림하려 들지 않았다. 지방관들에게도 법령으로 백성들을 동요시키지 말도록 요구했다. 백성은 물과 같아서 가만두면 고요해지지만, 동요시키면 어지러워진다는 것이다. 정조는 백성들이 따르고 따르지 않는 것은 그들에게 맡겨둘 뿐이라고 강조하고, 자신의 정치는 오직 '백성을 어지럽히지 않는다(不擾民)'는 세 글자에 있다고 강조했다.[34]

민심에 호응하여 자연스러운 통치(무위이치)를 추구하면 그만이었다. 법을 동원하여 강제한다면 백성들을 소란스럽게 할 뿐이었다. 정조가 정·령과 형·정의 정치 수단을 예민하게 성찰한 이유는 교화가 정치의 근본이라는 원칙 때문만은 아니었다. 실제 형벌을 강화하고

---

30) 《일득록》 8, 〈정사〉 3, "發令而民不從者 未得其可行而行之也 予御極以後 未嘗出不可行之令 以爲姑試之計 故令出而未嘗不行 近以歲歉 廷臣多請禁酒 而予則知其決不可行 故不能斷然行之".

31) 《일득록》 8, 〈정사〉 3, "書曰民惟邦本 本固邦寧 又曰予臨兆民 凜乎若朽索之馭六馬 朝廷之所恃者民心 而民心一失 則無可收拾".

32) 《일득록》 8, 〈정사〉 3, "予之爲民事 宵衣旰食 不遑暇豫者無他 書曰民惟邦本 本固邦寧 又曰予臨兆民 凜乎若朽索之馭六馬 朝廷之所恃者民心 而民心一失則無可收拾 今予之憂勞日夕 發帑振廩而不少惜者 不但爲顒領者景象如在目中 欲以此表予心而固民情 以貽億萬年無疆之基也".

33) 당시의 물정을 파악하기 위한 정조의 소통정치에 대해서는 김지영, 2017, 《길 위의 조정-조선시대 국왕 행차와 정치적 문화》, 민속원, 307~316쪽 참조.

34) 《일득록》 7, 〈정사〉 2, "國之安危 係於民心 民安則親上 勞則怨上 爲方伯守宰者 每以不擾民三字 著在念頭 則雖値饑饉凶荒之歲 其心決無渙散之理 如此則無日非太平之基也".

모든 사태를 법대로 처리하면 그 피해는 고스란히 힘없는 소민들에게 돌아갔다. 조선 후기에 사치풍조로 여성들의 고계(高髻)가 유행하자 일부 신하들이 가체금지법을 주장했다. 당시 정조는 법률로 금하는 대신 검소한 풍속을 만들어야 한다고 강조했다.

> "경들이 진실로 이 폐단을 고치려고 한다면 집안에서부터 사치하지 않고 소박한 데 힘쓸 것이다. 그렇게 하면 보고 느끼는 효과가 점차 온 세상에 젖어들어 고계를 금지하지 않아도 저절로 금해질 것이다. 한갓 법으로 막으려 한다면 법은 곧 권세 없는 미천한 부류들에게만 행해질 터이니 법을 만든 본의가 어디 있겠는가."[35]

머리를 높이 틀어 사치를 부리는 유행은 가난한 소민들이 따라할 바가 아니었다. 고관대작의 규방이나 부민(富民)들의 풍습을 규제하기 위해 법률을 제정했지만, 힘없는 소민들에게나 그 법이 집행될 뿐 권세 있고 부유한 집안은 처벌받지 않을 것이 분명했다. 법의 취지가 무색할뿐더러 실질적 효과도 없었다.

법 대신에 풍속의 교화를 따라야 할 이유는 더 있었다. 조선의 많은 선현이 향약을 강조했는데, 이는 향당(鄕黨)을 인도하여 사람들을 깨우치기 때문이었다. 정조는 풍속을 두텁게 하고 기강을 세우는 핵심은 법령이나 전칙(典則)이 아니라 (향약의) 교화임을 강조했다.[36] 물

---

35) 《일득록》 14, 〈훈어〉 1, "上以奢侈爲憂 時有上疏言婦女高髻之弊者 上御賓筵 詢于大臣卿宰 僉曰高髻之弊 誠如言者之言 宜設法而禁之也 上曰不然 閨門之事 非法令之所可禁也 卿等誠有革斯弊之意則始自家庭之間 痛祛侈靡 務從朴素 則觀感之效 自然漸漬一世 高髻不期禁而自禁矣 不然而徒欲以法防之 則法之所可行者 不過是無勢微賤之類而已 烏在其設法之本意也".

36) 《일득록》 9, 〈정사〉 4, "我東先賢 多眷眷於鄕約之論 蓋其鄕黨誘掖之際 曉人也易 入人也深 其於厚風俗立紀綱之要 反有切於法令典則 苟能講而行之 則有補於世教 豈淺尠哉".

론 말로는 교화라고 하면서 강제로 시행하면 법과 다를 바가 없으며, 그 피해가 법에 비해 적지도 않았다. 정조는 향약의 취지가 아무리 좋아도 이를 강제한다면 교화의 효과를 기대하기 어렵다고 보았다. 공동체 내 누군가가 자연스럽게 덕화의 모범을 보이고 이를 공동체 구성원들이 자연스럽게 배울 때 비로소 교화가 이루어졌다.[37] 위에서 모범을 보일 때 아래에까지 그 영향을 미칠 수 있었다. 요순은 천하의 사람들을 인으로 대하여 천하를 따르게 했다. 통치자가 선하면 백성들이 마음으로 복종할 것이라고 본 정조는 이른바 '장순(將順)'의 정치, 즉 정조 스스로 솔선의 모범을 보이면 백성들이 저절로 따를 것이라고 굳게 믿었다.[38]

정조는 한때 풍속의 쇠퇴를 목도하고 형벌로도 교정할 수 없을 정도라고 탄식하기도 했지만, 결코 형벌의 강제나 공포에 기대어 백성들을 통제할 생각을 품지 않았다. 정조에게 형정이란 기본적으로 '불가피한 통치 수단'일 뿐이었다. 불가피하기에 될 수 있으면 사용하지 않았고, 사용할 경우라도 매우 신중했다. 이처럼 성리학 사회 속의 '형정'은 애초에 운신의 폭이 클 수 없었다. '불가피한 수단'은 이른바 교화를 통한 무위이치의 달성이라는 유교정치의 목적에 부합하는 한에서 활용 가능했다. 합목적의 한계를 넘는 순간, 유가의 형정은 곧 법가의 통제로 전락했기 때문이다.

---

37) 《일득록》 9, 〈정사〉 4, "予之寤寐一念 在於回淳返漓 而治不徯志 民不率教 朝象則傾軋相尋 風俗則禮讓日壞 苟有一忠厚敦樸之士自拔其中 寧或得罪於州閭鄉黨 無失其天叙天秩之常 則一家仁 一國興仁 固自有觀感變移之機 而成就得一世臣 豈非朝廷之福耶".

38) 《일득록》 18, 〈훈어〉 5, "堯舜率天下以仁 而天下從之 善則人斯服焉 豈將順之謂也".

무위이치를 향한 유위

형벌 대신 교화를 강조했다고 해서 정조가 무위이치에 빠진 이념주의자였다거나 도덕주의자였다고 말하는 것은 아니다. 정조는 무위이치를 이루기 위해서는 부지런한 '유위(有爲)'가 필수라고 생각했다. 정조는 학문(學問)과 사공(事功)이 별개의 것이 아니라고 강조했다. 옛날 사공으로 자임했던 이들은 모두 격물궁리를 우선했지 이를 버려둔 채 손에 잡히지도 않는 막연한 일에 힘쓰지 않았다는 것이다. 모든 일에는 크던 작던 각각 이치가 있으며, 이치를 궁구한 후라야 사공의 결과를 얻을 수 있었다.[39] 요컨대 학문이 깊어야 사공이 가능하고, 사공이 부재한 학문은 공허할 따름이었다. 정조는 당시 학문을 한다는 이들이 경학을 한다면서 성리학에 관한 담론을 논의할 뿐 실질의 학문을 모르고, 실질의 성과를 이루려 해도 경학의 소양이 불충분하여 가능하지 않다고 비판했다. 어떻게 보면 정조야말로 조선 후기 최고의 실학자였던 셈이다.

정조는 당시 학자들이 심성론을 능숙하게 설명하면서도 실질적인 사공에 이르면 어두워 알지 못한다고 비판했다. 이는 비록 체는 있지만 용이 없는 공부일 뿐이었다.[40] 정조는 초계문신들과 강론하면서도 모름지기 학자는 심성이기(心性理氣)의 학설을 잘 알아야 하지만, 만일 한바탕의 공허한 논설에 그친다면 심신 수양에 도움이 되지 않을 것이라고 설파했다. 경전의 의리를 공부하는 이유는 활법(活法)을 귀

---

39) 《일득록》 3, 〈문학〉 3, "敎曰 學問事功 非兩件事 古人之以事功自任者 何嘗捨窮格之功 而就沒把捉地做去乎 毋論大小事 事事上 自有箇此理 窮格得此理 發之爲事功 然後可無窒礙牽掣之病 四亭八當 無往而不沛然".

40) 《일득록》 4, 〈문학〉 4, "後世儒者 有或能言於說心說性 而至於實地事功 昧然不知爲何物 這便是有體無用之學".

하게 여기기 때문으로 그 핵심은 경세치용(經世致用), 즉 현실에 쓰기 위함이라는 것이다.[41]

정조는 화성(華城) 건설을 예로 들었다. 일을 맡기면 어찌 해야 할 바를 모르는 자들은 대부분 경학에 어두워 식견이 밝지 못한 경우라는 것이다. 경전을 마음으로 터득했다면 성(城)을 쌓거나 수레〔車〕를 만드는 방법 역시 이로부터 유추할 수 있었다.[42] 정조에게 현실에 응용되지 않는 학문은 죽은 공부에 불과했다.

정조는 경전의 자구만을 변설하거나 문장을 꾸미는 데 골몰하는 풍속을 비판하고, 당시 사대부들이 김육이나 송시열의 학문을 본받기를 바랐다. 정조는 김육의 명성은 문장이 아니라 사업(事業)에 있었고,[43] 우암 송시열의 문집도 사업을 논한 데가 많지 성리(性理)를 말한 곳이 적다고 강조했다.[44] 정조가 정도전과 권근의 문집을 영남의 감영에 보내 간행한 이유 역시 이들의 글이 모두 경세에 도움을 주었기 때문이었다.[45]

정조는 당시 중국에서 수입되는 신간들이 모조리 흥밋거리에 불과하다고 비판했다. 근래 연경(燕京)에서 새로 사온 책들은 예(禮), 악(樂), 병(兵), 형(刑), 전곡(錢穀), 갑병(甲兵) 등을 다룬 실용서가 아니라

---

41) 《일득록》 3, 〈문학〉 3, "心性理氣 固是學者夢覺關頭 而若一場懸空說話而止 則顧何益於身心哉 經義貴活法 學問將致用".

42) 《일득록》 3, 〈문학〉 3, "今人言經學 但知談性說理之爲經學 而不知事事物物 無非舍經學不得 試以近日華城築城言之 凡臨事而不知措處之方者 皆昧於經學而見識不明故耳 苟能於經訓上 有所心得 城制車制 亦可從這箇上推去".

43) 《일득록》 3, 〈문학〉 3, "故相臣金堉用事業稱 而不以文章著 今取其遺集見之 信是近世不易得之文字".

44) 《일득록》 3, 〈문학〉 3, "尤菴文 論事處多 言性理處少".

45) 《일득록》 3, 〈문학〉 3, "鄭道傳 , 權近出處 雖遜於冶隱諸賢 其文章經綸 固一世之雄也 鄭之三峰集 歲久板刓 幾乎不傳 甚可惜也 …… 出內府舊藏一本 賫送嶺南觀察營 俾卽校正開板 仍爲印上藏之史庫".

단지 천하고 불경스럽거나 웃기는 것들에 불과하다는 것이다. 정조 자신은 전후로 책을 지을 때 이를 경계삼아 모두 실용을 위주로 했다고 강조했다.[46]

정조에게 가장 중요한 학문은 주자학이었다.[47] 경학이야말로 실용의 근본이었다. 현실 정치를 잘 하려면 경학 공부가 필수였다. 정무 중에도 정조는 《주자전서(朱子全書)》와 《대학연의보(大學衍義補)》를 손에서 놓지 않았다.[48] 《대학》이야말로 사서(四書)의 핵심이었고, 경(經) 1장은 전(傳) 10장의 요지에 해당했다. 원리를 알고 나면 이후의 모든 것들이 대나무 쪼개지듯 분명해졌다.[49]

당연히 《대학》과 《대학연의보》는 짝을 이루었다. 정조는 정치의 도리가 이들에서 벗어나지 않으니 천하의 핵심이라고 칭송했다.[50] 본인 스스로 "깊이 빠지는 책이 없이 모두 대충 섭렵했을 뿐이지만, 오직 구준(丘濬)의 《대학연의보》는 항상 책상에 놓아두고 아무리 정무가 바빠도 반드시 한 해에 한 번은 읽었다."고 주장했다.[51] 《대학연의보》를 중시했던 정조의 학문에 대해 도덕교화 위주에서 탈피하여 실용적인 경세관을 가졌다고 평가하지만,[52] 정조의 정치학은 앞서 언급한 대로 경학과 경세학, 즉 체·용(體·用)의 시중을 추구했다.

---

46) 《일득록》 2, 〈문학〉 2, "近看燕中新購之書 如禮樂兵刑錢穀甲兵等 有實用者 一不概見 只以鄙俚不經冗瑣可笑之事 苟求一時之悅眼 自詫千載之殊同 故予果懲毖於此 前後所著書 率皆以實用爲主".

47) 김문식, 2007, 〈제왕학의 내용〉, 《정조의 제왕학》, 태학사 참조.

48) 《일득록》 2, 〈문학〉 2, "予每於幾暇 輒看朱子全書 , 大學衍義補一通 歲以爲常".

49) 《일득록》 3, 〈문학〉 3, "教曰大學一部 卽四書之要領 而經一章 又傳十章之綱紀也 若能善讀經一章 融會貫通 則不但傳十章之旨 瞭如指掌 推諸論孟中庸 自可迎刃而解矣".

50) 《일득록》 6, 〈정사〉 1, "以大學衍義補 發爲策題 試抄啓文臣 顧筵臣曰 爲治之道 不越乎此書 蓋天下有數文字".

51) 《일득록》 1, 〈문학〉 1, "予於書無酷好者 皆不過泛濫涉獵而已 唯丘瓊山大學衍義補及王陽明集常置案上 雖在機務鞅掌之時 必一歲一閱 蓋寓古人朝暮遇之意也".

정조는 도덕교화를 중시하면서 동시에 제도와 형정의 운용 또한 이에 못지않게 깊이 고민했다. 학문과 사공이 둘이 아니라는 정조의 주장처럼, 형정에 앞서 교화가 중요하지만 형정 또한 불가피했으므로 시중의 묘를 살려야 한다는 의미일 터다. 형정을 사용하지 않는 정치가 목표이지만 요순시대에도 형벌을 사용하지 않을 수 없었던 것이 역사의 현실이었다. 그만큼 현실에서 형정의 운용은 더욱 신중하고(欽) 백성의 고통을 헤아릴 수(恤) 있어야 했다. 이러한 입장이야말로 정조의 실용적 경세관의 핵심이었다. 정조는 《대학연의보》에서 관형(寬刑)하되 속전을 남발해서는 안 되고, 엄벌이 필요해도 신체형(酷刑)은 금지해야 한다는 구절을 특별히 강조한 바 있다. 지나친 관형과 지나친 엄형 모두 사회 질서를 어지럽히고 나아가 민란의 원인이 된다고 보았기 때문이다.[53]

관용이든 혹형이든 '지나치면' 문제가 되었다. 처벌받아 마땅한 자를 용서해서는 안 되지만, 용서받아 마땅한 자를 엄형에 처해서는 더욱 안 되었다. 사람을 살리려고 사람을 죽일 수는 없었다. 공자의 말씀대로 형벌은 형벌이 없어지기를 기약하면서 시행되어야 했다.[54] 무송(無訟)의 이상과 무형(無刑)을 바라는 현실 사이에서 '형정'은 신중하면서도 정교하게 실행되어야만 했다.

정조는 현실에서 '무위이치'를 향하여 끊임없이 '유위(有爲)'의 노력을 경주했다. 그가 밤을 새워가며 살옥 판결에 신중히 임했던 데는

52) 윤정분, 2001, 〈《대학연의보(大學衍義補)》의 조선 전래와 그 수용(상)-정조의 《어정대학유의(御定大學類義)》를 중심으로〉, 《중국사연구》 14-1; 윤정분, 2002, 〈《대학연의보》의 조선 전래와 그 수용(하)-정조의 《어정대학유의》를 중심으로〉, 《중국사연구》 17. 윤정분은 하편에서 형부에 해당하는 〈신형헌(愼刑憲)〉의 영향력을 상세하게 분석했다.

53) 윤정분, 2002, 앞의 논문, 153쪽.

54) 《일득록》 8, 〈정사〉 3, "若使犯科者 聞此知感 有日遷善遠罪之效 則此豈非刑期無刑之義乎".

모두 그만한 이유가 있었다. 무위의 이상은 유위의 실천만이 보증했기 때문이다.[55] '무위'를 아무 일도 하지 않는 것으로 오해해서는 안 되었으며, 형정의 작위로 무위를 달성하려 시도해서는 더더욱 안 되었다. 교화와 형정의 균형이 요구되었고 교화에 힘을 쏟는 만큼 형정에 세심한 주의를 기울여야 했다.

정조는 한 건의 옥안을 판결할 때마다 자신의 정신이 번번이 한 층씩 손상된다고 고백할 정도였다.[56] 한 사람도 억울해서는 안 되었기에, 아침부터 밤늦게까지 살옥 보고서를 들여다보고 깊이 생각하여 반드시 맥락과 줄거리가 눈앞에 분명히 드러난 뒤에라야 판결했다는 것이다.[57]

한 건의 옥안 처리는 단순히 한 명의 목숨에 관련된 문제에 그치지 않았다. 백성들이 국가가 공평하다는 사실을 깨닫는 경우는 살옥의 판결이 공정할 때였다. 권력이나 빈부의 차이에 관계없이 살옥사건이 정의롭게 처리되고 있다는 생각만으로도, 국가와 군주에 대한 인민의 신뢰감이 높아졌다. 정조는 이를 너무도 잘 알고 있었다. 정조 스스로 나라의 중대사로 옥사의 공평함만 한 것이 없다고 토로했고, 왕 자신 역시 형조나 지방관 등 옥사를 관장하는 관리들을 신중하게 선발하지 않은 적이 없었다고 강조했다.

정조는 중국 송대의 일화를 들어 형옥의 중요성을 언급한 바 있다.

---

55) 정약용의 행사(行事)에 대한 강조 역시 정조의 생각과 그대로 일치한다.

56) 정조의 신중한〔欽〕 옥사 판결 태도(《일득록》 7, 〈정사〉 2, "予每決一番獄案 輒損一層神用也")는 후일 다산 정약용의 《흠흠신서》의 서명에도 영향을 주었을 것으로 보인다. 필자는 다산의 저작들은 정조의 통치론과 밀접하게 관련지어 독해해야 한다고 본다.

57) 《일득록》 7, 〈정사〉 2, "上每判京外死囚 累牘聯牒 堆積左右 而必拈取一案 逐行尋字 徹首尾一回看下 又復閱而繹之 如是者殆四五 更就他案而亦如之 且以小冊細字 一二鈔錄 自早至暮 常目孜孜 必待段絡綮緒 瞭然于前而後".

송대 인종(仁宗)의 치세에 어떤 사람을 잘못 죄에 빠뜨린 옥관(獄官)이 있었는데, 인종이 그 관리를 종신토록 다시 등용하지 않았다는 것이다. 정조는 형옥의 처분과 형정을 관리하는 자의 무게감을 항상 강조했다. 옥사가 공평하지 않고도 나라가 잘 다스려진 경우를 보지 못했기 때문이라는 것이다.[58]

잘 알려진 대로, 정조는 국가의 모든 사무를 꼼꼼히 들여다보고 관리들의 소홀함을 지적한 왕으로 유명하다. 정조는 국가의 번잡한 기무(機務)들은 모두 어렵게 여기고 신중히 처리해야 한다고 말하면서도, 옥사의 신중한 처리를 최우선으로 생각했다.[59] 살옥사건을 판결하다가 밤을 새는 일이 다반사였다. 매번 심리하여 결옥(決獄)할 때만 되면 여러 도의 옥안들이 책상을 가득 채웠다. 왕의 건강을 염려하는 신하들이 많았지만 감히 말을 할 수조차 없었다는 것이다. 이에 대해 정조는 "살옥이란 사람의 생명과 관계되는 바이다. 옛날의 성인은 한 사람이라도 죄 없는 이를 죽이고 천하를 얻는다면 오히려 하지 않을 것이라 하였는데, 내 어찌 한때의 수고로움을 꺼려 심리를 조금이라도 소홀히 하겠는가."라고 말했다는 것이다.[60]

살옥 판결에 대한 정조의 지나치리만큼 꼼꼼한 집착은 어찌 보면 신하들을 믿지 못하는 데서 기인했다. 정조는 검안을 읽다가 사또들의 엉성한 수사와 감사의 불충분한 의견을 자주 접하곤 했다. 때문에 결국 자신이 한 건의 옥안을 일고여덟 차례 살펴보고 또 일고여덟 차

58) 《일득록》 9, 〈정사〉 4, "有國重事 莫尙於平獄 予於掌獄之官 未嘗不愼簡 獄不平而國治者 未之有也".

59) 《일득록》 9, 〈정사〉 4, "萬幾之繁 何莫非難愼 而愼獄爲最".

60) 《일득록》 6, 〈정사〉 1, "上曰 獄者人命所係 古之聖人 殺一不辜而得天下 猶且不爲 予何憚一時之勞而少忽審理之道也".

례 숙고하게 되었다고 비판했다.[61] 정조 스스로 철저하게 문서를 점검하여 신하들의 역량을 확인하였고, 왕이 문서를 대충 살피지 않는다는 사실을 신료들이 깨닫게 함으로써 관리들의 농간이 사라질 것을 기대했다.[62]

당시 공무에 소홀한 것은 지방관들만이 아니었다. 정조는 하루 종일 문서를 처리하고 한밤중이 되어서야 잠을 잘 수 있었던 반면에, 국가의 공사(公事)를 함께 논하는 승지 이하 관료들은 새벽에 출근했다가 오후 신시가 되면 퇴근할 생각들만 하고 있었다. 정조는 신료들의 노고가 자신에 비해 부족하다고 질책했다.[63]

> 옛사람은 임금이 한가롭고 신하가 수고롭다고 말했는데, 근래에는 수고롭고 한가함이 서로 반대가 되었다. …… 내가 수고롭게 애쓴다는 말이 아니고 또한 편안히 지내려는 것도 아니다. 그러나 나는 기무를 살피는 여가에도 일찍이 우러러 생각하고 굽어 살펴서 한마음으로 근심 걱정하지 않은 적이 없었으니, 쉬어야 할 밤에도 편안히 잘 수 없었다.[64]

경연 중에 한 신하가 정조에게 한밤중까지 사무를 처리하느라 건

---

61) 《일득록》 6, 〈정사〉 1, "嘗觀殺獄案 敎曰守宰審檢 監司句斷 未知十分稱當 故一案必也七八番看過 七八番思量".

62) 《일득록》 6, 〈정사〉 1, "內外章奏 必皆留心考閱 至於汗漫文書 亦皆親覽曰 民之利害 事之得失 悉此可詳 且見其敷陳條列之語 人之才否 亦可以槩見 不可不留心處 而況近習之輩 若知於此放過 則亦安知無中間作俑之弊乎 所以忘勞而考閱也".

63) 《일득록》 9, 〈정사〉 4, "予於夜分前 未嘗就寢 天未明必求衣 京外狀牘之登徹者 未嘗一日滯案 每日未嘗不接見朝臣 近又以諸承旨持公事入侍 日以爲課 每思承宣之曉仕申退者 其勞劇未必似予也".

64) 《일득록》 9, 〈정사〉 4, "仍教曰 古人有君逸臣勞之語 而近日以來 勞逸相反 如是而交須共貞之效 尙何望乎 予非曰勤勞 亦非爲求逸也 然予於機務之暇 未嘗不仰思俯察 一念慞慞 雖當宴晦之時 果不能安寢矣".

강을 해칠 수 있으니 긴급한 일이 아니면 다음날 처분하는 것이 좋겠다고 조언한 적이 있었다. 이에 정조는 "그날 일을 그날 끝내지 못하면 마음이 불쾌하여 잠자리가 불안하다. 그만두려 해도 못할 뿐이다. 게다가 근래 조정 신하들의 나태함이 풍조를 이루어 전혀 정성을 다하는 뜻이 없다. 내가 수고롭게 날마다 해뜨기 전에 옷을 입고 승선(承宣)을 불러 공무를 보고 그날 일은 밤늦게라도 반드시 처결하는 것은 조정 신하들로 하여금 보고 느끼도록 하려는 것이다."라고 답했다.[65]

정조가 모든 공무에 정성을 기울이고 밤이나 새벽이나 공무에 열중했던 이유는 일반적으로 알려진 만기친람과 거리가 멀었다. 정조는 그 누구보다 삼대의 이상정치를 희망했다. 요순의 정치는 한마디로 무위이치의 경지였다. 아무 일도 하지 않는 듯하나 모든 정무가 원활했다. 왕은 왕대로, 신료는 신료대로, 백성은 백성의 본분에 충실하여 누구도 강제하지 않고 자율적으로 이루어지는 경지였다. 정조는 솔선하여 모범을 보이고 신료들이 자신을 본받기를 바랐다. 왕이 먼저 성의정심(誠意正心)의 태도를 보인다면 신료들의 변화를 이끌어낼 수 있다고 믿었다. 그는 무위이치라는 이상을 향하여 스스로 유위에 앞장섰을 뿐이었다.[66]

물론 일부 관료들은 정조의 총람(摠攬)이 지나치다며 시폐(時弊)라고까지 비난했다. 당시 정조는 조정 관료들의 게으름과 무능을 들어 이를 비판했다. 삼공육경은 물론 백관들 모두 그럭저럭 세월만 보내는 것으로 책임을 면하려 한다고 질책했던 것이다. "(내가) 위에서 한

---

65) 《일득록》 9, 〈정사〉 4, "教曰予亦知之 而第當日之事 如不得於當日內了當 則心甚不快 未免不安於寢 此所以欲罷不能也 且近來廷臣 懶慢成習 全無擔著恪勤之意 予不憚勤勞 日必未明求衣 召接承宣 酬應公事 而當日之事 雖至夜分 亦必處決 欲使廷臣有觀感之效也".

66) 다산 정약용은 무위의 안일(安逸)을 비판하면서 세상에서 가장 바쁜 임금이 요순이었음을 지적했다.

가히 놀 수가 없었다. 이에 혹 세세하게 업무를 보기도 했는데 내 어찌 기꺼이 하고 싶었겠는가? 과연 이를 진정한 총람이라고 할 수 있겠는가?"[67] 정조는 장탄식으로 대답했다.

선정에 대한 정조의 의지는 공문서를 꼼꼼하게 검토하는 일에 국한되지 않았다. 그는 사실상 백성들의 목소리를 직접 들을 수 있는 상언(上言)이나 격쟁(擊錚)에도 많은 신경을 썼다. 보통 상언과 격쟁은 왕의 능행(陵幸)과 같은 이동 시에 접수되었다.[68] 정조는 귀경 후 피곤을 무릅쓰고 서울과 지방에서 올라온 각종 상언을 당일에 모두 점검했다. 선왕의 정치와 왕조의 부흥을 당부하는 말씀들을 떠올리면 부지런하지 않을 수 없다는 것이었다.[69]

평상시에도 각종 공무를 보느라 애를 쓴 정조이지만 병중이라 해서 다를 바는 없었다. 정조는 건강을 염려하는 신하들에게 조금 회복하여 정신을 차려보니 공사(公事)가 많이 적체되어 부득이 점검했다고 말했다. 당시 명·청대의 소품이나 소설을 보면서 여가를 즐기라는 신하들의 충고에도, 정조는 도리어 공문서를 보아야 아픈 데를 잊을 수 있다고 말했다.[70] 심지어 까다로운 옥안 수백 건을 가져다 정성껏 읽고 판결한 후에야 몸이 더욱 상쾌해진다고 말할 정도였다.[71] 억울

67) 《일득록》 7, 〈정사〉 2, "今之言時弊者 多曰摠攬之太過 而摠攬權綱 是人君之盛節 予何能爲也 特以時運不幸 世道屢變 疑懼也劻勷也消沮也數者之病 輾轉沈痼 三公不欲任其事 六卿不欲擔其職 以至百執事之人 交相效尤 日就忨愒 予惟付畀之重 不敢以下之人之如彼 又自伈伈暇逸於上 或未免親攬細務 是豈樂爲也 亦豈眞箇摠攬之謂也".

68) 한상권, 1996, 《조선 후기 사회와 소원 제도》, 일조각; 김지영, 2017, 《길 위의 조정 - 조선시대 국왕 행차와 정치적 문화》, 민속원 참조.

69) 《일득록》 8, 〈정사〉 3, "陵幸回鑾後 京外上言 一皆親覽 不踰其日 曰非予克勤 先王之思 不敢不勖耳".

70) 《일득록》 2, 〈문학〉 2, "上嘗有愆候 筵臣或請晉覽小說 以爲消日之方 敎曰 予平生不對此等書".

71) 《일득록》 2, 〈문학〉 2, "雖在靜攝中 好看文簿 果無倦意 沈文通每有疾 藥餌失驗 取難決詞狀 連判數百 便欣然者 果實際語也".

하게 죽을지도 모를 사람을 살렸다는 안도감이 정조의 노고와 신체의 고통을 잊게 했는지 모를 일이다.[72]

옥안이야말로 성급하게 처리해서는 안 되었다. 형정의 지연으로 백성들의 삶에 불편이 가중되더라도 가능하면 정밀하고 신속하게 살펴야 했다. 살옥의 판결로 삶과 죽음이 나뉘기 때문이었다.[73] 정조는 살옥의 처리가 가장 무겁다고 전제한 후, 의심할 것이 없는 데도 의심해보고 반드시 죽일 수밖에 없을지라도 살릴 방도를 찾는 태도로 임해야 한다고 강조했다. 지나치게 번쇄하다는 생각이 들더라도 대충 처리할 수 없으며 차라리 너무 느리다는 비판을 받을지언정 급히 처리하지 말라고 주문했다.[74]

정조는 경전을 읽을 때 한 글자, 한 구절까지 깊이 고민하면서 의리를 해석하듯이, 옥안 역시 변석(辯析)의 자세로 음미해야 한다고 주장했다.[75] 경전을 탐구하듯 꼼꼼하게 옥안을 검토했던 정조의 태도에는 《중용》의 "성실하지 않고서는 사물이 존재할 수 없다(不誠無物)."는 정신이 깔려 있었다. 정조는 옥안을 깊이 고민하며 읽었기에 몇 년이 흐른 뒤에도 해당 사건 관련자들의 이름을 잊지 않았다. 기억력이 좋아서가 아니라 정성을 다했기 때문이라는 것이다.[76]

정조는 어진 정치(仁政)의 핵심이 성실함에 있다고 보았다. 공자가

---

72) 《일득록》 10, 〈정사〉 5, "憫旱時 親閱中外重囚案 七日而疏決畢 教曰 百餘度文案 判於數日之中 精力雖疲 得活者頗多 是足以忘勞瘁之苦 而亦可爲自強之端矣 判辭之呼寫 雖執筆承書之人 看作容易 而每呼一字 不知幾回憧憧也".

73) 《일득록》 10, 〈정사〉 5, "審理之政 係人命之重 不可放過".

74) 《일득록》 9, 〈정사〉 4, "庶獄之中 殺獄爲重 起疑於無疑之際 日得錄 庶獄之中 殺獄爲重 起疑於無疑之際 求生於必死之中 寧繁毋略 寧緩毋迫".

75) 《일득록》 6, 〈정사〉 1, "看獄案 如看經書 看經書 必於無疑處會疑 然後方爲善看 獄案亦然 實因詞證 就其已具之說而略綽看過 便爾決折 則安得無枉 必也參驗考校 如所謂句句而論之 字字而析之 於其必死之中 求其可生之端 然後可生者生 而死者亦可以無寃 故予每看獄案 不厭詳複 無少放忽 實自看經中推得也".

말했듯이 항심(恒心)이 없으면 무당이나 의원마저 되기 힘들었다. 하물며 국가의 중요한 공무를 담당하는 관리나 백성들을 직접 통치하는 목민관은 어떻겠는가? 이에 정조는 '항(恒)'이란 '오래도록 변치 않음'인데 이것이 바로 성(誠)의 도리라고 강조했다. 일단 한 번 불성실한 마음을 먹으면 만사와 만물이 덩달아서 속이고 현혹하는 데 이를 것이었다. 그러나 마음을 한결같이 성실하게 유지하면서 변치 않는다면, 이치를 변석할 때 저절로 분명해지고 사물을 처리할 때도 저절로 순조롭게 될 것이었다. 성실하면 하늘을 감응시킬 수 있으니 '성이 하늘의 도〔誠者天之道也〕'라는 《중용》의 구절이야말로 사대부들이 마음에 새겨야 할 내용이었다.[77]

정조는 목민관이야말로 성실〔誠〕한 자세로 옥안을 검토해야 한다고 당부했다. 특히 인(仁)은 마음의 전덕(全德)이요 성(誠)은 행동의 진실함인데, 사람은 태어날 때부터 천지의 이치〔理〕를 갖추고 있으므로 살리려는 의욕을 발하기만 하면 작게는 우물로 기어가는 어린아이를 구할 수 있고 크게는 백성을 사랑하고 온 세상의 모든 사물을 보호할 수 있다는 것이다.[78] 백성을 직접 다스리는 목민관이야말로 다른 직책에 비해 그 임무가 더욱 막중했다. 애민의 방도는 재화를 절약하는 근검이요 근민(近民)의 도리는 옥사를 공정하게 살피는 일이었다.[79]

---

76) 《일득록》 7, 〈정사〉 2, "予之所審愼 莫如殺獄 故凡於獄案 一再披閱 雖數年前事 輒不忘干連姓名 非有記性而然也 誠之所到故也".

77) 《일득록》 18, 〈훈어〉 5, "夫恒者誠之道也 誠者心之主宰也 吾心一有不誠 則萬事萬物 從而墮於虛僞眩惑之中 故曰不誠無物 吾心一於誠而無少間斷 則見理自明而應物自順 推以至於金石可透豚魚可孚 故曰誠者天之道也 彼欲爲醫巫之技者 尙不可不恒其心 況士大夫之事君處世乎".

78) 《일득록》 18, 〈훈어〉 5, "論誠與仁字之義曰 仁是心之全德 誠是行之實處 所從言者雖異 而仁則無不誠矣 誠則無不仁矣 蓋人之生也 具天地之理 故腔子裏所蘊 無非生意 而生意纔發出 則自赤子入井 以至於仁民愛物覆冒四海".

79) 《일득록》 10, 〈정사〉 5, "愛民節財爲先 近民察獄爲先".

옥안을 살펴 한 명의 억울한 이도 만들지 않는 것은 근민의 방도인 동시에 크게 보면 치란(治亂)과 관계된 일이었다.

형정이 공정하지 않으면 재해의 빈발과 자연의 혼란을 야기했다. 정조는 재해를 만나면 옥안을 더욱 정성스럽게 심리했다. 나아가 의옥의 죄수들을 석방했다. "살아난 이들이 자못 많아 나의 마음이 만족스러우니 침식을 잊은 줄도 몰랐다."는 정조의 고백은 깊은 의미를 함축하고 있었다.[80]

> "권선과 징악은 임금의 권한으로 중도(中道)가 귀중하니 내가 힘쓰는 바도 여기에 있다. 작년과 올해에 가뭄이 너무 심한 것은 반드시 인사(人事)에 이를 초래한 바가 있기 때문이다. …… 단 한 명도 억울하게 죽어서는 안 되기에, 심리와 판결을 정의롭게 추구하여 재해를 그치게 하려는 것이다."[81]

---

80) 《일득록》 10, 〈정사〉 5, "教曰今番審理之擧 卽出遇災自警之意 而所活者頗衆 予心充然 若有所得 不知旰食失睡之爲勞也".

81) 《일득록》 10, 〈정사〉 5, "彰癉之政 卽君人之大柄 而所貴乎得中道 予之所勉在此 昨今年旱氣太甚 人事必有所召而然 遇災自有應行故事 而終是涉於文具 應文之擧 不如求之實政 而實政又莫如不枉人命 故審理疏決 必欲得當 庶冀爲弭災之道".

2.
시중의 묘와 물정의 흥기

시중의 묘

정조가 《심리록》을 남긴 이유는 명백했다. 자신의 형정이 단 한 명의 억울한 죽음도 허용하지 않았음을 입증해 보이기 위해서였다. 정조는 살리려는 마음이 상명의 의지를 능가하는 자신을 보면서 공정하지 못한 것은 아닐까 자문하기도 했다.[82] 하지만 정조가 모든 살옥 죄인을 용서하거나 감형한 것은 아니었다. 억울하게 죽어서는 안 되지만 죽어 마땅한 경우 반드시 죗값을 치르게 했다.

형정은 공정해야 했기에, 정조는 벌할 자를 벌하고 살려야 할 자를 살리는 심리를 추구했다. 한 번은 호남의 살옥 죄인을 전라감사가 죽일 수 없다고 주장한 적이 있었다. 마침내 사형을 감하여 유배에 처했는데, 당시 정조는 의심을 거두기 어려웠다고 말했다. 정조는 잘못

82) 《일득록》 10, 〈정사〉 5, "每決一案 筵燭屢跋 未嘗不兢兢致慎於一字一句之間 而求生之心 常勝於償死之意 既而思之 此亦非天理之公也".

석방하는 것이 잘못 죽이는 것보다는 낫지만 잘못이라는 점에서 마찬가지라고 평했다.[83)]

옥사는 '공정'해야 했다. 처벌할 자를 용서하거나 용서할 자를 처벌한다면 사법 정의는 손상될 수밖에 없었다. 과연 어떻게 하면 공정한 판결에 도달할 수 있을까? 정조는 우선 공평한 마음과 객관적인 태도를 강조했다. 선입견이나 편견은 올바른 판단을 방해하는 요소들이었다. 정조는 판결이야말로 엄격한 저울과 같아야 한다고 말했다. 저울은 두 개의 물건을 비교하여 조금이라도 무겁거나 가벼우면, 객관적으로 그리고 공평하게 이를 구별했기 때문이다. 당시 조정 신료들 사이에 논의가 공정하지 못하여 서로 제각기 다른 기준을 내세우면서 상대를 비난하는 일이 발생했다. 이에 피로감을 느낀 정조는 저울의 공평함을 내세워 각각의 선입견을 강하게 비판했다. 한마디로 편견을 가지고 사물이나 문서 혹은 다른 사람의 언행을 평가한다면 공정한 결론에 도달하기 어렵다는 지적이었다.

정조가 보기에 대부분의 사람들은 학문이 고명하거나 역사적으로 훌륭한 인물에 대해서는 그의 말을 의심하거나 깊이 따져보지 않은 채 의심할 바 없이 옳다고 생각했다. 반대로 부덕한 사람에 대해서는 비록 본받을 점이 있어도 부정적인 생각을 절대로 바꾸지 않았다. 정조는 이러한 태도야말로 공정하지 못한 사견(私見), 즉 선입견이나 편견의 폐해라고 비판했다.[84)]

사물을 물(物) 그 자체로 볼 수 있는 객관적인 태도야말로 공정한

---

83) 《일득록》6, 〈정사〉 1, "湖南一死囚 因道臣力傳生議 竟得減死 而至今疑未釋也 失出固愈於失入 其爲失均也 又曰 後若有獄可疑 必以上聞 予未嘗不以庶獄爲念也".

84) 《일득록》1, 〈문학〉 1, "讀史 最忌私意 學問高明之人 一事雖有可疑 必曲成其是 名德蔑裂之類 一節雖有可取 必同歸無稱 此便是私意".

판결에 이르는 가장 중요한 전제였다. "책을 책으로 보고 물(物)을 물로 볼 수 있어야 한다." 정조는 자신의 견해를 앞세워서는 안 된다는 주자의 말을 인용하여 독서와 격물뿐 아니라 일상의 모든 일이 마찬가지라고 강조했다.[85)]

살옥사건이라면 더욱 공정을 기해야 했다. 선입견이나 편견을 버리고 객관적이면서 비판적인 태도로 사안을 들여다보아야 했다. 다산 정약용도 살옥 판결에 앞서 마음 속에 저울을 먼저 설치해두어서는 안 된다고 주장한 바 있다. 편견의 위험성에 대한 다산의 비판은 기본적으로 정조와 일맥상통했다.[86)] 사안이나 사물에 즉하여 '있는 그대로'의 사실을 정확하게 파악한 후라야 비로소 판단의 참된 근거들을 마련할 수 있었다.

한편 정조는 공정한 판결을 위해서는 작은 실마리도 소홀할 수 없다고 강조했다. 처음에는 미세하기가 치수(錙銖) 즉 매우 작은 곡식의 낱알과 같지만, 미세한 단서를 통해 사태의 본질을 꿰뚫고 나면 치수는 마침내 우주의 크기만큼 광대해진다는 것이다. 정조는 작은 실마리를 제대로 관찰하지 않고 소홀히 할 경우 사물이나 사태의 근본이나 진실에 절대 도달할 수 없다고 보았다. 물론 단서와 증거가 너무 미미할 경우 보통 사람의 생각[意表]을 뛰어넘는 밝은 지혜가 아니면 파악해내기 어려웠다. 사물이나 사태의 모든 진상이 낱낱이 드러나 모든 사람이 알게 된 후에는 크게 신기할 것도 없지만, 그 전에는 밝은 식견의 소유자가 아니면 결코 밝혀낼 수 없기 때문이다.[87)] 아울러

85) 《일득록》 2, 〈문학〉 2, "朱子云以書觀書 以物觀物 不可先立己見 此非特讀書格物爲然 日用事務亦當如此做將去".

86) 다산은 마음에 편견의 저울을 설치해서는 안 된다고 주장했다. 그는 고·부 갈등이나 노·주 갈등으로 야기된 살옥사건을 다룰 때 기본적으로 시어머니와 주인을 가해자로 상정하는 선입견이 작용한다고 비판했다. 김호, 2013, 《정약용, 조선의 정의를 말하다》, 책문.

사안을 정확하게 파악하려면 미세한 단서를 밝게 고찰하는 지혜와 더불어 숙고(熟考)가 요구되었다. 정조는 "매번 옛사람들의 처사를 저울질해보는데, 합당한지 그렇지 않은지를 깊이 헤아린 뒤에야 비로소 그 득실을 논할 수 있다."고 주장했다.

특히 공정한 판결은 '시중'을 헤아릴 수 있는 능력에 달려 있었다. 사안의 양 끝단을 잡고 저울질한다는 정조의 주장은 단지 두 끝의 수학적 중간이 아니었다. 시중은 도달하기 매우 어려운 경지였다. 단지 편견을 버리고 깊이 관찰하거나 숙고한다고 해서 자연스럽게 구해질 수 있는 도달처가 아니었다.

'시중'은 과하지도 불급하지도 않은 상태였다. 한마디로 최선이었다. 공자조차 시중을 득하기 어렵다고 고백했다. 천하와 국가의 인민들이 균평하게 살도록 다스릴 수도 있고, (거절하기 어려운) 높은 지위와 봉록을 사양할 수도 있고, (명예를 위해) 서슬 푸른 칼날을 밟고 죽을 수도 있지만, 시중을 유지하기는 보통 어려운 일이 아니라는 것이다.[88] 이처럼 시중은 사물 하나, 사안 한 건에서도 득하기 어려웠다. 하물며 매 건, 매 사안마다 중용을 취하고 시중의 최선을 택하기란 거의 불가능에 가까웠다. 대부분의 경우는 과하거나 불급했다. 공자의 제자 가운데 자장(子張)이나 자하(子夏) 모두 지혜가 보통을 넘는 인물들이었지만 시중에 미치지 못했다.

정조는 그 누구보다 과와 불급 그리고 시중의 문제를 깊이 고민했다.

공자께서 "당당하구나 자장이여."라고 하셨으니, 그렇다면 자장의 병통

---

87) 《일득록》 1, 〈문학〉 1, "微如錙銖 終至星海 當其微也 若非明智出人意表 甚難辨得了 及其水落石出 人皆得以論之 便不新奇".

88) 《중용》, 9장, "天下國家可均也 爵祿可辭也 白刃可蹈也 中庸不可能也".

은 과(過)에 가깝다. 《근사록》에서 "자하는 돈독히 믿고 삼가지만 규모가 좁다."고 했으니, 그렇다면 자하의 병통은 불급(不及)에 가깝다. 그러나 자장이 비록 과의 문제가 있지만 모든 일이 다 과한 것은 아니었고, 자하가 비록 불급의 병통이 있지만 어찌 모든 일에 다 불급했겠는가? 과하면서도 불급한 경우가 있듯이, 불급하면서 과한 적이 어찌 없겠는가? 만약 두 사람이 본인의 문제점을 고치려고 노력할 경우, 자장은 당연히 과한 부분을 (고치려고) 노력하겠지만 불급에 대해서도 방심해서는 안 될 것이요, 자하는 먼저 불급한 부분을 고치려고 노력하겠지만 과한 부분도 소홀할 수 없다.[89]

정조는 시중을 득하려고 과의 수정에만 골몰하다가는 다시 불급의 상황에 직면하기 십상이고, 반대로 불급을 고치려다가는 과를 소홀히 하기 쉽다고 보았다. 정조는 자장처럼 지나치게 과감하거나 자하처럼 원칙(規模)만 고집해서는 안 된다고 보았다. 원칙을 고수하면서도 과감한 결정이 필요할 때는 과단성 있게 나아가고, 과단성이 있으면서도 항상 원칙의 한계를 넘지 않아야 '시중'이라고 칭할 만했다. 시중이 어려운 이유는 단순한 중간이 아니라 '최선(最善)'이기 때문이었다.

정조가 시중에 대해 얼마나 고민했는지를 잘 말해주는 일화가 있다. 한 번은 궁궐 내 신료들을 접견하는 방 안의 깔개가 오래되어 가장자리가 헤지게 되었다. 정조는 푸른색의 면포를 덧대어 계속 사용

---

89) 《일득록》 12, 〈인물〉 2, "子曰 堂堂乎張也 然則子張之病偏於過 又曰 篤信謹守 規模狹隘 然則子夏之病偏於不及 然而子張雖病於過 而非謂每事皆過也 子夏雖病於不及 而豈是每事皆不及也 過之之中 亦有不及時 不及之中 何嘗無過處耶 苟使二子從病處下手 則子張當於太過處著力 而亦不可放過於不及處 子夏先向不及上用工 而亦不可泛忽於過處也".

하도록 명했다. 이에 한 신하가 그냥 새 것으로 바꾸자고 요청했다. 정조는 헤진 부분이 약간〔方寸〕에 불과하니 아깝다며 허락하지 않았다. 그런데 얼마 후 헤진 부위가 거의 절반에 이르자 새것으로 바꾸도록 명했다. 깔개의 헤진 부위가 절반을 넘었는데 바꾸지 않는다면 이는 일부러 검소하다는 칭송을 구하는 데 불과하다는 것이었다.[90]

궁궐의 방석 하나를 교체하는 일이 뭐 그리 대단한가 싶지만, 정조는 이처럼 매사에 과와 불급의 경계를 깊이 고찰했다. 절반 넘게 훼손된 방석을 새것으로 교환하지 않고 덧대어 사용했다면, 이는 인색함을 넘어 실로 검소하다는 칭송을 구걸하는 '위선'이라고 생각했던 것이다.

원칙을 지키면서 세상의 통념을 거스르지 않고 위선으로 간주될 염려가 없는 처신(시중)이야말로 생각보다 쉬운 일이 아니었다. 과연 세상사가 방석 바꾸는 정도의 어려움에 그치겠는가? 정조는 '천하의 의리는 지극히 정밀하고, 세상사는 경우의 수가 무수히 많다〔天下之義理至精 世上之事端無窮〕.'는 말로 최선의 시중이 얼마나 어려운지 강조했다. 원칙만을 고집하는 것도, 반대로 원칙 없이 변통하는 것도 모두 비판받아 마땅했다.

> 비유컨대 자막(子莫)이 중간을 잡은 것은 비록 굳게 지키는 듯 보이지만 최선〔善〕이 아니다. 결국 교각을 붙들고 부질없이 익사한 미생처럼 될 뿐이다. 호광(胡廣)의 중용은 비록 한쪽으로 치우치지 않았지만, 때에 맞게 적절히 조치할 줄 몰라 마침내 장락로(長樂老)가 된 풍도(馮道)와 같은 처지가 되었다.[91]

---

90) 《일득록》 15, 〈훈어〉 2, "諸臣召接處茵席 鋪久有缺 以靑木補用 或請改之 敎曰 所破不過方寸 而棄之不亦惜乎 不許 旣而補處將半 卽命易設 敎曰 一席之弊過半而不改 則是近於故要朴儉之稱也".

정조는 《맹자》의 자막 일화〔자막이 그 중간을 잡았다(子莫執中)〕를 인용하여, 노나라의 현자였던 자막이 당시 이단 학설인 양주와 묵적을 비판하면서 단지 기계적인 중간을 취하여 제대로 된 시중, 즉 중용의 묘를 살리지 못했음을 비판했다.[92] 그가 중을 잡은 듯 보이지만 시중(최선의 선택)과는 거리가 멀었다는 비판이었다. 옛날 미생이라는 사람이 다리 밑에서 만나기로 한 어떤 여자와 약속을 지키려다 홍수로 물이 불어나는데도 피신하지 않고 그대로 있다가 교각을 부여잡은 채 물에 빠져 죽은 우화와 같다는 것이다.[93] 원칙만 고집하다가 일을 그르친 대표적인 사례였다.

반대로 후한의 호광은 수십 년간 여섯 명의 황제를 섬기면서 높은 지위에 올랐다. 성품이 온화했지만 강직한 기풍이 없던 그는 되도록 모든 일에 맞추어 무슨 일이든 이루어지게 했다.[94] 결국 오대의 혼란기를 살면서 무려 다섯 왕조에 출사하여 난세에도 살아남은 지조 없는 풍도와 다를 바가 없게 되었다.[95]

지나치게 원칙만을 고집하는 것도 시중이 아니요, 원칙 없는 변통 또한 시중에서 멀었다. 정조의 시중은 원칙〔經〕과 변통〔權〕의 조화가 자유자재한 경지였다. 이를 위해서는 우선 자신의 지혜를 모두 발휘하여 사안(혹은 사물)에 대해 충분한 정보와 이해를 갖추어야 한다. 그 다음 지극히 정밀한 의리를 깊이 변별해내고, 이를 기초로 사안

91) 《일득록》 18, 〈훈어〉 5, "淸燕之暇 仰聆聖敎 若曰 譬之如子莫之執中 雖近於固執 以其不能擇善 終歸尾生之守柱浪死 胡廣之中庸 不偏於一隅 以其不識時措 竟若馮道之爲長樂老".

92) 《맹자》, 〈진심〉 상.

93) 《장자》, 〈도척(盜跖)〉.

94) 《후한서》 권44, 〈호광전(胡廣傳)〉.

95) 《신오대사》 권54, 〈풍도전(馮道傳)〉. 풍도에 대한 일본인들의 긍정적인 평가는 조선과 일본의 가치관의 차이를 극명하게 보여준다. 도나미 마모루, 임대희 역, 2003, 《풍도의 길》, 소나무 참조.

(혹은 사태)을 둘러싼 무궁한 경우의 수에 대응할 수 있어야 한다. 일단 사태를 정확하게 파악하고 최선의 의리처를 궁구한 후에는 일처리가 파죽지세였다. 황하의 물이 터지듯 시원할 뿐 아니라 무슨 일이든 시중의 경지를 득하지 않는 경우가 없는 것, 이것이 정조가 바라는 바 시중이었다.[96]

따라서 정밀한 의리 즉 극지처(極地處)를 파악하는 일이 핵심이었다. 정조는 의리의 극지처, 시중을 얻기 위해 완벽(10, 極)에 도달하려는 노력이 필요하다고 보았다. 극지처에서 한 등급만 모자라거나 과해도 이는 시중의 의리가 아니었다.[97] 극지처(10)에 도달하려면 단 일(1)의 사욕도 용납될 수 없었다.

> 가령 10푼 가운데 9푼이 공(公)이고 1푼이 사(私)이면 사로 간주되고, 9푼이 왕도(王道)이고 1푼이 패도(霸道)이면 패도로 간주되니, 이처럼 공과 사, 왕과 패의 구분은 엄격하다. 10을 기준으로 삼고 오히려 1이 모자랄까 걱정해야 할진대, 하물며 10을 기준으로 삼지도 않으면서 어찌 완벽(純)을 기대하겠는가.[98]

90퍼센트가 의리(義理)이고 10퍼센트가 사욕이라 해도 사욕은 의리를 저해하기에 충분했다. 중요한 것은 '완전히 순수하여 아무런 잡

---

96) 《일득록》 18, 〈훈어〉 5, "君子之時中 致吾之知君子之時中 致吾之知 必到十分地步 然後辨晣至精之義理 酬應無窮之事端 而勇往急於破竹 剖判沛若決河 行其所無事無往不自得耳 原任提學臣沈煥之己未錄".

97) 《일득록》 18, 〈훈어〉 5, "義理有極至處 下此一等 則便非義理".

98) 《일득록》 18, 〈훈어〉 5, "假令十分之中 九分是公 一分是私 當以私邊看 九分是王 一分是霸 當以霸邊論 公私王霸之分 顧不嚴歟 推之百千萬事 無不皆然 雖以十分爲準 猶懼一分之未盡 況不以十分爲準 則何望其純不已".

티(사욕)도 섞이지 않은 상태'였다.[99] 최선의 시중은, 선입견이나 편견 그리고 이들의 원천인 사욕을 제거한 후 완벽한 공정에 이를 때 비로소 득할 수 있는 경지였다.

이처럼 원칙을 지키면서 변통의 묘를 살려야 한다는 점에서, 시중(최선)을 득하는 것은 매우 어려웠다. 정조 역시 누구보다 이 사실을 잘 알았다. 이상적으로는 100퍼센트의 극지처를 목표로 하지만, 사실상 현실에서는 극(極)의 90퍼센트에만 달해도 '시중'이라 할 만했다. 심지어 정조는 시중의 70~80퍼센트에만 달해도 인정할 만하다고 주장했다. 특히 용기 있는 결단을 위해서 20~30퍼센트의 사욕을 허용할 수 있다고도 했다. 정조는 과업을 완수하기 위해서는 대략 10에 7~8이 좋으면 실천해야 한다고 주장했다. 1~2까지 완벽하기를 바라다가는 과감한 결단을 내릴 수 없기 때문이었다.[100]

정조는 최선의 시중(100퍼센트)을 득하려는 의지를 강조하면서도, 현실적으로 20~30퍼센트의 과·불급을 인정했다. 정조에게 '현실의 시중'은 20~30퍼센트의 한도 내에서 과·불급의 변통을 허용하는 것이었다. 100퍼센트가 이상〔經〕이지만 현실에서는 70~80퍼센트에만 이르러도 충분히 시중이라 할 만했다. 20~30퍼센트가 정조가 바라는 바 변통〔權〕의 한계였다.

정조는 살옥을 심리하면서 처분이 너무 가벼운 줄 알면서도 굳이 용서한 경우가 있는가 하면, 반대로 지나치게 무거운 형벌인데도 가중 처벌한 경우들이 있다고 말했다.[101] 이처럼 정조는 원칙을 지키면서 동시에 경중을 참작하여 변통했다. 같은 죄라도 가볍게 혹은 무겁

99) 《일득록》 18, 〈훈어〉 5, "九分義一分利 利足以害義 所貴乎純一無雜也".

100) 《일득록》 16, 〈훈어〉 3, "凡做事 大約十分上七八分好則做去 不必要一二分盡好 要盡好 鮮有勇決時".

게 처벌하는 '시중의 묘(妙)'야말로 형정 운영의 불가피한 측면인 동시에 핵심이었다.[102]

살옥 판결은 법에 따라 공정하게 처리되어야 했다. 그렇지만 사건의 정황을 고려하고 인간의 도리 등을 참작하여 무겁게 처벌할 필요가 있다면 무겁게, 가볍게 처벌할 필요가 있다면 가볍게 처벌하는 참작과 재량이 필요했다. 정조는 20~30퍼센트 내의 '변통'을 강조한 바 있다. 특히 한 번의 결정으로 죽은 사람이 다시 살아날 수 없는 살옥 판결에서 '시중의 묘(妙)'는 더욱 중요했다. 정의로운 판결이란 법을 지키면서도, 정과 리의 변통이 시중의 한계 내에 있어야만 했다.

법과 정·리의 조화

앞서 언급했듯이 모든 사안마다 시중을 얻는 것이 중요했다. 최선의 살옥 판결, 즉 정의로운 심리는 첫째, 사건을 둘러싼 맥락적 사실 즉 사정(事情)을 탐지하고, 둘째, 사건과 관련된 인간다움의 근거(天理)를 참작하여, 마지막으로 정확한 법조문을 인율함으로써 가능했다. 이른바 법과 정·리의 조화가 필수적이었다.

1) 법

정조는 누구보다 법의 준수를 강조했다. 모든 일은 규모, 즉 원칙이 없으면 성사될 수 없었다. 천하만사가 규모의 확립 없이 이루어진

---

101) 유언호가 상황에 따라 왕을 섬기는 의리를 달리하자 정조는 그를 무겁게 처벌했다.《일득록》 7, 〈정사〉 2 참조.

102)《서경》, 〈여형(呂刑)〉, "上刑適輕下服 下刑適重上服 輕重諸罰有權".

바가 없다고 강조하고, 크게는 수신제가치국평천하로부터 작게는 음식이나 기거에도 지켜야 할 '기준'이 필요하다고 보았다. 원칙을 세우지 않고 일을 처리하면 질서가 없이 산란해지고 수습할 방법이 사라졌다.[103] 때문에 살옥사건의 공정한 판결은 무엇보다 법을 따르는 것이 중요했다. 정조는 율문을 기본으로 해야 한다고 누누이 강조했다. 각 지방의 살옥사건을 최종적으로 심리했던 정조는 율문에 의거해야 형벌을 잘못 적용했다는 비판을 면할 수 있다고 주장했다.

> 옥사를 결단할 때 마땅히 율문이 주가 되어야 한다. 옛사람이 율문을 제정한 것은 모두 뜻이 있다. 비록 전혀 의심할 바 없는 옥사라 하더라도 반드시 비추어볼 만한 율문을 찾은 뒤에라야 의거할 바가 생긴다. 아울러 사죄가 분명해도 살리고자 함이 왕자(王者)의 마음이나, 마땅히 살아야 할 자를 잘못 처벌하거나 마땅히 죽어야 할 자를 요행히 면케 한다면 실형(失刑)인 점에서 모두 마찬가지이다. 나는 한결같이 법에 의거했지 생각에 따라 낮추거나 높인 적이 없었다.[104]

법(율문)에 즉한 처벌이야말로 살옥사건의 공정한 판결을 위한 필수 조건이었다. 정조는 법을 천하공공의 명기(名器)라고 규정하고, 법에서 용서해야 한다면 왕이라도 사사로이 죽일 수 없으며 법에서 죽여야 한다면 왕이라도 마음대로 용서할 수 없다고 주장했다. 한 문제(漢文帝)가 삼대 이후 가장 훌륭한 군주로 칭송받는 이유는 당대 최고

---

103) 《일득록》 1, 〈문학〉 1, "天下萬事 未有規模不立而能做去者也 大而修齊治平 小而飮食起居 莫不有一副當規模 不先立了規模 而便欲做將去 則散亂了無緖 收拾了不得".

104) 《일득록》 7, 〈정사〉 2, "審理諸道獄案 敎曰斷獄當以律文爲主 古人制律 各有意義 雖十分無疑之獄 必得可照之律 然後方有依據 且求生必死 雖是王者之心 當生者之誤罹 當死者之倖逭 其爲失刑則一也 予則一付之法 未嘗以意低昂".

의 법관으로 알려진 장석지(張釋之)의 공평한 법집행 때문이었다. 법대로 처벌하자 한 문제는 힘들이지 않고도 나라를 다스릴 수 있었다는 것이다.[105]

요컨대 정조에게 나라를 유지하는 첩경은 법에 따라 살릴 자를 용서하고 죽일 자를 처벌하는 것이었다. 법을 다루는 조선의 모든 관리들은 장석지의 형정을 본받아야 했다. 살옥사건은 더욱 공정을 기해야 하므로 어떤 사정(私情)도 용납할 수 없었다. 정조는 항상 관료들을 가족〔家人〕처럼 대했기에, 스스로 고백한 대로 간혹 인정이 앞선 경우도 있었다. 그러나 형정에 관련되었을 경우에는 절대 사사로운 감정이나 사은(私恩)을 고려하지 않았다고 자부했다.

정조는 사정(私情)에 휘둘리지 않도록 주의했으며, 벌할 자는 반드시 처단하고 용서할 자는 반드시 용서하여 원칙과 법을 지켰을 뿐 구차하게 편법을 취했다는 비난을 듣지 않았다고 강조했다. 왕 자신이 아랫사람들을 대하면서 사사로운 마음을 품고 친소와 후박을 둘 경우 결국 사견에 사로잡히게 되고, 아랫사람들 역시 이를 엿보아 행동할 터이니 세도(世道)에 큰 피해가 될 뿐이라는 주장이었다.[106]

특히 살옥 판결의 경우, 정조는 조금이라도 천리의 공정함〔天理之公〕을 잃을까 두려워했다.[107] 물론 모든 판결이 시중에 부합하기는 매우 어려웠다. 이에 정조는 한밤중에도 잠들지 못한 채 본인의 판단을 점검하고 또 되새겨 반성했다는 것이다. 이처럼 정조는 국가의 공무

---

105) 《일득록》 10, 〈정사〉 5, "教曰法者天下共公之名器也 法可宥焉 君不得以私誅 法可誅焉 君不得以自宥 漢文之稱爲三代後令主者 卽有張釋之執法平 而文帝不勞而治也".

106) 《일득록》 7, 〈정사〉 2 참조.

107) 《일득록》 10, 〈정사〉 5, "閣僚輩 予視如家人 親如手足 故或不無顔情所拘 其有關於刑政者 不暇顧此 而予深恐其或不能一出於天理之公".

는 물론 각 도의 살옥사건을 판결할 때, 원칙과 법에 근거하여 사(私)를 억제하고 공(公)을 구현하고자 노력했다.[108]

2) 실정 파악〔情〕

앞서 언급한 대로 살옥사건의 판결은 기본적으로 율문에 따라 공정하게 처리하면 될 일이었다. 그런데 법(조문)을 정확하게 적용하기 위해서라도 살옥사건의 정황을 철저하게 조사하여 객관적인 진실을 밝혀야 했다. 사건을 둘러싼 '사정(事情)', 즉 맥락적 진실을 명료하게 파악하는 일이 우선이었다.

사정 파악이 인율(引律)에 앞선다는 사실은 다음 일화에서 잘 드러난다.[109] 1789년(정조 13) 2월 정조는 경향(京鄕)의 유생들을 대상으로 과거시험을 주최한 적이 있었다. 당시 시제는 주나라 주공의 일화를 의작(擬作)하는 것이었다. 놀랍게도 경상도 유생 김준검(金俊儉)이 제출한 답안지가 기괴했다. 답안지의 자구마다 흉참한 문자와 내용으로 가득했던 것이다. 당시 시관들은 김준검을 체포하여 반역죄로 다스려야 한다고 요청했다.

이에 정조는 흉언(凶言)의 역모로 바로 단죄하기보다 사건의 내막〔情〕을 깊이 조사하도록 명령했다. 어리석은 시골 선비가 저지른 실수일 가능성이 높다는 것이 정조의 판단이었다. 특히 정조는 김준검의 답지 가운데 상당 부분이 1676년(숙종 2) 과거시험의 답안지와 유사하다는 사실을 기억해냈다. 확인 결과 1676년의 과거에 합격했던 김준검의 고조 김중남의 답안지와 유사했다. 김준검이 고조부의 시

108) 《일득록》 8, 〈정사〉 3, "予於近日政令事爲 不欲遮前掩後 當斷處斷 當恕處恕 勿令有苟且方便之歎 而淸夜無寐 點檢溫繹".

109) 《일성록》, 정조 13년(1789) 2월 27일(갑인).

를 그대로 베껴 제출한 것이었다.[110]

정조는 어리석은 유생이 고조부의 작품을 외워 시험장에 들어왔다가, 시제에 '주(周)', '소(召)' 등의 글자가 보이자 고조부 당시의 시제인 줄 착각하고 베껴냈을 것으로 추론했다. 얼마 후 포교가 김준검을 잡아 심문하니 정조의 말 그대로였다. 정조는 어리석은 김준검의 사단을 들추어내서 억지로 흉언죄로 엄벌에 처하려던 신하들을 비판했다. 사건의 내막을 충분히 조사하지 않은 채 역적으로 몰아 목숨을 빼앗을 뻔했다고 질책했던 것이다. 김준검은 사건을 둘러싼 진실을 우선 파악해야 한다고 강조했던 정조 덕에 목숨을 부지할 수 있었다.[111]

다산 정약용은 《흠흠신서》에서 "탄복을 금치 못하겠다〔不勝欽歎〕."며 정조의 판례를 높이 평가한 적이 있었다.[112] 1778년(정조 2) 8월 평양에서 벌어진 한세명 사건의 전말은 다음과 같았다. 집강(執綱) 한세명이 임무를 제대로 수행하지 못한다며 동네 양반 강중홍 형제가 꾸짖었다. 이에 한세명이 화를 내면서 강중홍 형제에게 방망이를 던졌는데 잘못되어 옆에 있던 오덕룡이 맞아 죽었다는 것이다.[113] 당시 한세명이 정범으로 고발되었다. 쉽게 끝날 것 같던 사건은 종결되지 않고 수년을 끌었다. 급기야 1781년(정조 5) 4월 한세명의 부인 양조이가 억울하다며 격쟁했다.[114] 양조이의 증언에 따르면 범인은 강중홍 형제들이었다. 강중홍이 구타하여 오덕룡이 기절하자 개의 간을 먹이는 등 구료하던 중 사망했고, 이에 강중홍 형제들이 동네의 김윤경

---

110) 《일성록》, 정조 13년(1789) 2월 28일(을묘).

111) 《일득록》 7, 〈정사〉 2, "敎曰朝家旣無所失 則遐土之民 豈敢發凶言 且何必費力抉摘 曲成強合耶 近日之弊 正在此習耳".

112) 김호 외, 2018, 《다산학 공부》, 돌베개, 290~318쪽 참조.

113) 《심리록》 권7, 〈평안도평양부한세명옥(平安道平壤府韓世明獄)〉 참조.

114) 《일성록》, 정조 8년(1784) 윤3월 25일, 29일 참조.

을 뇌물로 꼬여 한세명을 범인으로 증언하도록 사주했다는 것이다.

정조는 한세명 사건의 진실을 철저하게 파악하도록 명령했다. 당시 평안감사는 강중흥을 정범으로 보고했다. 한세명은 고독단신이나 강중흥 형제는 마을의 토호였기에, 강중흥이 사람을 죽이고 한세명을 무고했다고 보았다. 그런데 형조의 의견은 달랐다. 정조가 억강부약(抑强扶弱)을 강조하자, 평안감사가 이에 부화뇌동하여 토호 강중흥을 정범으로 보고했을 뿐이라는 의견이었다. 형조는 정범을 확정할 수 없다고 반박했다.

이후 정확한 사건 내막을 파악하는 데 수년이 소요되었다. 이윽고 1784년 윤3월 정조는 몇 가지 추론을 통해 최종 판결을 내렸다. 정조는 본 사건의 조사가 원칙〔獄體〕과 사정〔獄情〕 파악에 모두 실패했다고 비판했다. 조선시대 한 건의 살옥에는 한 명의 정범만을 기재해야 했다. 그런데 당시 지방관들은 강종지와 한세명 두 명을 정범으로 기록했다. 정조는 백번 양보하여 처음에는 정범을 확정할 수 없었다 해도, 이후 범인을 확정하기 위해 철저하게 재수사를 했어야 하는데 제대로 수행하지 않았다고 질타했다.

옥정 파악도 문제였다. 옥정은 바로 '사건을 둘러싼 진실'을 의미했다. 사건을 둘러싼 정황과 형편 등을 고려하여 사건의 맥락을 파악하는 일이 중요했다. 옥정은 시신의 법의학적 증거들에 의해서만 결정할 수 없었다. 사건을 둘러싼 관련자들의 증언과 이들의 신분, 해당 지역의 지리적이고 환경적인 요소까지 종합적으로 감안할 때 비로소 사건을 둘러싼 진실에 다가갈 수 있었다.

정조는 먼저 한세명이 과연 정범일까 의심했다. 강종지 형제는 지역의 호강이지만 한세명은 다른 고을에서 이사 온 힘없는 자에 불과했다. 양자 간의 세력 차이가 현격했다. 나아가 정조는 강씨 형제들의 공초 기록에 무언가를 숨기려는 의도가 있음을 간파했다. 강중흥, 강중삼, 강종지 형제가 한 집안에 살았고 범행 당시 함께 있었을 것이 분명한데도, 이들 형제는 싸움 당시 강종지는 없었다고 일관되게 진술했다.

정조의 합리적 의심이 이어졌다. 특히 동네사람 김윤경의 태도가 의심스러웠다. 살옥사건에서 대부분의 증인들은 혹시 다른 사람과 척질까 조심스럽게 말하고 에둘러 표현하는 것이 일반적이었다. 그런데 김윤경의 진술은 시종 한세명을 정범으로 만들려고 애쓰고 있었다. 이상 세 가지 합리적 의심, 즉 강씨 형제와 한세명의 신분 차이, 강씨 형제들의 일관된 증언, 마지막으로 김윤경의 위증 가능성을 염두에 둔 정조는 본 사건의 정범이 한세명이 아닐 수 있다고 추론했다. 사건을 둘러싼 진실은 단순한 물증의 취합을 넘어 사건의 맥락과 이를 둘러싼 인간의 도리까지를 포함한 사건의 실체를 의미했다. 후일 다산은 정조의 치밀한 사정 파악과 합리적 추론에 탄복을 금치 못했다고 밝혔다.

> 신 정약용이 삼가 살펴보건대, 임금의 판부에 의문의 단서들이 열거되었으니 임금의 통찰이 만리를 밝히신 것입니다. 비록 고요(皐陶, 순 임금의 신하로 법리에 통달했다)가 관장하고 요 임금이 숙고한다 해도 이보다 더할 수는 없습니다. 시골의 어리석은 백성들은 간증이 되면 대개 그 말을 이랬다저랬다 모호하게 말함으로써 뚜렷하게 상대와 원수지지 않으려 하는 법인데도, 김윤경은 스스로 앞장서서 증인이 되어 곧바로 사지에 몰아넣어 사사로운 마음을 품고 약자를 업신여기는 사건을 만들고자 했습니다. 그러나 임금의 신명이 해와 달이 비추듯 밝게 빛났으니 신 정약용은 감탄하지 않을 수 없었습니다.[115]

정조는 살옥사건을 둘러싼 맥락적 진실(獄情)을 파악한 후라야 정확한 법(조문)을 인용할 수 있다고 강조했다. 결국 강씨 형제의 사주를 받은 김윤경의 위증이 만천하에 드러났고, 이들의 공모로 무고하게 옥에 갇혔던 한세명은 사건 발생 7년 만인 1784년에 비로소 석방되었다.

한세명을 풀어준 정조는 강종지와 김윤경을 엄벌에 처하도록 명했다. 그러나 흥미롭게도 마지막 판결에 이르러 정조는 이들 강씨 형제를 석방했다. 정조는 막내 강종지를 구하려고 거짓말을 일삼았던 형들을 용서하기로 결정했던 것이다. 당시 정조는 삼형제의 돈독한 우애를 높이 평가했다. 정조가 이들을 처벌하지 않은 이유는 모든 백성들이 형제의 우애를 본받기를 희망했기 때문이었다. 형제의 우애라는 인간의 도리를 고려했던 정조의 판결문은 '인간다움의 회복'이 가장 중요하다는 사실을 만백성에게 가르치고 있었다.

정조는 살옥사건의 공정한 판결을 위해 무엇보다 법(조문)에 따를 것을 강조했다. 때문에 인율에 앞서 사건을 둘러싼 정확한 내막(옥정)을 파악할 것을 요청했다. 물론 정의로운 판결을 위해서는 '인간다움의 근거(理)'를 참작하지 않을 수 없었다. 사회 질서를 유지하기 위해 법은 불가피한 수단이고, 불가피한 수단을 사용해야만 하는 이유는 해당 사회를 사회 구성원들이 바라는 바의 가치를 향해 나아가게 하기 위해서였다. 주지하듯이 조선은 성리학 사회였다. 법은 성리학의 이념을 구현하기 위한 보조 수단에 불과했다. 성리학의 이상 사회를 구현하려면 '인간의 도리'가 무엇보다 중요했다.

물론 살옥의 심리 과정에서 사건의 맥락(정)과 인간의 도리(리)를 지

115) 《흠흠신서(欽欽新書)》 권5, 〈상형추의(祥刑追議)〉 1, '수종지별(首從之別)' 3.

나치게 강조하다가 법을 훼손할 가능성이 있었다. 반대로 판결 과정에서 법을 지나치게 고집하다가 '인간다움의 근거(理)'를 충분히 고려하지 못할 수도 있었다. 최선의 판결은 법과 정·리의 조화가 충분히 숙고되었을 때 비로소 도달할 수 있는 경지였다. 어느 한쪽이라도 충분하지 않으면 최선의 판결을 도출할 수 없었다. 특히 조선 사회에서 '인간다움의 근거'는 법에 앞선 중요한 사회적 가치를 의미했다.

3) 인간의 도리(理)

리(理)는 자의(字義) 그대로 사물의 본성(자연)을 의미했다. 사물에는 사물의 리가 있고 인간에는 인간의 리가 있었다. 정조는 성리학자답게 세상의 모든 사물과 인간(人/物)은 날 때부터 '존재의 이치'가 부여된다고 보았다. "예컨대 이목구비는 이목구비의 리가 있고 군신부자 간에는 군신부자의 리가 있다. 이를 만사와 만물로 확장해보면 어느 하나 자연의 리가 없는 경우가 없었다. 이는 너무 '당연(所當然)'해서 바꿀 수도 없었다. 이렇게 자연의 이치(理)는 '마땅한 바의 근거'가 되었다. 인간으로서 '본래 그러하여 어찌할 수 없는 것(所以然而不容已者)'이 곧 인간의 (도)리였다.[116] 인륜이란 인간의 자연스런 본성이자 당연한 덕목이었다(자연=당연).

남매가 서로 자신이 범인이라며 죽기를 다툰 살옥사건을 판결하면서, 정조는 형제자매의 우애를 보여준 다시 말해 인간의 도리를 보여준 이들을 감형 조처했다. 상천들도 인륜과 의리(倫義)를 실천한다면, 이는 교화가 하층에 퍼진 증거가 분명했다.[117] 윤의를 행하는 일은 모

---

116) 《일득록》 18, 〈훈어〉 5, "如耳目口鼻 有耳目口鼻之理 君臣父子 有君臣父子之理 推之萬事萬物 莫不皆然 此乃所當然而不可易者 道理合當如此 故曰所當然也 此非人力所強 人於有生之初 卽稟此理 此乃天之所與也 故曰所以然而不容已者".

든 사람이 그럴 수 있고 그래야 하지만, 모든 사람이 자연스럽게 발출하지 못했다. 따라서 '인간의 도리'를 드러낸 사례가 있다면 상천을 막론하고 칭찬받아 마땅했다. 법치의 목적이 인간다운 사회를 만드는 것이었다면, 인간의 (도)리를 드러내 스스로 인간다움을 증명한 경우 법을 조금 구부린다한들 큰 문제가 되지 않았다.

설사 사람을 죽이는 잘못을 저질렀다고 해도 인간다움의 도리를 잃지 않았다면 참작하지 않을 수 없었다. 법과 (도)리 사이에 긴장과 마찰은 불가피했다. 가령 살옥 판결 과정에서 인간다움의 근거(리)와 법의 갈등은 '정의로운 폭력(義殺)'의 한계를 놓고 가장 첨예하게 대립했다.[118]

과연 폭력이 정당한(의로운) 경우란 무엇인가? 조선 후기 김은애는 정당한 폭력의 주인공이었다. 〈은애전〉으로 잘 알려진 강진의 김은애는 동네 총각 최정련과의 혼인을 중매했던 안 노파가 자신을 음란하다고 무고하자 칼로 수십 차례 찔러 살해했다. 좌의정 채제공은 '김은애가 설사 만 가지 억울한 마음이 있더라도 이장(里長)에게 고하거나 관부에 호소하여 안 노파를 처벌했어야 한다고 주장했다. 뿐만 아니라 안 노파를 무고죄에 따라 처벌해도 사형까지는 이르지 않는데다, 은애의 억울한 복수의 심정을 아무리 고려해도 살인자를 용서할 수 없다고 강조했다.

그러나 정조는 최종 판결에서 살인죄보다 자신의 명예를 지킨 은애의 의리를 강조했다. 심지어 〈은애전〉을 지어 그녀의 절의를 백성들에게 널리 알리기도 했다.[119]

---

117) 《일득록》 9, 〈정사〉 4, "死囚中有娚妹爭死者 教曰 常賤之中 能識此箇倫義 此教化下孚之機也 其於刑法何有哉".

118) 김호, 2012, 〈의살(義殺)의 조건과 한계-다산의 《흠흠신서》를 중심으로〉, 《역사와 현실》 84 참조.

이 세상에서 가장 뼛속에 사무치는 억울함은 정숙한 여인이 음란하다는 무고를 당하는 일이다. 잠깐이라도 이 누명을 뒤집어쓰게 되면 곧바로 천길만길 구렁텅이로 빠지게 되는데, 구덩이에서는 더위잡고 올라올 수 있고 뛰어나올 수도 있지만, 이 누명을 밝히려고 한들 무엇으로 밝힐 것이며 씻으려고 한들 어떻게 씻을 것인가. 가끔 억울함이 골수에 사무쳐 스스로 목매거나 물에 빠져 죽음으로써 한 점 티 없는 사실을 드러내는 경우가 간혹 있다고 한다. 김은애는 불과 18세밖에 안 된 여자일 뿐이나 더할 수 없이 깨끗한 정조를 지켜왔는데 갑자기 음란하다는 더러운 욕을 먹었으니, 이른바 안 노파가 그녀가 부정(不貞)하다는 허언을 꾸며서 갑자기 키질하듯 많은 말들을 부풀려 희롱하였다. …… 한마디 말이 발설되자 수많은 사람들이 번갈아 전하여 사면초가가 되었으니, 원통함과 억울함이 사무쳐 장차 한 번 죽음으로써 결판내려고 했을 것이다. 다만 헛되이 죽게 되면 용기만 손상되고 사람들은 알지 못할까 두려워하여, 이에 침상의 칼을 꺼내들고 원수의 집으로 달려가 통쾌하게 설명하고 꾸짖은 뒤 마침내 백주대낮에 한 무뢰한 여인을 찔러 죽여 온 마을과 고을이 자신은 허물이 없고 저 원수는 보복을 받을 만하다는 사실을 알도록 하였다. 일반 부녀들이 이미 살인을 범하고서는 도리어 사건을 뒤집어 말을 바꾸어 실낱같은 요행을 구걸하지 않았으니, 이는 진실로 열혈의 남자도 하기 어려운 행위이고 소견 좁은 연약한 여인이 울분을 숨기고서 스스로 목매거나 물에 빠져 죽는 것에 비할 바가 아니다.[120]

장문의 판부에서 정조는 은애의 용기를 강조했다. 은애가 망연자

119) 후일 다산은 무분별한 복수극을 막기 위해 의살의 조건을 엄격하게 제한했다. 김호, 2012, 앞의 논문 참조.

120) 《일성록》, 정조 14년(1790) 8월 16일(갑자).

실하거나 홀로 괴로워하다가 자살하는 대신, 세상을 향해 자신은 허물이 없었음을 고한 후 원수는 죽어 마땅함을 알린 행위야말로 의열(義烈)의 진실한 표상이라고 추켜세웠다. 은애는 연약한 여인에 비할 바가 아니었다. 여느 열혈의 남성보다 뛰어난 의인이었다.

정조는 은애를 의협으로 간주하여 우애 없는 형제를 구타했던 장흥의 신여척과 더불어 '의리를 빛낸 인물'로 표창했다. 자신의 판부를 등사하여 전국에 반포하고, 이를 통해 인간의 도리를 지키지 못하는 자들은 금수와 다를 바 없다는 사실을 널리 가르치도록 했다. 성리학에서 강조하는 '인간의 도리'는 양반이나 사족들만의 덕목이 아니었다. 천리를 부여받은 모든 이에게 적용되었으며, 전 인민들이 따라야 할 바였다.

물론 정조가 인륜이나 의리를 앞세워 사람을 죽여도 된다고 허용한 것은 절대 아니었다. 은애를 석방한 후 정조는 전라도관찰사에게 다시 한 번 전교를 내려 격분한 은애가 노파에 이어 최정련마저 죽일지도 모르니, 은애에게 최정련을 죽이지 않겠다는 다짐을 받도록 했다. 정조는 충만한 의리와 기개를 높이 평가한 자신의 판결이 자칫 무분별한 살인을 용인하는 분위기를 야기할지 몰라 걱정하기도 했다. 인간의 도리를 잃어버린 사회에 경각심을 일깨우는 차원에서 은애의 절개를 강조했던 것이지만, 그것이 지나쳐 오히려 사람을 죽이는 일이 잦아져서는 안 되었다. 의리를 밝히는 일과 폭력 사이에 시중이 필요했다.

그렇지만 우려할 만한 조짐은 이미 나타나고 있었다. 조선 후기의 풍속은 다른 사람과 의견이 다르면 곧바로 결점을 들추어 의리에 어긋난다고 몰아붙이기 일쑤였다. 의리의 과잉이었다. 대의(大義)를 어기거나 천리를 저버릴 경우 누구라도 나서서 이를 꾸짖을 수 있었지

만 아무 일에나 '의리'를 들어 사람을 죽이거나 공박해서는 안 될 일이었다.[121)]

> 지난번 호남의 사형수 중에 김은애의 처사와 기백이 탁월하였기에 특별히 풀어주라고 명했다. 그런 굳세고 강한 성질로 원통함을 풀었다면 처음에 죽이려다가 미처 죽이지 못한 최정련을 김은애가 다시 잔혹하게 죽일 염려가 없으리라는 걸 어찌 알겠는가. …… 다시는 최정련을 해치지 말라는 뜻으로 다짐을 받아 감영에 보고하라.[122)]

그만큼 시중은 어려웠다. 의리를 밝히는 일과 폭력은 종이 한 장 차이에 불과했다. 천리와 인륜은 조선 사회를 유지하는 최고의 덕목임이 분명했다. 인간의 도리를 심각하게 어긴 경우 그 누구라도 처단할 수 있다는 것도 확실했다.

심지어 인간다움의 증거를 보인다면 사람을 죽이는 폭력마저도 참작되었다. 신여척이 그러했고 김은애 또한 그러했다. 정조는 이들의 기개를 높이 평가하지 않을 수 없었다. 동시에 지나치지 말라고도 당부했다. 그럼에도 정조는 조금 지나쳐 보이는 이들 의협들을 광자(狂者)의 용기로 칭송했다. '시중'에는 부족할지라도 솔직하고 진정한 광자들의 용기, 그리고 이에 대한 정조의 편애는 많은 문제들을 야기할 수 있었다.[123)]

---

121) 《일득록》 18, 〈훈어〉 5, "近日風習 以義理二字 作爲鉗人之欛柄 一有不慨於人意者 輒抉摘吹覓驅之以背馳義理 此所以人莫敢言 夫義理之名 卽制事合宜 燦有條理之謂也 此自有一副不易之則具於人心 在於事物 與天地而長存 苟或有眞箇違畔大義背棄天則者 人得以誅之 豈可以此容易加人 此不可不察".

122) 《일성록》, 정조 14년(1790) 8월 25일(계유).

123) 정조의 광자론은 장을 달리하여 살펴보기로 한다.

정조는 '공정한 심리'을 추구했지만 말세를 맞이하여 불가피하게 도덕적 교화를 앞세우지 않을 수 없었다. 특히 당시의 풍속을 교언영색이 넘쳐나고 세상에는 하지 못할 바가 없는 이들로 가득하다고 생각했던 정조의 판단을 고려하면 이해 못할 바도 아니었다. 풍속 교화를 강조하다가 굴법을 야기한 문제에 대해서는 장을 달리하여 살펴볼 예정이다.

4) 시중의 어려움

지금까지 설명한 대로 공정한 살옥 판결은 우선 사건을 둘러싼 실정(情)을 정확하게 파악하고, 맥락적 사실 속에 드러난 인간다움의 근거(理)들을 충분히 고려한 후 정확하게 법(조문)을 인율함으로써 완성되었다. 이처럼 조선의 법 추론은 이른바 '정·리와 법의 조화' 속에서 이루어졌다. 최선의 판결이란 법과 정·리를 둘러싼 '변통의 한계'를 숙고하여 얻어진 결과였다. 사실 정·리·법의 균형과 이를 통한 시중의 판결은 생각보다 쉽지 않았다. 법을 고집해서도 인간다움의 도리만을 강조해서도 공정한 판결에 이를 수 없었다.

물론 시중에 이르기 위한 재량은 살옥의 판결에 국한되지 않았다. 정조는 모든 정치 사안을 결정하면서 '재량의 효과'를 고민했다. 한 번은 잔약한 읍세(邑勢)의 고을을 이웃의 군·현에 합병하자는 의견을 두고 갑론을박이 있었다. 당시 정조는 원칙적으로는 옳지만 현실적으로는 어렵다고 판단했다. 인사 적체를 고려했기 때문이다. 문·무과에 합격하면 우선 지방관으로 부임하는 것이 일반적이었는데, 300여 군데의 부임지로도 부족해 항상 적체가 야기되었다. 그런데 이를 합병하여 고을 수를 줄이면 관직 수도 따라 줄어 10년 적체가 20년 혹은 30년으로 늘어날 것이 분명했다. 정조는 관직 수가 줄어들면 지방 수령직 하나만 생겨도 온 세상이 이를 얻으려고 이리저리 좇아다닐 것이요 혹 차임되면 갖은 방법으로 탐욕과 부정을 저지를 것이 분명하다고 강조했다. 결국 침착하고 욕심 없던 자를 도리어 조급하게 탐욕을 부리도록 만들 수밖에 없었다. 합병을 해야 하지만 합병할 수 없는 이유가 여기 있었다.[124] 정치는 늘 원칙과 재량의 시중이 필요했다.

살옥사건처럼 사람의 목숨이 달린 일이라면 더욱 신중해야 했다. 악의가 없는 경우와 고의로 사람을 죽인 경우 충분히 사정을 참작해야 했다. 정조는 무지해서 저지른 죄는 비록 중범죄라 해도 가볍게 처벌했다.[125]

> 살인자를 죽임은 피해자의 생명을 보상하려는 것인데, 중죄를 가볍게 처벌하거나 경범죄를 무겁게 처벌한다면 모두 공평함을 잃은 것이다. 매번 각 도의 옥안을 보면 대부분 우발적인 범죄이고 참으로 사죄에 처할 만한 옥사는 아니었다. 삼척(三尺)의 법이 지극히 중대하니 비록 쉽게 감형할 수는 없더라도, 간혹 한 가닥 살릴 길이 있어 다시 논의할 수 있게 되면 나 자신도 모르게 기쁜 마음이 든다. 이는 만물을 살리려는 충만한 마음이 곧 마음의 본체이기에 그러한 것이다.[126]

정조는 어떻게 해서든 살릴 만한 단서를 찾았고 결과적으로 많은

---

124) 《일득록》 7, 〈정사〉 2, "筵臣嘗以殘邑合幷爲言 教曰 予亦豈無此意 第有一事甚難者 文蔭武仕宦者 不知幾千數 以三百六十邑 輪回差送 常患積滯 今若合幷 則窠又窄矣 昔之滯十年者 將爲二十年 滯二十年者 將爲三四十年 如此則一窠出 擧世當奔競 雖或得差者 慮其來頭之難於再得 必極意貪黷 是使恬者反爲躁者 循吏變爲墨吏也 合幷之效安在".

125) 《일득록》 10, 〈정사〉 5, "大抵罪犯之無知而妄作者 雖重惟輕".

126) 《일득록》 10, 〈정사〉 5, "殺人者死 所以償死之命 失出失入 均是失平 而每看諸道獄案 太半是邂逅之類 未必有眞箇可償之獄 三尺至重 雖不得容易傳輕 或有一線生路 可議審克 則予不覺欣然于中 蓋藹然生物 卽心之本體而然也".

살옥 죄인을 죽이는 대신 유배하거나 석방했다. 정조는 사정이나 법을 고려할 때 용서할 만한 데가 없다면 (죽여도) 애석할 바 없지만, 살옥사건의 범인들이 반드시 사람을 죽이려고 마음먹은 것은 아니며 우연한 사고가 많다고 강조했다. 따라서 사건의 내막(情)을 헤아려보고 불쌍히 여겨야 함에도 법을 집행하는 관리들이 일괄적으로 법으로만 처벌한다고 비판했다.[127)]

사실 고의 없는 범죄를 용서한 정조의 호생지덕에는 악정(惡政)의 수단을 사용하지 않으려는 의지가 깊이 작용했다. 형벌이 불가피한 이유는 본질적으로 그것이 폭력의 형태를 띠기 때문이었다. 성리학자들은 교화를 선정의 수단으로, 형벌을 악정의 상징으로 비판해오지 않았던가? 정조가 살옥사건을 상명하지 않은 이유 역시 '폭력으로 폭력을 제거'하는 방법에 대해 기본적으로 거부감이 컸기 때문이었다.

물정의 흥기

조선의 왕들에게 법은 중요한 통치 수단이었고, 살옥 심리는 백성들에게 자신의 통치 철학을 전할 수 있는 효과적인 방도였다. 정조가 '법과 정·리의 조화', 통합적인 숙고의 과정을 통해 최선의 판결을 취하려 했던 이유는 쇠퇴하는 물정을 흥기하려는 정치적 의도와 깊은 관련이 있었다.[128)]

물정이란 한마디로 세상의 중론(衆論)이자 공론(公論)이라 할 수 있

---

127)《일득록》6, 〈정사〉 1, "殺人者死 自是常法 論以情法 俱無可原 則固不足惜 而大抵坐此獄者 未必擧皆有必殺之心而然也 邂逅致此者 往往有之 論其情實有可矜 而執法之吏 一斷以法 殊非哀矜之意 故於審理啓本 則必反覆考閱 求生於必死之中".

지만, 조선의 공론은 다수의 의견을 뜻하는 중론(public)을 넘어서 '의리, 즉 정의(justice)'를 지향했다. 정조는 이러한 공공(公共)의 차원에서 조선 후기의 인정세태(物情)와 풍속을 혁신하려 했다. 정조는 당시의 풍속을 쇠락한 나머지 말세에 가까운 시대라고 혹평했다. 위에서부터 아래까지 모두 무사안일에 빠져 있었을 뿐 아니라 아무 일도 없는 것을 다행으로 여기는 풍조가 널리 퍼져 있다는 것이다.[129)]

정조는 풍속을 교정하려고 많은 애를 썼건만 모두 허사였다고 탄식했다. 정조가 보기에 옛사람들의 경우 도리어 사람들마다 개성이 뚜렷했다. 장막을 쳐놓고 독서를 하는가 하면 풍류를 즐기는 이도 있었다. 절개가 곧은 사람이 있는가 하면 사치한 사람도 있었다. 그런데 자신의 치세는 그렇지 않다는 것이다. 공경학사(公卿學士)로부터 포의(布衣)의 유생들 그리고 상천에 이르기까지 사용하는 물건이나 행동이 모두 한결같았다. 모두가 농담이나 할 뿐이요 예의염치가 없는데도 이를 고상하다고 여겼다.[130)] 특히 무리에서 튀는 사람으로 취급될까봐 될 수 있으면 모나지 않게 행동했다. 한마디로 개성은커녕 절개와 용기도 도무지 찾아볼 수 없는 지경이었다. 그런데도 모두 사대부를 자처하고 있었다.

요즘 사람들은 확실히 예전 사람들보다 못한데도 사대부가 아닌 사람

---

128) 이와 관련하여, 강혜종, 2013, 〈'공감역학(共感力學)'의 장, 조선 후기 판례집의 내러티브〉, 《열상고전연구》 37; 박소현, 2019, 〈《흠흠신서》와 법의 서술-《흠흠신서 · 비상준초(批詳雋抄)》의 중국 판례를 중심으로〉, 《사림》 69 참조.

129) 《일득록》 18, 〈훈어〉 5, "苟幸無事 是今人大病痛".

130) 《일득록》 12, 〈인물〉 2, "古人規模 人各不同 降帷而讀書者有之 風流跌宕者有之 廉且介者有之 奢麗而華侈者亦有之 今也則不然 自公卿學士 至韋布輿胥 凡百器服行止 純然若一 不作不幸人之言 羣居類會 詼謔爲美譚 放棄爲雅致 予每勤提飭 亦不食效 良可駭也".

이 없다. 말을 할 때 혹시 모가 날까 두려워하고 처신할 때 혹시 유별날 까 저어한 나머지 둥글둥글 원만한 데만 힘써 하나의 습속을 이루었다. 이러면서 지위를 구하고 봉록을 구걸한다. 조정에 선 지 몇 년 만에 일컬을 만한 말 한마디나 사업이 없게 되니, 훗날 행장이나 시장에 무엇을 쓸지 모르겠다.[131]

조정 관료뿐 아니라 대부분의 사람들이 모나지 않는 처신을 삶의 표준으로 택하고 있었다. 생사를 돌보지 않고 소신대로 앞장서는 사람은 눈을 씻고 찾아도 구경조차 할 수 없었다. 이에 정조는 모두가 그저 두려움에 벌벌 떨기나 하고 한 발짝도 나가지 못하면서도 겉모습은 요란하게 꾸미고 요행만을 바란다고 비난했다. 이런 사람들이 수백 명이 있다 한들 국가에 조금도 도움될 리가 만무했다.[132]

정조는 적어도 사대부라면 그래서는 안 된다고 주장했다. 조정 관료 그리고 관직에 나갈 준비를 하는 자라면 명예를 알고 기개가 넘쳐야 했다. 눈앞의 이해관계를 따지면서 시종일관 두려워하고 몸을 사린다면, 아무 일도 할 수 없을 것이 분명했다.[133] 풍속의 쇠퇴는 조정 관료들에 국한되지 않았다. 향촌 사림들도 마찬가지였다. 선비〔士〕라면 조정에 섰을 때 항상 감옥에 갈 각오로 충만해야 했으나 현실은 정반대였다. 당시의 선비라는 자들은 항상 좋은 수레와 고관대작의 지위를 탐할 뿐이었다. 너무도 비루하여 취할 바라곤 전연 없는 인간

131)《일득록》18,〈훈어〉5, "今人固不如古之人 而亦無非士大夫也 然出言或恐有稜 處己或恐有方 務在圓轉 打成一俗 以此取容 以此竊祿 言論風裁 尙矣無論 立朝幾年 初無一言一事之可稱 予不知其人他日行狀與諡狀 將何所記也".

132)《일득록》13,〈인물〉3, "今世未嘗見不恤生死 勇往直前底人 大抵是畏首畏尾 跋前疐後 粉飾塗抹 苟冀倖免者 雖有似此百輩 何益於國".

133)《일득록》17,〈훈어〉4, "士大夫當崇名節 不計利害 若只畏首畏尾 畢竟做得甚事".

들로 넘쳐났다.[134] 옛날에는 조정에 출사하지 않고 향촌에 거하는 산림들 중에 기개가 넘치는 이들이 많았다. 이들이야말로 퇴폐한 풍속에 경종을 울리는 사표였다. 정조대에는 그렇지 않았다.

> 인심이 날로 구차해지고 세도(世道)가 날로 어지러워지며, 조정의 모양이 날로 낮아지고 비루한 습속이 날로 고질이 되었다. 이는 모두 세상에 나가기를 꺼리고 물러나기를 쉽게 하는 선비가 없기 때문이다. 옛날에는 사대부로 관직이 없는 자는 모두 시골에 있었으니, 일세의 유명한 재상들은 대부분 벼슬을 추구하지 않았다. 이들이야말로 퇴폐한 풍속을 격양시키고 나약한 사람을 일으켜 세워 국가에 큰 도움을 주었으니 어찌 조석으로 분주히 일하는 관료들만 못했겠는가.[135]

과거에는 지방 사림들의 기개로 국가의 풍속이 크게 일신했다. 그러나 정조의 치세에는 안타깝게도 조정 관료로부터 상천에 이르기까지 몸을 사리는 부류들뿐이었다. 정조는 구차하기보다 차라리 열혈의 용기를 칭송하겠노라고 천명했다. 용기 있는 자라면 보호하고 권장하겠다고도 말했다. 정조는 "어그러지고 격렬한 것이 시중의 도리는 아니지만, 요즘 세상에 사대부의 습속과 기풍이 날로 쇠퇴하여 그저 엿보기만을 능사로 여기고 이익을 향해 달려가면서 손해를 피하는 것을 묘책으로 삼아 온세상이 그러하니, 과연 어찌 되겠는가? 만

---

134) 《일득록》 17, 〈훈어〉 4, "士當於立朝之初 先礪名節 必以嶺海狴牢爲期 然後樹立有可觀 今人所志 專在於軒駟金貂 所以委靡卑瑣 碌碌無足取".

135) 《일득록》 17, 〈훈어〉 4, "人心之日渝 世道之日淆 朝象之日卑 俗習之日痼 皆由於世無難進易退之士也 古則士大夫無官者 皆在鄕外 雖以先朝盛際言之 一代名卿 多是不樂仕宦之人 其所以激頹風立懦夫 大裨益於國家者 何渠不若夙夜左右趨走爲恭之臣哉 辭爵祿 與蹈白刃等 雖不可人人責之 而亦在朝廷培養之如何耳".

일 어떤 사람이 이해와 화복을 생각하지 않고 차라리 격렬할지언정 구차하지 않다면, 나는 그를 끊임없이 장려할 터이다. 그런데 아직 그런 사람을 보지 못했을 뿐이다."라고 한탄했다.[136]

정조는 괴팍하다는 비판을 받을지언정 차라리 구차하지 않기를 바랐다. 어사 박문수처럼 열혈과 정성으로 가득한 인물이 필요했다.[137] 정조는 신하들이 단지 겉모습을 꾸밀 뿐 가슴에 한 점의 열혈이 없다고 비판했다. 사대부라면 모름지기 만 리의 귀양길을 평지 보듯해야 볼 만한 사람이라는 것이다.[138]

조금 과격할지언정 솔직하고 용기 있는, 이른바 의협과 광자(狂者)에 대한 정조의 편애는 그의 성격과도 무관하지 않았다. 정조 스스로 태양증(太陽證)을 인정하고 태양증이야말로 영웅의 사업을 이룩하는 토대라고 주장했다.[139] 한마디로 태양증은 과격하여 남의 잘못을 잘 참지 못하고 곧바로 비판하는 직설적인 성격을 말했다. 주희는 남의 조그만 실수를 보면 참다가도 부득이 지적하게 되고 결국 입에서 거친 말을 쏟아내 일을 그르친다고 자책한 적이 있었다. 이를 자신의 태양증 때문이라고 한탄했던 것이다. 주희를 숭모했던 정조는 역설적으로 직설적인 자신의 성격이야말로 당시의 풍속을 교정할 수 있

136) 《일득록》 17, 〈훈어〉 4, "筵臣有以言論不可乖激爲言 敎曰 是何言也 乖激誠非中行之道 而今世士大夫俗習風氣 日就委靡 以窺覘爲能事 以趨避爲妙計 擧世滔滔 果成何許爻象 有一人能不顧利害禍福 寧激無渝者 予將奬勸之不暇 但未見其人耳".

137) 《일득록》 12, 〈인물〉 2, "靈城君朴文秀 眞滿腔熱血 乙卯以前 日拜關王廟 祈祝邦慶 卽此誠意 今世豈易得乎". 박문수에 대한 연구는 심재우, 2010, 〈역사 속의 박문수와 암행어사로의 형상화〉, 《역사와 실학》 41 참조.

138) 《일득록》 13, 〈인물〉 3, "今人滔滔是粉飾汩董樣子 肚裏都無一點熱血 士大夫須把瓊雷萬里看作平地 然後方有可觀".

139) 《일득록》 18, 〈훈어〉 5, "朱子嘗以自家有太陽證 倒是病痛處爲說 然人有太陽證 然後方能做得英雄事業"

는 처방임을 강조했다.[140]

구차함보다는 기개 있는 행동, 조심스러움보다는 과감한 결단을 좋아했던 정조는 남을 자신처럼 믿는 버릇이 있어 한번 사귀면 속마음을 바로 털어놓았다고 고백했다. 상대방을 신뢰한 이상 본심을 숨길 수 없었다는 것이다.[141] 솔직함을 강조한 정조의 본심은 당시의 신하들이 속내를 드러내지 않고 왕의 면전에서 교언영색한다는 비판을 함축하고 있었다. 이에 정조는 명예와 의리를 고기보다 더 좋아하기에 명예를 모르고 의리를 배반하는 이들을 보면 스스로 더럽혀진 느낌을 참을 수 없었다고 토로했다.[142]

정조는 자신의 치세가 명예와 의리를 중시하고 이에 반하는 모습에 불같이 화를 내는 열혈과 의협들로 가득하기를 바랐다. 작금의 세상은 열혈은커녕 술 마실 때조차 너무나 쩨쩨했다.

> 술을 마시지 않는 것 또한 요즘 유행의 한 단면이다. 술을 마구 마시면 사람을 미치게 하지만 절제하면 기운을 화평하게 한다. 술에 취한 상태에서 사람의 실상(實相)을 파악할 수 있다. 예부터 대학자들 중에 술로 이름난 사람이 많았는데 지금은 좀스러운 태도가 풍습이 되었으니 또한 세태의 변화를 알 만하다.[143]

140) 《일성록》, 정조 20년 6월 4일.

141) 《일득록》 18, 〈훈어〉 5, "予有信人如己之癖 一與之交 便自傾倒無蘊 故往往反生弊端 然旣曰相好云爾 則何可不推赤心也".

142) 《일득록》 17, 〈훈어〉 4, "予性過於嫉惡 以此積忤於人 而素好名義甚於芻豢 見人之畔於名義者 實有若浼之意".

143) 《일득록》 18, 〈훈어〉 5, "不飮酒 亦是時體中一端 蓋縱之則實近於狂藥 而節之則有助於和氣 且微醺半醉 眞態可見 古來名碩 多有以酒名者 近來則齷齪成習 此亦可見世變也".

음주 풍속에서조차 세태의 비루함이 묻어났다. 사실 화를 낼 때는 불같이 화를 내고 용기가 필요하면 용기를 내야 하는데, 풍속이 쇠퇴하여 그저 원만하거나 유약할 뿐이었다. 세상이 위에서 아래까지 부드러운 척하며 명예를 훔쳤다. "근래 중앙과 지방을 막론하고 신하들이 명예를 구하는 것이 풍조가 되었다. 장군들은 기율이 엄하지 않고, 수령은 단속하지 않으며, 감사는 출척(黜陟)을 행하지 않고, 대간은 시비(是非)를 말하지 않는다. 오직 눈앞의 꾸미는 것을 묘책으로 삼으니 어찌 치세의 아름다운 일인가?"[144] 정조는 불의와 부도덕을 보고도 용기 있게 나서지 않는 풍속을 안타까워했다.

과연 정조는 지나치더라도 기개 있는 사례들을 발굴하고자 했다. 이를 널리 알려 칭찬하고 교화의 방도로 삼을 필요가 있었다. 가령 울릉도가 조선의 땅임을 확인한 안용복이야말로 호걸 중의 호걸이었다. 알려진 대로 1693년(숙종 19) 안용복은 울릉도의 왜인을 몰아냈을 뿐 아니라 몸소 일본에 가서 울릉도가 조선 땅임을 주장했다. 당시 조정에서 안용복의 처리 문제를 두고 논전이 벌어졌다. 사형에 처해야 한다는 입장과 그럴 수 없다는 주장이 대립했다. 남구만은 대마도의 왜인들이 울릉도를 죽도로 속인 진상이 안용복에 의해 드러났는데, 만일 왜인은 꾸짖지 않고 안용복을 죽인다면 왜인에게 약점만 잡힐 뿐이라고 주장했다. 이어 비록 두 차례나 일본에 건너가 사단을 만들었지만, 안용복은 용렬한(庸碌) 자에 비할 바가 아니요 나라가 위급할 때 쓸 만한 인재라고 높이 평가했다.[145]

정조는 안용복의 고사를 칭송하면서 "안용복이야말로 어찌 호걸

---

144) 《일득록》 7, 〈정사〉 2, "常參時敎大臣曰 近來無論內外 諸要譽成風 爲將臣者 不嚴紀律 爲字牧者 不尙束濕 爲方伯者 不行黜陟 爲臺諫者 不言是非 唯以目前粉飾 看作妙方 此豈治世之美事耶".

145) 《약천집(藥泉集)》 권31, 〈답류상국(答柳相國)〉.

이 아닌가? 만일 남상(南相, 남구만)의 한마디가 없었다면 죽음을 면치 못했을 것이다. 풍속이 이처럼 협소하고 박절하니, 설령 호걸의 인재가 나온다한들 어찌 세상이 용납하겠는가."라고 한탄했다. 호걸이 없는 것도 문제이지만 호걸을 칭찬하기보다 떼로 일어나 지목하고 비판하는 세태가 더 문제였다.[146]

정조는 불의를 보고 용기 낸 이들의 명예를 칭송해야 마땅하다고 강조했다. 이들 의협과 호걸 그리고 광자들의 기개를 칭찬함으로써 예의염치를 북돋는 교화의 방도로 삼아야 했다. "예나 지금이나 인재는 오직 위에 있는 사람이 어떻게 가르치느냐에 달려 있을 뿐이었다."[147] 정조는 사대부와 상천을 막론하고 의로움에 힘껏 앞장설 자들을 기르고자 했다. 인재는 때로 신분과 무관하니 기이한 꽃이나 신기한 풀이 시골 구석의 더러운 도랑에 피지 말라는 법이 없었다.[148] 정조는 물정의 교화로 신분에 상관없이 호협이 양성되기를 진심으로 바랐다.

일찍이 정조는 풍속 교화를 위해서라면 법을 약간 구부려도 큰 문제는 아니라고 말한 바 있다. 아울러 교화의 결과에 따라 물정을 변화시킬 수 있다면 이를 충분히 고려하여 살옥사건을 판결하겠다고 천명했다. '세상물정의 흥기'야말로 정조 통치의 중요한 목표였다.[149] 정조가 《심리록》에서 의분(義憤)의 사례들을 감형했던 이유는 분명했다. 우애 없는 형제를 꾸짖은 신여척, 억울한 무고를 직접 복수한 김은애 그리고 기녀의 몸으로 힘겹게 번 재산을 진휼에 쾌척한 제주의

---

146) 《일득록》 13, 〈인물〉 3, "一有跅弛之士 出於其間 則羣起而咻之 如安龍福者 豈非奇傑之類 而其時朝議 皆欲必置之法 若無南相一言 幾乎不免 俗尚之迫隘如此 雖有豪傑之才 何能容也".

147) 《일득록》 12, 〈인물〉 2, "人才無古今 惟在在上者導率之如何耳".

148) 《일득록》 12, 〈인물〉 2, "人或不係世類 如奇花異草多生於猥巷穢溝".

149) 《일득록》 7, 〈정사〉 2, "在上者施措 專是順物情".

김만덕이야말로 진정한 의협의 본보기였으며 풍속 교화의 산 증거들이었다.[150)]

---

150) 은애와 만덕에 대한 다산의 비판은 뒤에서 자세하게 고찰하기로 한다.

3부

정조의 명예론과 《심리록》

1.
정조의 '명예론'

견자와 광자

일찍이 공자는 중도(中道)를 행하지 못한다면 광자(狂者)나 견자(狷者)와 함께 할 것이라고 말한 바 있다. 광자란 진취적인 사람이요, 견자는 '하지 않는 바(有所不爲)'가 있는 사람을 말했다.[1] 과연 '하지 않는 바가 있다'는 말은 무슨 뜻일까? 이에 대한 기왕의 해석들은 대체로 은자의 삶을 의미한다고 보았다. 은자는 공동체의 일에 도무지 관심이 없다. 혼자서 은일자적하며 자유로운 이들이다. 또 다른 해석으로는 어떤 일에든 소극적으로 임하는 자이다. 은자는 아니지만 태도가 적극적이지 않은 사람이다.

이상으로 견자의 '하지 않는 바'가 충분히 설명되었다고 보기 어렵다. 이에 견자를 '악(惡)을 행하지 않으려는 강한 의지'의 소유자로 보는 견해가 있다. 공자가 긍정적으로 파악한 견자의 이미지는 정확

---

1) 《논어》, 〈자로〉, "不得中行而與之 必也狂狷乎 狂者進取 狷者有所不爲也".

히 이러한 유형이라는 것이다. 앞의 소극적인 이미지로 해석된 견자에 비해 상대적으로 적극적인 이미지로 해석된다. 사실 악행에 대한 강한 거부는 선에 대한 강렬한 자각이 전제될 때 가능하기 때문이다. 이러한 '원칙'을 고수하면서 역경을 견딜 수 있는 강한 의지의 소유자야말로 진정한 의미의 견자라는 것이다.[2] 공자의 "예가 아니면 보지도 말고 듣지도 말며 말하지도 말고 행동하지도 말라."는 말은 조심스럽지만 확고한 의지와도 상통했다.[3] 견자의 '하지 않는 바'는 선으로 진취하지는 못하더라도 최소한 악을 행하지는 않겠다는 확고한 의지의 표명이었다.

견자의 의미를 조금 더 부연해보자. '하지 않는 바', 즉 악행을 하지 않으려는 의지는 '현실'에서 더욱 핍진한 의미를 갖는다. 현실에서는 선악이 뚜렷하게 구별되지 않는 경우들이 많다. 모든 일이 선한 의지에서 발출하여 선한 방법(행동)으로 선한 결과에 이르렀다면 더할 나위 없이 좋겠지만, 선한 의지에서 출발하였고 방법은 좋았으나 결과가 예상과 다른 경우도 많았다. 반대로 선한 의지에서 출발하였으나 방법이 반드시 좋다고(善) 할 수는 없었는데 선한 결과로 이어진 경우도 있었다.

견자의 조심스러움은 아무리 선한 동기에서 출발했다 하더라도 그 결과가 나쁘다면 실행하지 않는 것이었다. 심지어 그 결과가 좋더라도 방법이 좋지 않으면 주저할 것이 분명했다. 특히 동기가 선하지 않다면 방법이나 결과에 상관없이 실행하지 않는 것이 견자의 선택이었다.

---

2) 황갑연, 2018, 《왕양명 읽기》, 세창출판사, 54·55쪽 참조.

3) 《논어》, 〈안연〉.

정리하자면, 견자의 미덕은 예상되는 결과가 아무리 좋아도 동기와 방법상에 문제가 있다면 '하지 않는 바'였다. 이처럼 '하지 않는 바'가 있는 견자의 미덕은 한편으로는 신중하다는 호평을 받을 수 있지만 다른 한편으로는 매우 답답하다는 비판을 면키 어려웠다. 물론 견자의 신중함으로 '악행을 하지 않으려는 그의 의지'는 충분히 천명되었다고 할 수 있다.

현실에서는 동서고금을 막론하고 결과가 좋다면 수단과 방법을 가리지 않고 실행할 사람들로 넘쳐났다. 뿐만 아니라 결과의 선을 가지고 수단과 방법의 불선을 희석하려는 시도들도 적지 않았다. 견자는 이처럼 수단과 방법을 가리지 않는 자들을 무색케 하는 효과가 있었다. 무언가를 성취하기보다 하지 않음으로써〔有所不爲〕 존재 이유를 드러내는 것이야말로 견자의 칭송할 만한 미덕이었다.

정조 역시 '하지 않는 바의 미덕'을 강조했다. 그는 "사대부라면 하지 않는 바가 있어야 비로소 국가의 중요한 업무를 맡길 수 있다."고 주장했다.[4] 신뢰할 만한지 그렇지 않은지는 '유소불위(有所不爲)의 유무에 달렸다는 것이다. 절대 하지 않는 바가 있는 사람이라야 무언가를 함께 이룰 수 있다는 정조의 말은 매우 의미심장했다.

이에 정조는 사대부 중에 '유소불위'를 삶의 부절(符節)로 삼는 이가 있다면 반드시 의지할 만한 신하라고 강조했다.[5] 견자의 미덕을 비겁하다거나 소심하다고 보지 않고 신중하여 '선을 넘지 않는 자'로 높게 평가했던 것이다. 이러한 견자에 대한 칭송은 '하지 않는 바가 없는 자들'에 대한 비판이기도 했다. 정조는 "악인은 두렵지 않다. 사

---

4) 《일득록》 12, 〈인물〉 2, "士大夫有有所不爲 然後方可以做國事".

5) 《일득록》 13, 〈인물〉 3, "人必有所不爲而後 能有所爲 此所以求伏節死義之士於犯顔諫諍之中也 今之士大夫 有能以有所不爲 佩爲四字符者 是必爲可恃之臣".

나운 자도 두렵지 않다. 하지만 오직 분수(分數, 기준)가 불분명한 사람이 두렵다. 분수가 불분명하면 선악을 가리지 않아 그 폐단이 하지 않는 바가 없기 때문이다. 사람으로 하지 않는 바가 없는 경우야말로 가장 무섭다."[6]고 말했다. 선악을 가리지 않은 채 하지 않는 짓이 없는 자야말로 가장 무섭다는 정조의 언급은 목적 달성을 위해 수단과 방법을 가리지 않는 이들에 대한 강한 거부감을 잘 보여준다.

정조는 하지 않는 바가 있어야 하는 바를 알 수 있고, 또한 하지 않으려는 바가 무엇인지 알아야 무엇을 하고 싶은지 예상할 수 있다고 주장했다.[7] 사실 아무 짓이나 할 바에는 소극적이거나 비겁하다는 비판을 듣더라도 하지 않는 바가 있는 쪽을 더 믿을 만했다. 적어도 어떤 일은 하지 않을 것임을 알기에 '그 한계(기준)'를 예측할 수 있기 때문이었다.

> 사람은 마땅히 때에 따라 바꾸지 않고 고집하여 지키는 바를 가지고 있어야 한다. 아침에 동으로 갔다가 밤에 서로 향한다면 무슨 짓을 못 하겠는가. 어제는 틀렸다 하고 오늘은 옳다고 하는 부류들은 한 가지 기준으로 따지기 어렵다.[8]

기준이 없다는 것은 상황에 따라 옳고 그름이 달라진다는 것을 의미했다. 이들은 할 수 없는 일과 할 수 있는 일, 하지 않는 바와 하는

6) 《일득록》 13, 〈인물〉 3, "惡人不足畏 狠人不足畏 細人不足畏 惟分數不明人最可畏 分數不明 則其於善惡 無所擇從 而流弊至於無所不爲 人而至於無所不爲者 極可畏也".

7) 《일득록》 18, 〈훈어〉 5, "有所不爲然後 能有所爲 有所不欲然後 方有所欲 故曰居視其所安 又曰觀過而知仁".

8) 《일득록》 18, 〈훈어〉 5, "人當有一副執守 不隨時變易 若朝東暮西者 何事不可爲 至於先病後瘳 昨非今是之類 又不可責之以一例 名實眞假之間 但當隨所處而觀之".

바의 구분이 없었다. 결국 하지 않는 것이 없으며 무슨 일이든 할 태세인 사람과 더불어 무언가를 도모할 수는 없었다. 정조가 이들이야말로 가장 두렵다고 말한 이유는 여기에 있다.

정조의 측근 김종수 역시 부드럽기만 한 자를 매우 미워했다. 정조가 그 이유를 묻자, 김종수는 부드러운 자는 하지 않는 바가 없는 사람이라고 답하고, 이들이야말로 나라가 위태로워지면 적에게 머리를 수그릴 자들이라고도 언급했다. 정조는 김종수의 태도가 조금 지나치다면서도 기본적으로 '하지 않는 바'의 중요성에 동의했다.[9] 이처럼 정조는 항상 사대부와 조정 대신들에게 견자의 미덕을 강조했다. 자신의 정치적 야망을 위해 하지 못할 바가 없는 자들은 '함께 하기' 어려웠다. 이들은 왕에게 직언하지 않았다. 심지어 정조가 싫어하는 내색을 비치자 곧 '직언하는 척'을 하기도 했다. 정조는 이들을 미워하지 않을 수 없었다고 토로했다.

'하지 않는 바'가 있는 견자에 대해서는 이 정도로 해두고, 다음은 공자가 함께할 수 있다고 한 또 다른 한 사람, 광자의 미덕을 살펴보자. 정조는 유소불위를 지향한 견자만큼이나 진취적인 광자에게 희망을 걸었다. 어찌 보면 정조는 견자보다 광자를 선호한 듯 보이기도 한다. 광자는 거침없이 선을 향해 나아가는 자였다. 일찍이 공자는 그 용기를 칭송했으며, 정조 역시 광자의 진솔함을 사랑했다. 그가 '김은애'와 '신여척' 같은 용기 있는 자들을 좋아한 데는 그만한 이유가 있었다.[10]

광자는 순선한 동기와 선한 결과가 예상되면 실행에 옮겼다. 설사 결과가 좋지 않더라도 자신의 선택을 후회하지 않았다. 그래서 거칠

---

9) 《일득록》 12, 〈인물〉 2, "嘗問大臣金鍾秀 某也柔善 卿何嫉之甚 曰政以柔善故嫉之 柔善之人 能無所不爲 脫有緩急 搏顙賊庭者 必柔善之人也 其言似太過 而士君子持身 不可捨得一剛字".

10) 정조의 의협에 대한 애호는 양명에 관한 정조의 독서열과도 무관하지 않다.

다는 핀잔을 자주 들었지만, 광자는 솔직(直)했기에 선한 동기에서 선한 결과를 얻을 수 있다면 방법상의 문제가 있더라도 용기내어 나아갔다. 동기가 선하다면 문제될 바가 없었기 때문이다. 결과적으로 일을 망치고 미친 놈(狂人) 소리를 듣는 한이 있더라도 광자는 자신의 동기가 선했다는 사실에 만족했다.

맹자는 스스로 돌아보아 자신의 동기가 바르지 않은 경우 비록 갈관박(褐寬博) 같은 천민 한 사람도 두렵게 만들 수 없다고 말했다. 반대로 스스로 자신의 동기와 행동이 옳다고 확신하면 천만 사람의 앞에도 설 수 있다고 강조했다.[11] 스스로 선함을 믿고 용기 있게 실천하는 것, 이것이 광자의 미덕이었다.

그러나 현실에서는 순선한 동기에 기초해서만 행동하지 않는 자들도 많았다. 순수하지 않은(非純善) 동기를 과연 어느 정도까지 허용할 수 있는가? 선한 결과를 얻을 수 있다면 동기가 불순해도 상관없는 것일까? 앞서 언급했듯이 결과가 아무리 좋아도 스스로 돌아보아 자신의 동기와 행동이 옳지 않다면 광자라고 할 수 없었다. 그럼에도 일부는 광자를 자처했는데, 이들의 진실(直)함은 어떻게 알 수 있을까? 여기서 이른바 가짜 광자 즉 '위광(僞狂)'의 문제가 제기되었다.[12]

특히 풍속이 쇠퇴한 시대라면, 따라서 동기의 선함을 의심하거나 선한 본성을 회의하는 이들이 많다면, 행동 이면의 순선한 동기, 즉 광자(의 솔직함)에 대한 회의 역시 커질 수밖에 없었다. 그렇다고 해서 의심만 하다가는 광자의 용기를 기대할 수가 없었다. 따라서 어느 정도의 위선(위광)을 감내하더라도 '선행하려는 광자의 용기'를 격려할

---

11) 《맹자》, 〈공손추(公孫丑)〉 상(上), "昔者 曾子謂子襄曰 子好勇乎 吾嘗聞大勇於夫子矣 自反而不縮 雖褐寬博 吾不惴焉 自反而縮 雖千萬人 吾往矣".

12) 위광은 사라진 용어이다. 오늘날 위광은 위선의 맥락에서 논의될 뿐이다.

필요가 있었다. 정조가 그랬다. 조선 후기를 말세로 파악했던 정조는 어느 정도의 위광(위선)을 견디면서 광자의 명예를 칭송하기로 했다. 문제는 과연 어느 정도의 '불선한 동기(위선)'를 감내할 것인가였다. 이는 '위선의 한계'를 둘러싼 조선 후기의 중요한 논쟁을 야기했다.

요컨대, 정조는 위선이나 위광의 염려에도 불구하고 말세의 풍속을 교정하기 위해 '용기 내어 선행한 이들'을 기꺼이 명예의 전당에 추대하기로 마음먹었다. 간혹 한계를 넘는 행동들마저 용납하는 듯 보였다. 광자를 통한 물정의 흥기야말로 말세를 다스리는 정조의 통치술 가운데 하나였다.

위선의 문제

진실한 행동은 순선한 동기와 이에 합당한 바람직한 결과로 요약될 수 있다. 공자는 진실하면서 시의 적절한 행동이야말로 성인의 중행(中行)이라고 보았다. 공자에게 중행은 이상적인 삶의 표준이자 근간이었지만, 안타깝게도 공자가 살았던 춘추시대 이래 중행의 이상이 실현된 적은 없었다. 중용은 공자도 행하기 어려운 이상이었던 만큼 현실은 중행의 세계와는 거리가 멀었다.

자사는 "중용은 지극하도다. 능한 이가 드문 지 오래구나."라는 공자의 말을 인용하여 중행의 경지가 어렵다고 토로했다. 아울러 "사람들은 모두 지혜롭다고 말하지만 중행을 한 달 넘게 지속하기 어렵다." 고도 했다. 지혜로운 자들마저 중행의 성취는 쉽지 않았고, 이에 공자는 "도가 행해지지 않는 까닭을 알겠구나."라고 한탄했던 것이다.

사실, 중행의 경지는 성인만이 이를 수 있었다. 보통 사람들은 물론이고 수양을 일삼는 군자들도 오르기 벅찬 경지였다. 공자의 말대로 천하와 국가를 잘 다스리고 작록을 사양할 수 있으며 서슬 퍼런 칼날을 밟을 수는 있지만, 중용의 경지는 쉽게 얻을 수 없었다. 이에 중행의 어려움에 봉착한 공자가 차선책으로 발견한 것이 광자(狂)와 견자(狷)들이었다.[13)]

중용의 도를 행하지 못할 바에는 '차라리 뜻이 높은 광자'나 '지조를 지키는 견자'를 택하겠다는 것이었다. 뜻이 높은 광자는 그래도 해야 할 일에는 나서는 용기가 있었다. 절개가 굳은 견자는 하지 않는 바가 있어 쉽게 움직이지 않았다.[14)] 중행이 지나친 이상이라면 광자와 견자는 현실적인 희망이었다. 중행을 구할 수 없다면 광자의 객기를 택하거나 견자의 고집을 택하는 편이 나았다.[15)] 말년에 공자는 왜 노나라의 광직한 제자들을 놔둔 채 세상을 주유했는지 모르겠노라고 한탄했다. 뜻은 높지만 세련되지 못한, 즉 순수한 바탕의 가능성

---

13) 이상의 내용은 류멍시, 이국희 역, 2015,《광자의 탄생》, 글항아리, 7·8쪽의 한국어판 서문 참조.

14)《논어》,〈자로〉참조.

15) 여기서 지적해야 할 논점이 있다. 공자가 광과 견을 희망으로 바라보았다고 해도 광·견은 광·견일 뿐 그 이상은 아니었다. 차선책이라는 뜻이다. 그런데 이상은 현실이 아니므로 광·견이 곧 최선이라고 주장하는 논자들이 간혹 있었다. 이들은 현실 속의 대부분의 사람들이 향원이므로 결국 광자가 최선이라고 주장했다. 가령 20세기 초 일본의 문호 나카지마 아쓰시는 그의 단편 소설〈제자(弟子)〉를 통해 공자의 제자들 가운데 '자로'가 최선이었다고 주장했다. 나카지마 아쓰시, 김영식 역, 2016,《산월기(山月記)》, 문예출판사(中島敦, 1994,《山月記》, 岩波書店) 참조. 진정 흥미로운 관점이 아닐 수 없다. 현실에 대한 강렬한 부정과 비판 의식을 가진 인물일수록 광자에 지나치리만큼 집착했다. 나카지마는 안회보다도 자로의 광직(狂直)함을 높이 평가했다.

물론 공자는 자로의 죽음을 안타까워했으며 그의 광직을 칭송했다. 하지만 안회의 중행에 비하면 자로의 행동은 한참 부족했다. 공맹의 중행을 제대로 이해하려면 '현실의 최선'이라도 '이상의 차선'에 불과하다는 사실을 인정해야 한다. 이상이 도달하기 어려운 것이라고 해서 그리고 그것이 이루어진 적이 없다고 해서, 현실의 최선이야말로 '종착지'이고 도달하기 어려운 이상에 매달리는 것을 허위와 위선이라고 비난한다면, 이는 '이상'의 윤리적 차원이 가진 깊은 함의를 이해하지 못했음을 스스로 인정하는 꼴이다. 목욕물을 버리되 아기까지 버려서는 안 되는 법이다. 해리 G. 프랭크퍼트, 이윤 역, 2016,《개소리에 대하여》, 필로소픽(Harry G. Frankfurt, 2005, *On Bullshit*, Princeton University Press) 참조.

을 간직한 채 아직 미개발에 머물러 있는 제자(광자)들에 대한 공자의 애정을 엿볼 수 있다.[16)]

이상적으로는 중행이 으뜸이지만, 현실의 차선책이 바로 광자와 견자였다. 그런데 공자는 여기서 그치지 않고 광자와 견자 뒤에 향원(似而非)을 배치했다. 향원은 겉으로는 중행으로 보이나 실제는 '사이비'였다. 공자의 향원에 대한 증오는 매우 강렬했다. 공자는 향원을 이른바 '덕의 적'이라고 비난했다.[17)] 《맹자》 역시 '덕을 어지럽히는 자가 향원'이라며 공자의 말을 인용하여 사이비를 질타했다.

> 공자가 말씀하시길, 나는 비슷하면서 아닌 것(사이비)을 미워한다. 가라지를 미워하는 것은 그것이 곡식의 싹을 어지럽힐까 두려워서이고, 거짓된 말을 미워하는 것은 그것이 의(義)를 어지럽힐까 두려워서이고, 입바른 말을 미워하는 것은 그것이 신(信)을 어지럽힐까 두려워서이고, 정(鄭)나라 음악을 미워하는 것은 그것이 정악(正樂)을 어지럽힐까 두려워서이고, 보라색을 미워하는 것은 그것이 붉은색을 어지럽힐까 두려워서이고, 향원을 미워하는 것은 그들이 덕(德)을 어지럽힐까 두려워서이다.[18)]

이처럼 공자나 맹자 모두 향원을 극력 혐오했다. 중행이 이상이라면 향원은 그 반대의 극에 있었다. 양자는 이른바 극과 극이었는데, 흥미롭게도 둘이 서로 통한다는 견해가 있다. 중국의 광자 정신을 연

---

16) 《논어》, 〈공야장〉. 공자는 "오당(吾黨)의 소자(小子)들은 광간(狂簡)하여 찬란하게 문장을 이루었으나 이를 마름질할 줄 모르는구나."라고 했다.

17) 향원에 대한 논의는 이장희, 2012, 〈향원은 왜 덕의 적인가?〉, 《사회와철학》 24 참조.

18) 《맹자》, 〈진심〉 하, "孔子曰 惡似而非者 惡莠恐其亂苗也 惡妄恐其亂義也 惡利口恐其亂信也 惡鄭聲恐其亂樂也 惡紫恐其亂朱也 惡鄉愿恐其亂德也 君子反經而已矣 經正則庶民與 庶民與 斯無邪慝矣".

구한 류명시(劉夢溪)는 중행과 향원이 묘하게 서로 연결되어 있다고 주장했다. 공자가 그토록 비난해 마지않았던 향원이 중행과 기묘하게도 '비정상적'인 관계를 맺고 있다는 것이다.[19]

그의 논의를 조금 더 살펴보자. 성인이라면 광·견을 나무랄 수 있다. 적어도 광·견이 '성인의 이상'에 미치지 못하기 때문이다. 흥미롭게도 향원 역시 광·견을 비웃었다. 그들은 속으로 향원을 숨기고 겉으로 성인인 척하기 때문에 그랬다. 결국 '내면의 진실'을 알 수 없다면 현실적으로 성인과 향원, 향원과 광·견을 구분할 수 없다는 논리였다.

'향원과 중행이 겉으로 상당히 닮아 있다.'는 이러한 주장은 양자가 광자와 견자를 모두 비웃는다는 점에 기초한다. 물론 류명시는 '적어도 광과 견은 향원들의 비웃음을 살 만한 존재는 아니'라며, 광·견의 가치를 폄하하지 말라고 경고했지만 여기에 함정이 있었다. 가령 누가 광·견을 비웃을 수 있겠는가라고 주장하면, 사실 성인을 자처하지 않는 한 그 누구도 광·견을 비웃을 수 없는 것이 현실이다. 결국 성인을 자처할 정도로 뻔뻔한 자(향원)가 아니면 광·견을 비웃지 못할 것이요, 광·견을 비웃는다면 성인이거나 향원이라는 역설이 가능했다. 그런데 현실에서 성인을 찾기는 매우 어렵다. 그 결과 향원이 되고 싶지 않으면 광·견 이외에는 선택지가 없게 된다. 이로부터 현실에서는 광·견이 최선이라는 결론이 도출된다.

사실 이러한 주장은 광자와 견자를 '차선'으로 선택한 공자의 생각과 큰 차이가 있다. 공자는 중행의 이상을 구현하기 어렵기에 부족하나마 광·견에게 희망을 걸었던 것이다. 광·견에 대한 공자의 인정은 '불가피한 차선책'이요 현실과의 어쩔 수 없는 타협의 산물이었다.

---

19) 류명시, 2015, 앞의 책 서문 참조.

공자와 달리 류멍시의 주장은 현실에 중행(성인)은 없고 향원이 되지 않으려면 결국 광·견이 최선이라는 논리인데, 이러한 주장의 이면에는 '세상에는 성인이 존재하지 않으며 다만 사이비들로 가득하다.'는 전제가 깔려 있었다. 나아가 '광자와 견자를 인정하지 않는다면 모두 향원일 뿐'이라는 비난도 함축하고 있다. 사실 이러한 주장의 근원은 류멍시가 아니라 왕양명을 포함한 양명학자들이요 이를 가장 급진적으로 논한 이탁오였다.[20] 세상의 부조리와 사이비를 혐오했던 이들은 세상 사람들 전부를 위선으로 몰아세웠다. 특히 성인군자 운운하는 자일수록 '향원'일 가능성이 높다고 주장했다. 현실을 위선이 가득한 세상으로 간주할 경우, 광자의 용기만이 최선의 선택지로 남았다.

그러나 이들의 광자 예찬은 곧바로 심각한 문제에 봉착했다. 모든 사람을 향원(위선)으로 매도하고 광자를 예찬하다가 공맹이 귀하게 여긴 중행의 '이상과 기준'마저 부정하고 만 것이다.[21] 공맹은 "세상 사람들이여, 중행(성인)의 경지는 도달하기 어렵다. 그러나 향원이 될 수는 없지 않은가? 아쉽게도 차선책이지만 광과 견처럼 노력하자."고 말했다. 그런데 이탁오 등은 성인은커녕 사이비만 가득한 현실에서 오직 광·견이 최선일 뿐이라고 주장했던 것이다. 공맹과 양명학자들 공히 광·견에 희망을 걸었다는 점에서 유사한 듯 보이지만, 양자의 차이는 매우 컸다. 공맹에게 광·견은 불가피한 차선이었지만 이탁오에게는 최선의 결과였다.

인간의 행위에 욕망의 위선이 끼어들 수도 있다고 인정하는 태도

20) 지원푸(嵇文甫), 이영호 외 역, 2015, 《유교의 이단자들》, 성균관대학교출판부(嵇文甫, 2014, 《左派王學》, 上海三聯書店) 참조.

21) 양명학의 일원론적 사유와 주희의 이원론이 근본적으로 부딪히는 대목이다. 주희는 이상과 현실을 분리한 이원론이라는 비판을 면치 못했지만, '이상(理)'을 전제하지 않는 한 현실의 시세와 힘에 근거해 '도덕의 기초'를 마련할 수는 없었다.

와 인간 행위는 욕망(위선)이 본질이라는 주장은 매우 다른 형이상학에 토대했다. 공맹이 광·견을 차선으로 보아 끝내 성인의 이상에 못 미치는 단계로 설정한 이유는 분명했다. 공맹에게 광·견은 '중행의 이상'에는 모자라지만 위선(향원)으로부터 멀어지려는 의지의 소유자들이었다. 다시 말해 차선으로서의 광·견은 감히 성인을 꿈꾸지는 못하지만 향원을 원치 않는 많은 이들에게 본받을 만한 대상이었다. 광·견의 어중간한 지위는 비록 향원은 아니지만 중행도 아니라는 '결핍'을 자각하게 하여 늘 자기반성의 계기를 제공했다.

그런데 차선의 지위는 광·견을 늘 위태롭게 했다. 최선(眞)이 아니었으므로 쉽게 '위선'으로 치부되었다. 또한 도달할 수 없는 최선(중행)으로 인해, 최선이 아닌 차선이라는 딱지가 항상 따라다녔다. 아울러 '이상과의 격차'는 도덕적 자아를 괴롭혔다. 아무리 노력해도 위선을 염려할 수밖에 없었다. 제일 쉬운 해결책은 '이상(理)'을 제거한 형이상학의 구축이었다. 현실과 거리가 먼 이상을 설정하는 이기(理氣) 이원론 대신에 욕망을 현실로 보는 기(氣)의 일원론을 상정하는 것이다. 일원론자들은 성인의 경지(이상, 리)가 애초에 불가능하다면, 중행 운운하는 것이야말로 위선이라고 비난했다. 그러나 최선을 결정할 기준(理)이 없는데, 최선과 차선을 구별할 수 있다는 주장이야말로 궤변이 아닐 수 없었다.[22]

일원론자들의 가치상대주의로 인한 '파국'이야말로 조선 후기의

22) 호이트 틸만의 왕(王)·패(霸) 논쟁 참조. 호이트 틸만, 김병환 외 역, 2017, 《공리주의 유가-주희에 대한 진량의 도전》, 교육과학사(Hoyt Cleveland Tillman, 1982, *Utilitarian Confucianism: Ch'en Liang's Challenge to Chu Hsi,* Harvard University Asia Center) 참조. 진량을 비판한 주희의 관점은 "도를 역사적으로 변하는 가치와 시대 그리고 상황에 따른 상대적인 도덕규범으로 정의하려던 진량의 주장"(국역본의 저자 서문 참조)을 비판하려던 것이었다. 이른바 진량은 시세의 변화에 따른 도리의 상대성을 견지한 반면, 주희는 시세와 상황으로부터 어느 정도 초연한 도리의 원칙을 고집했다.

주자학자들이 가장 우려했던 바였다. 정조를 포함하여 연암과 다산 모두 양명학에 어느 정도 공명하면서도 전적으로 수용할 수 없었던 이유가 여기 있었다.[23] 최선만이 유의미하다는 독선도 문제이지만, 애초에 최선과 차선의 구별이 불가능하다는 주장은 더욱 큰 문제를 야기했기 때문이다. 정조를 포함하여 박지원과 정약용 등 조선의 주자학자들은 기본적으로 자신만이 최선이라는 고집을 독선으로 비판했다. 동시에 이들은 독선을 비판했을 뿐 아니라 위선도 함께 비판했다. 그러자 위선을 비판하는 태도야말로 독선이요 위선이라고 주장하는 이들이 나타났다. 이들은 최선과 차선을 구별할 수 없는 만큼, 선과 위선의 차이도 무의미하다고 강조했다. 애초에 선·악의 구별이 불가하다면 '위선'이라는 말 자체도 성립할 수 없다는 논리였다. 선이 없는데 위선이 가능할 리 없지 않느냐는 가치상대주의야말로 사실상 가장 위험했다.

위선을 비판하자 이를 독선이라고 비난하면서 애초에 선악의 구별이 불가능하다고 주장하는 가치상대주의적 태도에 대해, 연암과 다산 그리고 정조 모두 예민하게 대응했다. 물론 독선의 위험과 가치상대주의의 문제 가운데 어느 쪽을 더 위험하게 여겼는지는 이들 사이에 '차이'가 있었다. 상대적인 차이였지만 확실히 연암은 독선의 위험성을 우려했다.[24] 독선을 비판했던 덕분인지(?) 그는 줄곧 가치상대주의자라는 오해를 받아왔다. 연암 당시에도 그러했고 오늘날에도 이러한 오독은 반복되고 있다.[25] 연암 스스로 제대로 이해받은 적이

23) 양명학의 문제는 이미 퇴계 이황의 〈전습록논변〉에서 지적된 바이다. 금장태, 1999, 《한국 유학의 탐구》, 서울대학교출판부 참조.

24) 홍대용 역시 독선의 위험성을 비판했지만 가치상대주의를 용인한 것은 아니었다 김호, 2013, 〈조선 후기 화이론 재고〉, 《한국사연구》 62 참조.

없다고 토로할 정도였다. 연암에게 독선은 비난받아 마땅한 일이지만 그가 독선을 비판했다고 해서 선의 판단 근거(도덕의 기초)마저 폐기한 것은 아니었다. 그런 연암을 노장이나 선학(禪學)에 비유한다면 명백한 오독이다.

그렇다면 다산은 어떠한가? 그는 가치상대주의의 위험성을 강하게 비판했다. 정조와 마찬가지로 다산은 조선 후기의 소품문체에 강한 거부감을 가졌다. 다산은 독선의 고집을 비판했지만, '선(善)의 기준'을 낮추어 어느 정도 위선을 견뎌야 한다는 주장에 쉽사리 동의하지 않았다.

아마도 연암은 다산의 태도야말로 독선이라고, 반대로 다산은 연암이야말로 선(善)과 위선을 혼동시킬 장본인이라고 비판했을지도 모를 일이다. 지나친 독선에서 벗어나 선의 기준을 조금 낮추자는 연암에게, 다산은 독선이 문제라고 해서 선의 기준을 낮출 경우 벌어질 위선의 만연을 경고했을 듯 싶다. 다산은 조선 후기에 수많은 가짜 효자와 가짜 열녀들이 명예의 전당에 오른다고 비난한 바 있다. 이들이야말로 진정 명예를 훔치는 자들인 동시에 선의 진·위를 무너뜨리는 자들이었다. 연암의 주장이야말로 선과 위선의 차이를 모호하게 만들 수도 있었다. 연암 또한 다산의 우려를 모를 리 없었지만, 당시의 독선자들은 정확히 다산의 주장을 자신들의 방패막이로 활용하고 있었다. 중행(時中)은 그만큼 요원한 이상이었다.

---

25) 고미숙, 2013,《열하일기, 웃음과 역설의 유쾌한 시공간》, 북드라망.

다시 정리해보자. 우리는 정치 현실에서 그리고 역사적으로 '목적과 수단 사이의 완전한 합일=최선'보다 '목적과 수단 사이의 균열과 분리=현실(위선)'을 목도하게 된다. 목적에 부합한 수단이라는 점에서 합목적적 (정치) 수단의 동원은 가장 이상적이다. 그러나 역사가 보여주는 진실은 (정치) 수단이 목적에 부합하기 어려웠던 사례들로 점철되어 있다. 이럴 때면 항상 차선책을 둘러싸고 요란한 논쟁이 벌어졌다. 수단이 목적을 정당화할 경우, 이를 세속적인 의미에서 마키아벨리적 상황이라거나 조금 고상하게 근대 정치의 탄생이라고 명명하곤 한다. 이른바 정치의 윤리로부터의 이탈이다.[26)]

적어도 조선의 (정치) 현실에서 목적과 수단의 완전한 분리가 일어났던 직은 없다.[27)] 정치와 윤리(道理)의 분리를 근대성의 조건으로 삼는다면 조선은 영원히 전근대적이라고 할 수 있다. 정치와 윤리의 결합은 막스 베버의 주장대로 정치 수단에 대한 정당화의 이념을 윤리(혹은 종교)가 제공하기 때문이라고 볼 수 있지만, 반대로 현실은 폭력과 힘의 질서일 뿐이라는, 결과적으로 파국을 피할 수 있는 '여지'를 윤리(혹은 종교)가 제공하기 때문이기도 하다.

이른바 이상(윤리/종교)은 위선적인 현실을 정당화하는 개념에 불과한 것만은 아니었다. 현실을 '폭력의 유효한 작동과 그로 인한 질서'로 규정하고 나면 두 가지 선택지 이외에 다른 가능성이 없었다.

---

26) 이러한 '근대(정치)'를 발견하려고 얼마나 많은 석학들이 동아시아의 정치사를 헤집어놓았는가? 아직도 이러한 주술에 속박된 조선 정치사 서술을 또 어떻게 이해할 것인가? 마루야마 마사오(丸山眞男), 김석근 역, 1995,《일본정치사상사 연구》, 통나무.

27) 정치와 윤리의 분리는 막스 베버의 이상형(ideal type)에 불과하다.

최강의 폭력을 추구하거나 아니면 허무주의에 빠지는 것이다. 정치 현실에서 폭력(힘)의 효과를 인정하면서도 이상(최선)을 상정하는 이유는, 그 이상으로 인해 궁극의 폭력 사태를 예방할뿐더러 위선의 현실을 견딜 여유가 생겨나기 때문이다. 만일 이를 모두 부정하면 앞서 언급한 대로 삶과 죽음 가운데 하나를 선택하거나 허무주의로 빠지는 양자택일만이 남게 된다. 결론적으로 스스로 무력의 정점에 서거나 신이 아닌 인간의 모든 삶을 그 자체로 위선일 뿐이라고 부정하는 것이다.

공맹(孔孟) 이후 주자에 이르기까지 유학자들이 정치 현실〔氣〕에 직면하면서도 천리의 이상〔理〕을 고집했던 이유는 무엇일까? 유교(성리학을 포함한)는 '위선적인 현실'을 도피하기 위한 수면제가 아니라 현실적 삶의 복잡다단함을 고려한 '정치(신)학'에 가까웠다. 천리(天理)를 전제함으로써 가능했던 현실과 이상 사이의 공간에 '차선'이 들어설 수 있었다. 동시에 현실의 위선을 반성하고 여전히 최선은 아니라는 결핍 상태에 대한 깨달음, 이것이야말로 최선으로 나아가려는 의지를 갖도록 하는 원동력이라고 유학자들은 주장했다. 이러한 점에서 공맹의 후예들은 지나치게 이상적이라기보다 도리어 매우 현실적인 정치(사상)가였다는 평가를 받아 마땅하다. 적어도 이러한 관점에서 보자면 너무도 '근대적'이었다.

이들은 인간 본성〔善〕에 기초하여 '각각의 인간다움(군자로 표상되는)'을 욕망하도록 격려했다. 연암 박지원은 자신의 〈명론(名論)〉에서 세상의 질서가 유지되는 근거로 인간다움(군자/이상)을 향한 욕망과 함께 이상과 현실의 차이에 대한 부끄러움(염치)을 들었다.[28] 사실 인

---

28) 김호, 2016, 〈연암 박지원의 형정론〉, 《법사학연구》 54 참조.

간다움(천리/이상)을 욕망할 때 끼어든 '약간'의 위선을 모두 부정한다면 과연 얼마나 많은 이들이 이러한 비난으로부터 자유로울 수 있겠는가? 공맹이 그토록 칭송한 차선(광자와 견자)을 최선(이상)에 한참 못 미치는 위선일 뿐이라고 치부하고 말 것인가? 아니면 최선으로 향하려는 욕망을 높이 평가할 것인가? 그렇다면 의지(욕망) 안의 선과 위선의 병존을 어떻게 바라볼 것인가? 모든 차선을 위선으로 매도하지 않는다면 어느 정도까지 위선(위선의 한도)을 감내할 수 있겠는가? 질문은 끝없이 이어졌다.

될 수 있으면 위선으로부터 벗어나 '진정성'을 추구해야 한다는 점에서, 정조가 강조한 명예를 추구하는 선비〔好名之士〕, 연암의 명예론〔名論〕, 다산의 가짜 충신과 효자에 대한 비난은 모두 공맹 이래 유학의 정치사상이 맞닥뜨려야 할 숙명과도 같은 '욕망을 둘러싼 위선'의 문제였다.[29] '욕망'을 부추겨 도덕정치를 구현하려는 기획이 온전히 성공할 수 있을 것인가? 조선 후기 대부분의 학자들은 당대를 '선한 본성〔明德〕의 발현'을 기대하기 어려운 말세로 평가했다. 심지어 '사이비(향원)'조차 보기 드문 상태였기에 욕망과 위선을 어느 정도는 허용하는 것이 불가피하다고 보았다.[30]

물론 정조는 향원을 '덕의 적'으로 보는 공맹의 입장에 충실했다. 정조는 향원의 문제가 역사적으로 늘 골치거리였지만 조선이 유독 심했으며, 조선을 통틀어 자신의 치세가 가장 심각하다고 비판했다. 향원을 범범하게 보고 단지 근본으로 돌아가면〔反經〕 그만이라고 말

---

29) 양명학자인 동시에 청대 고증학을 대표하는 장학성은 《문사통의(文史通義)》에서 당대 위광(僞狂)의 문제를 심각하게 비판했다. 장학성의 주장은 조선 후기의 사상사와 관련하여 정밀하게 검토해야 할 문제이다.

30) 다산의 '성기호(性嗜好)'는 이기적 욕망과 이타적 덕성의 혼유 상태를 나름대로 정의한 표현에 다름 아니었다.

할 상황이 아니었다. 정조는 "오늘의 시속을 바꿀 수만 있다면 무슨 일이라도 할 것"이라고 말한 적이 있었다.[31] 한마디로 말세에는 극약 처방이 필요했다. 그런데도 신하들은 근본에 힘쓰다 보면 저절로 문제가 해결될 것이라는 순진한 대답만 늘어놓고 있었다.[32]

말세의 풍속을 치료할 비상약은 무엇인가? 역설적이게도 광자가 그 해답이었다. 광자는 뜻이 커서 "옛사람이여, 옛사람이여."라고 칭송받은 존재였다. 진실로 광자의 큰 뜻을 충족시키고 광자의 말대로 할 수만 있다면 어떨까? 광자는 안목이나 사고가 견자와는 전연 달랐다. 광자는 큰 뜻을 품고 용기 내어 성인에 근접하려고 욕망하는 자였다. 비록 뜻이 지나쳐 거칠지만 광자를 칭송해야 하는 이유는 명확했다. '욕망'하는 매순간마다 모두 순선할 수는 없었지만, 그렇다고 성인이 되려는 욕망을 모두 위선이라고 매도할 필요도 없었다.

명예를 추구하는〔好〕 욕망에는 확실히 밝은 면과 어두운 면이 공존했다.[33] 호현(好賢)이 밝은 쪽〔善〕이라면, 호색(好色)은 그 반대〔惡〕였다. 하지만 명예욕〔好名〕은 어떠한가? 확실히 정조는 호명(好名)의 동기가 호현보다는 불순할 가능성이 높다고 보았다. 따라서 이 둘을 같은 것으로 보아서는 안 된다고 강조했다. 가능한 한 호명에 끼어든

---

31) 《홍재전서》 권121, 추서춘기(鄒書春記) 2, 〈진심편〉.

32) 《홍재전서》 권121, 추서춘기 2, 〈진심편〉, '공자재진장(孔子在陳章)'.

33) 《홍재전서》 권121, 추서춘기 2, 〈진심편〉, '호명지인장'. "好名之名 名不稱之名 其間迥然不同 上名字卽所謂名者實之賓之名也 下名字是令名之名也 且好亦有是非善惡 好賢之好則是而屬善 好色之好則非而屬惡 好名之好 謂之近於好賢之好可乎 抑好色之好近之乎 僞者誠之反也 違道干譽 非僞而何 來喩中爲名而強爲善 此亦可曰勉強學問者耶云者 竊恐大不然 志先在於虛僞 而強欲爲善 則已與善相去不啻千里之遠 觀於辭千乘而吝豆羹一節 反不若傷於廉者 辭萬受十萬 何可謂之強爲善乎 至於勉強學問云云 卽困而得之之事也 及其成功 均之爲聖焉爲賢焉 決非援之以爲喩者 此等處須更硏窮 莫或若前拖泥看也 大抵俗日益疲 而學日益蕪 今之人以好名之稱 視同好賢 於是乎眞箇抱道求知之士 率皆混歸於窣窣黑甜場中 如蒙不潔 便爲申暴無路之人 生而茹憤 死而齎恨 名實莫辨 誠僞無別 寧不爲志士之慨惋處耶".

위선의 욕망은 배제되어야만 했다. '도리를 어기면서까지' 명예를 추구할 수는 없었다.[34)]

> 무릇 명예(이름)를 좋아하는 폐단은 허위(虛僞)의 근본이기 때문이다. 이름〔名〕이 좋지 않은 것은 아니나 좋아해서는 안 된다. 호(好)라는 글자를 붙이면 문득 허다한 병통이 생겨난다. 이름〔名〕은 실상〔實〕과 짝하니, 실상이 없으면 이름도 없고 실상이 있으면 이름도 있다. 만일 실상이 없는데 이름을 취하려 한다면 이른바 아름다움을 도둑질하는 것이다. 어찌 군자가 이렇게 할 수 있겠는가.[35)]

물론 보통 사람들은 '위선의 욕망'을 드러내기 십상이었다.

> 사람들은 '어찌 최선〔上等〕을 바라겠는가, 다만 차선은 해볼 만하다.'고 말한다. 그리고 '나는 차선(2등)의 의리를 추구하려 한다.'고도 말한다. 하지만 차선(2등)을 추구할 경우 몇 층이나 더 하락할지 모르겠다. 이는 진정한 의리가 아닐 것이다. 겉으로 인(仁)을 취하면서 행실은 부합하지 못한다면 이는 농단을 일삼는 부류보다 훨씬 나쁜 경우이다.[36)]

그렇지만 말세라면 어찌할 것인가? 조금의 위선도 허용하지 않아, 모든 사람이 아무 일도 시도하지 않은 채 자포자기한다면 또 어찌할

---

34) 《홍재전서》 권124, 노론하전(魯論夏箋) 3, 안연편(顏淵篇), 〈자장문사장(子張問士章)〉, "志先在於虛僞 而強欲爲善 則已與善相去不啻千里之遠".

35) 위와 같음.

36) 위와 같음. "大抵人之恒言 上等何可望 其次猶可爲 從而爲說曰我欲爲第二等義理 欲占第二等地位則便不知落下幾層 隔他幾關 所謂義理云者亦未必是眞箇義理 吾則曰立論不可以不高 用工不可以不卑 故色取仁而行違 甚於龍斷者類".

것인가? 말세에는 차라리 위선을 두려워하기보다 위선이더라도 인간다운 삶을 힘내어 추구하라고 가르쳐야 하지 않을까?[37] 비상약을 동원할 필요가 있었다. 정조는 실질 없이 명예만을 추구한다면 비난받아 마땅하지만, 명예욕 전부를 위선으로 치부해서는 안 된다고 강조했다.[38]

정조가 즉위하자마자 문신들을 시험한 문제는 그래서 의미심장하다. 당시 정조는 신하들에게 "삼대 이전은 선비를 구할 적에 명예를 추구하는 것을 미워했지만, 삼대 이후에는 선비를 구할 때 명예를 좋아하지 않는 것을 걱정했다."는 구절을 해석하라고 요구했다. '명예를 추구하는 선비(好名之士)'는 '명예욕'으로 인해 향원이라고 지탄받아 마땅했다. 그러나 말세에는 명예욕을 가진 사람조차 찾아보기 어려우니, 명예욕을 부추겨서라도(비상약) 명예로운 세상을 만들겠다는 계획이 왕위에 오른 정조의 일성(一聲)이었다.

향원마저 기대할 수 없는 풍속의 쇠락을 어떻게 극복할 것인가? 진정 명예를 아는 선비를 어디서 구할 것인가? 정조는 명예만을 쫓는다면 문제이지만 명예를 추구하는 노력을 어느 정도 인정하지 않을 수 없다고 강조했다.

> 소동파의 "삼대 이후에는 명예(名)를 좋아하는 사람을 취하지 않을 수 없다."는 구절은 비록 작은 병폐가 있지만 매우 좋은 말이다. 대개 명예를 좋아하는 사람은 능히 명예가 추구할 만하다는 사실을 알기에 반드

---

37) 위선이 두려워 아무 일도 시도하지 않는 것보다는 인간다운 삶을 힘써 추구한다면, 이를 용인하고 그 동기의 위선 여부를 굳이 깊이 따질 필요는 없지 않을까라는 태도이다. 물론 완전한 위선과 허위의 동기를 허용할 수 없다는 문제는 남는다.

38) 조금의 위선도 허용하지 않겠다는 일념으로 '명예욕망 그 자체를 위선과 동일시'하게 되면 결국 할 수 있는 일이 없었다. 인간 본성에 대한 완전한 회의와 이로 인한 허무주위는 성리학 사회의 도덕 기초를 근저에서 부정하는 꼴이었다.

시 가다듬고 노력하여 한 시대의 맑은 이름을 취하지만, 명예가 추구할 만하다는 사실을 알지 못하는 사람은 대개 옹졸하고 천박하니 무슨 취할 만한 점이 있겠는가. 오늘날의 사대부들은 이 말을 가슴에 새겨 잊지 말아야 할 것이다.[39]

삼대 이후는 명예를 좋아하지 않는 것을 염려하는 시대가 되었다. 특히 조선 후기와 같은 말세에는 명예를 추구하는 이를 무작정 향원(위선자)으로 비난할 게 아니라 명예를 추구하되 실질을 갖추도록 격려해야 마땅했다.[40]

정조는 당대의 선비〔士流〕들이 속물〔流俗〕보다 나을 바 없다고 비판했다.[41] 이들은 교언영색을 일삼거나 비판 대신 침묵으로 일관했다.[42] 용기는커녕 소신조차 없었다.[43] '겉으로 부드러운〔柔善〕 자'들이야말로 진정 사이비(향원)에 가까웠다. 손에 물이 쏟아져 뜨거운데도 노비의 손을 먼저 걱정한 유관과 같은 자들이었다.[44] 상황에 맞추어 변화무쌍한 사람들이야말로 가장 위험했다. 끝을 알 수 없는 이들, 본심을

---

39) 《일득록》 12, 〈인물〉 2, "東坡謂三代以後 不可不取好名之士 此言雖有些少病敗 却甚好 蓋好名者 能知名之可好 故必矜飭飭勵 以取一世之清名 而其不知名之可好者 率庸瑣鄙薄之人 顧何足取哉 今日士大夫 政當服膺此言耳".

40) 연암 박지원은 〈양반전〉에서 조선 후기 '양반'을 둘러싼 명예와 실질의 괴리, 즉 명·실이 상부하지 않은 상태를 격하게 비판한 바 있다. 그러나 연암은 양반의 허례와 허식을 비판한 것이지, 양반 자체를 부정하지는 않았다. 또한 양반이 되려는 소민들의 명예욕을 거부하지 않았을 뿐더러 이들을 모두 명예욕에 눈이 먼 자들이라고 비아냥대지도 않았다. 연암은 양반들에게는 명·실이 상부하기를 바랐고, 소민들에게는 명예욕을 가지되 '양반의 위선〔虛〕'을 보고 물러날 수 있어야 한다, 즉 무엇이 진정한 가치〔眞〕인지를 변별하기를 바랐다.

41) 《일득록》 13, 〈인물〉 3, "三代以下 猶恐其不好名 名以士流 猶勝於流俗 爲人上者 不可不扶植".

42) 《일득록》 13, 〈인물〉 3, "今人滔滔是粉飾汩董樣子 肚裏都無一點熱血 士大夫須把瓊雷萬里看作平地 然後方有可觀".

43) 《일득록》 13, 〈인물〉 3, "今世未嘗見不恤生死 勇往直前底人 大抵是畏首畏尾 跋前疐後 粉飾塗抹 苟冀倖免者 雖有似此百輩 何益於國".

감추는 자들이야말로 덕의 적이요, 사이비가 아닐 수 없었다.[45] 정조는 기본적으로 명예를 추구한다면 '못할 짓이 없는 지경'에 이르지는 않을 것으로 확신했다. 명예욕이 위선을 양산한다고 우려할 필요가 없었다. '부드러운 자(위선)'를 경멸한다는 김종수의 말을 지나치다고 한 정조의 진의는 여기 있었다. 부드럽다고 모두 '위선'으로 매도할 필요까지는 없었다. 조금의 사욕도 허용하지 않으려다가 말세를 교화할 방도를 찾지 못할 수도 있었기 때문이다.

말세의 치료에는 적절한 응급약이 필요했다. 인간으로서 마땅히 해야 할 바를 용기 있게 행하고(광자), 하지 말아야 할 바는 절대 하지 않는 자(견자)들은 설령 시중(時中)에 미치지 못한다 해도 칭찬해야 마땅했다. 이들은 '명예욕'으로 해야 할 바에 앞장설 뿐 '하지 못할 바가 없는 지경'으로 타락하지 않았다.

문제는 위선으로 흐를 수 있는 욕망을 어느 정도까지 인정할 것인가였다. '감내할 위선'의 한계는 바로 '못할 짓이 없는 지경'의 직전과 같았다. 인간으로서 해야 할 일에 앞장서고 하지 말아야 할 일에 물러서려는 의지를 불러일으킬 수 있다면, 이를 명예로 여기는 욕망을 자극하지 않을 이유가 없었다.

정조는 모든 인민에게 도덕적인 삶을 권장했다. 그동안 군자의 삶과는 거리가 먼 존재로 취급되었던 소민(小民)들에게 진정 명예로운 삶, 다시 말해 인간다움을 이루어내라고 가르쳤다. 이는 성리학에서

---

44) 중국 후한의 관리 유관(劉寬)은 어질고 부드러움의 상징과 같은 인물이었다. 한번은 그의 시비(侍婢)가 뜨거운 국물을 유관의 옷에 엎질렀다. 그런데도 안색 하나 변하지 않은 채 시비의 손을 잡고 '혹시 손을 데지 않았느냐?〔羹爛汝手〕'며 걱정했다는 것이다. 정조는 뜨거운데도 뜨겁다고 하지 않은 유관이야말로 위선자라고 비판했다. 《일득록》 13, 〈인물〉 3, "劉寬羹爛汝手之語 近於矯情 古人此等處 不必慕倣".

45) 《일득록》 13, 〈인물〉 3, "惡人不足畏 狠人不足畏 細人不足畏 惟分數不明人最可畏 分數不明 則其於善惡 無所擇從 而流弊至於無所不爲 人而至於無所不爲者 極可畏也".

말하는 '천자로부터 서인에 이르기까지 모든 사람이 하늘에서 부여받은 덕성을 구비했기'에 가능한 기획이었다.

당시의 신료들 역시 정조의 기획에 호응했다. 30대 중반 곡산부사에 부임했던 정약용은 원통한 민중들을 대신해 민란의 주모자로 나선 이계심을 칭송했다. 이계심이야말로 죽음을 불사하고 불의에 맞선 용기 있는 광자(狂者)였다.[46]

물론 정조가 모든 광행(狂行)을 '진정하다〔狂而直〕'고 인정했던 것은 아니지만, 인간다움을 욕망한 소민들을 진짜와 가짜로 구별하는 대신 광자의 용기로 칭찬하는 데 인색하지 않았다.[47] 정조와 연암의 입장은 크게 다르지 않았다. 만일 광자의 진·위를 따져 위광을 솎아내려다 보면 대다수의 명예욕을 위광으로 비난 혹은 비방하지 않을 수 없었다. 그렇게 대부분의 명예욕을 위선으로 비난하고 나면(〈명론〉의 '어떤 이'가 그랬던 것처럼), 더불어 사문(斯文)의 도를 추구할 사람이 남질 않았다. 사실 소민의 대부분은 광자의 용기마저 내기 어려운 상황이었다. 하물며 이들에게 군자의 중행(中行)을 요구할 수는 없었다. 그렇다면 소민들에게 '광자의 명예욕'을 요구하는 것은 차선 그 이상의 의미였다. 광자의 진위를 따지기보다 그 용기를 진작하는 교화가 절실했다.

명예욕을 지닌 광자들을 격려하여 군자의 길로 나가도록 한 정조의 교화 정책은 조선 후기에 널리 받아들여졌다. 연암과 다산은 물론 19세기 초반의 정원용도 모두 동의했다. 위선을 절멸할 수 없다면, 심지어 어느 정도의 욕망을 허용해야 할 상황이라면, 차라리 공동체

---

46) 《다산시문집》 권16, 〈자찬묘지명(自撰墓誌銘)〉 참조.

47) 김호, 2016, 〈연암 박지원의 형정론(刑政論)-주자학 교화론의 갱신〉, 《법사학연구》 54 참조.

에 바람직한 가치를 욕망하도록 권장해야 했다. 명예를 강조하면 할수록 사적인 욕망이 끼어들었지만 역설적으로 그로 인해 질서의 유지 또한 가능했다. 오히려 사적인 욕망 전부를 거세한다거나 위선을 멸절하려는 태도를 경계해야 할 것이었다.[48]

이러한 정조의 교화 의지는 《심리록》 전편에 흘러넘쳤다. 판부에 드러난 '법에 앞선 인륜(도리)의 강조', '법보다 교화'라는 정조의 언급은 소민들에 대한 정조의 기대감을 잘 보여주었다. 정조는 강력한 형벌 대신 인륜과 도덕을 강조했고, 이러한 교화의 결과 조선은 인간다움에서 멀어지는 것을 부끄러워할 줄 알고, 인간다움을 증명하려는 이들의 '자발적 도덕공동체'로 거듭날 것이었다. 이에 은애의 복수를 의열로 칭찬하고, 신여척의 살인을 광자의 의행으로 표창했으며, 제주 기생 만덕 또한 여의협(女義俠)으로 기억되도록 했다. 정조에게 이들은 '광이직(狂而直)'의 표상이었다. '광자이되 진실하다'는 구절에는 '도덕적 욕망'을 지나칠 정도로 인정하면서도, 그것이 진심이기를 바라는 정조의 마음이 오롯하다.

사실 성리학의 교화가 소민들을 중세의 유교 이데올로기에 포섭할 뿐이었다는 평가는 지나치게 단순할 뿐만 아니라 역사적 사실과도 거리가 멀다. 명예욕을 자극했던 정조의 교화책은 소민들로 하여금 당대의 부조리(말세의 풍속)에 저항할 수 있도록 했다.[49] 교화는 양날의 검과 같았다. 어느 면의 칼날이 당시 사회를 향할지는 우연에 맡겨졌다. 그야말로 '역사의 간계'였다.

---

48) 나카지마 다카히로, 신현승 역, 2015, 〈타자로의 투명한 전달-주자학〉, 《잔향의 중국철학-언어와 정치》, 글항아리 참조.

49) 최근 와타나베 히로시는 에도 일본의 '어백성(御百姓)'의 탄생과 관련하여 흥미로운 논의를 펴고 있다. 와타나베 히로시, 김선희 외 역, 2017, 《일본정치사상사》, 고려대학교출판문화원 참조.

2.

정조의 '심리'와 형정교화

정조는 신분에 상관없이 좋은 인재가 배출될 수 있다고 믿었다. 신기한 꽃과 풀은 시골의 하천에도 분명 피어나고 있었다.[50] 사람으로 태어난 이상 세족(世族)에서 소민에 이르기까지 '인간다움'을 욕망하도록 가르쳐야 했다. 각자에게 주어진 인간의 도리(인륜)를 다할 때 신분에 관계없이 의리를 아는 자라는 명예가 주어졌다.

물론 도리를 앞세우다가 의욕이 지나쳐 사람을 다치게 하거나 심지어 죽이는 경우도 발생했다. 하지만 고의가 아니라면 참작이 가능했다. 사건의 맥락을 깊이 있게 조사하여(情) 처벌을 무겁게 혹은 가볍게 조절했다. 특히 해당 사건을 인간의 도리(理)라는 측면에 비추어보아 특별히 참작할 상황이 있다면 재량이 불가피했다. 물론 법에 따라 절대 용서할 수 없는 경우는 엄중하게 처벌했다. 매번 사건을 둘러싸고 정과 리를 고려하여 인율(법)하는 것이야말로 통치의 중요한 방도였다.

---

50) 《일득록》 12, 〈인물〉 2.

따라서 백성들의 화복과 고락이 전적으로 형관(刑官)의 유능함 여부에 달려 있었다. 관직 중에서 가장 신중하게 적임자를 골라야 하는 자리였다. 정조는 형조의 관리로부터 지방관에 이르기까지 인선에 신중하지 않은 적이 없었다고 말했다.[51] 앞에서 거듭 강조한 대로 정조는《심리록》의 판부에 혼신의 힘을 다했다. "판결에 앞서 5~6일을 깊이 생각할뿐더러 열흘이나 계절이 지나도록 고민하라(要囚服念五六日 至于旬時).'는《서경》의 뜻에 따랐다는 것이다. 두고두고 깊이 생각해야 실수가 없었다.[52]

심리 과정에 많은 정신적 에너지를 쏟은 덕분에《심리록》에 수록된 정조의 판결문(判付)은 조선 후기 정·리와 법의 균형을 구하는 형정 운용의 백미를 보여준다. 특히 이 과정에서 '인간다움'을 강조할 수밖에 없었던 정조의 법 해석 과정은 교화 중심의 조선 후기 통치론을 잘 보여주고 있다.

다산 정약용은 형조 관리로 근무하던 시절《상형고(祥刑考)》라는 살옥사건 판례집을 만들라는 명을 받았다. 정조는 자신의 살옥 심리와 최종 판례를 수집하여 후대의 모범으로 삼으려 했다.[53] 편집을 마친 다산은 발문에서 정의로운 형정에 대한 정조의 생각을 밝혀놓았다. 정조가 신하들에게 가장 듣기 싫어하는 말이 '사람 살리기를 좋아한다'는 칭찬이었다는 것이다. 사실 정조의 살옥사건 감형 사례는《심리록》을 잠시만 일별해봐도 쉽게 알 수 있을 정도이다. 그럼에도 정조는 범인들을 쉽게 용서한다는 말을 가장 거북해했다는 것이다.

---

51) 《일득록》 13, 〈인물〉 2, "至若民生休戚苦樂 專係刑官之臧否 官職中最可選遴者 莫刑官若也 故除刑官 未嘗不難愼矣".

52) 《심리록》, 〈서문〉.

53) 다산의《흠흠신서》는 정조의《상형고》편찬 작업의 연장선상에서 이루어진 일이었다.

싸움을 하다가 구타하여 살인을 한 자는 본래 죽일 생각은 없었으나 불행하게 죽이게 된 경우가 십 중 칠팔이며, 혹 칼을 뽑아들고 곧바로 찌른 자는 반드시 그 마음에 지극한 원한이 있어서 죽어도 참을 수 없는 경우이다. 이에 본래 죽일 생각이 없이 죽인 경우와 죽일 생각을 품고 죽인 경우에 대해 나(정조)는 때에 따라서 나누어서 판단했다. 내가 살리기를 좋아해서가 아니라 법률상으로 마땅히 그렇게 해야 했기 때문이다. 또 내가 옥사를 신원할 때마다 조신(朝臣)들은 호생지덕(好生之德)을 강조하는데, 조신들은 내가 그 말을 듣기 좋아할 거라고 여길지 모르지만 나는 그 말보다 더 듣기 싫은 말이 없었다. 대체로 착한 것을 좋아하고 악한 것을 싫어하는 것은 의리〔義〕와 지혜〔智〕이다. 큰 죄악이 있어 반드시 죽여야 할 사람을 보고도 그를 끝없이 살리려 한다면 이는 사덕(四德, 인·의·예·지)에서 두 가지(의·지)를 빠뜨린 것이다. 그런데 어떻게 덕이 되겠는가. 나는 한 사람이라도 죄 없는 자를 죽이려 하지 않았을 뿐이지 살리기만을 좋아한 것은 아니다. 조신들이 몇 해를 두고 나를 섬겼으면서도 나의 뜻을 모르고 나를 보고 살리기를 좋아한다고 하니 내가 듣기 싫어하는 말이다.[54]

정조는 법의 취지에 따랐을 뿐 감형과 용서를 일삼지 않았다는 것이 다산의 주장이다. 물론 이는 정조의 입을 빌려 다산이 하고 싶었던 말이기도 했다. 어쨌든 정조는 처벌받아 마땅한 자를 처벌했으며, 단 한 사람의 억울한 희생자도 만들지 않으려고 주의했을 뿐이라는 것이다. 그럼에도 많은 사람들은 정조의 살옥 판결을 보면서 그를 '살리기를 좋아한 임금'으로 오해했다. 정조는 자신의 마음을 몰라주

54) 《여유당전서(與猶堂全書)》 문집 권14, 〈발상형고초본(跋祥刑攷艸本)〉.

는 신하들을 섭섭해했지만, 신하들이 정조의 진의를 '호생지덕'으로 이해했던 것도 사실이다. 그만큼 《심리록》의 판부 중에는 정조의 본의를 오해(?)할 만한 내용들이 상당하다. 이제부터 몇 가지 사례 분석을 통해 정조의 교화 위주의 형정론을 살펴보고자 한다.[55]

인륜, 질서의 토대

인간의 도리, 인륜을 강조한 정조에게 법의 강제가 아닌 교화에 의한 자발적인 질서 유지야말로 통치의 궁극적 목표였다. 강제하지 않아도 스스로 질서(사회 가치)를 지키는 소민들의 태도야말로 '무위이치'의 최대 효과였다. 따라서 인륜에 충실한, 인간다움을 추구하다가 일어난 사건·사고의 경우 처벌의 가감을 참작하지 않을 수 없었다.

정조는 당시와 같은 말세에는 더 많은 소민들이 의로운 행동에 앞장서기를 바랐다. 강상과 윤리에 대한 민인(民人)들의 헌신이야말로 교화의 강력한 증거들이었다. '인간의 도리(리, 인륜)'를 고려하다 보면 법을 약간 구부릴 가능성도 배제할 수 없었다. 정조의 시중(참작)은 법을 지키되 도리(인륜)의 무게를 강조하는 것이었다. 《심리록》에서 이러한 사례를 찾는 것은 어렵지 않다.

1) 황해도 김큰빨강 사건

1780년(정조 4) 9월 황해도 안악에서 김큰빨강과 김작은빨강 형제가

---

55) 정조의 《심리록》에 대한 일반적인 이해는 심재우, 2005, 앞의 책; 정순옥, 2005, 앞의 논문; 박현모, 2009, 〈정조의 인의경영(仁義經營)-정조의 재판 사례를 중심으로〉, 《동양문화연구》 3 참조.

문상건을 구타 살해했다.[56] 큰빨강, 작은빨강 형제가 술을 먹다가 함께 마시던 문상건이라는 자를 놀렸는데, 문상건이 대들며 욕설을 퍼붓자 두 형제가 함께 그를 구타하다가 살인에 이르고 말았다.

처음에는 판결이 쉽게 이루어지는 듯했다. 황해감사는 형 김큰빨강을 수범으로 동생을 종범으로 확정한 후, 동생은 형장을 쳐서 석방하고 김큰빨강을 엄형(사죄)에 처해야 한다고 알려왔다. 형조 역시 이를 받아들여 정조에게 보고했다. 그런데 정조는 수범과 종범의 결정 과정에 의문을 제기하고 철저한 재조사를 명령했다.

1784년(정조 8) 5월 정조는 "안악군의 살옥 죄인 김큰빨강과 김작은빨강의 옥사는 호남에서 벌어진 소창무, 소창현 형제 사건과 대동소이하다. 소씨 형제의 경우 수범과 종범을 분간하기 어려워서 여러 해를 두고 조사하다가 마침내 둘 다 살려주었다. 큰빨강과 작은빨강 두 사람이 협력했다는 사실은 분명하지만, 구타의 경중의 측면에서 동생이 형에 미치지 못하였는지 여부를 자세히 조사한 뒤라야 비로소 수범과 종범을 구별할 수 있다."고 강조했다.

정조는 정확하지 않은 검안 기록을 문제 삼았다. "실인을 기록하면서 초검에서는 발에 차였다고 하고 복검에서는 차인 후 다쳤다고 하는 등 두 검험의 실인이 달랐다. 그런데도 황해감사는 상세하게 조사하지 않은 채 몇 차례의 동추(同推)를 진행한 후 정범을 결정하여 한 사람은 석방하고 한 사람은 수감하는 등 신중히 판결해야 한다는 원칙을 어겼다. 김작은빨강을 다시 잡아다가 엄히 신문하고, 신문해야 할 사람은 일체 공초를 받아 조금이라도 의심스런 단서가 하나로 귀결되고 옥사가 전체적으로 마무리될 때까지 기다려서 그 뒤에 결정

56) 이하 내용은《심리록》, 갑진년(1784), 〈황해도 안악 김큰빨강〔金大隱發江〕 옥사〉 참조.

을 하여도 늦지는 않을 것이다."

이후 여러 차례 재조사가 이루어졌음에도 불구하고 황해감사와 형조의 보고 내용은 처음과 다르지 않았다. 황해감사는 '형이 정범'이라는 주장을, 형조 역시 '본 옥사의 정범을 의심할 여지가 없다'는 애초의 주장을 되풀이했다. 정조는 형(김큰빨강)을 수범으로 확정한 황해감사와 형조의 보고를 따르지 않고, 1784년(정조 8) 7월 또다시 재조사를 명했다. 당시 정조는 "동생(김작은빨강)은 범행한 일이 전혀 없다고 쉽게 결론지을 수 없다."고 재차 언급했다.

계속된 재조사에서 황해감사는 형의 범죄 사실을 재확인했지만, 형조는 이전과 달라진 입장을 보였다. 형의 공초에 주목한 결과 형이 동생을 보호하려는 의도를 발견했다는 것이다. 큰빨강은 동생 대신 모든 죄를 홀로 감당하기로 작정한 듯 보였던 것이다. 정조는 이러한 형의 태도에서 '동기 간의 우애'라는 인간다움의 흔적을 찾아냈다.

수년이 지난 1790년(정조 14) 최종 판결이 내려졌다. "본 사건을 두고 여러 차례 의문을 제기하고 재조사를 시행했으나 조사 때마다 의혹이 일었다."라고 운을 뗀 정조는 "동생(김작은빨강)의 변명에는 형(김큰빨강)을 위한 말이 없었지만, 형은 동생이 단순히 어깨를 한 번 밀었을 뿐이라고 진술하여 은연중에 아우 대신 자신이 책임을 떠맡으려는 뜻을 보였다."고 말했다. 그리고 동생을 위한 형의 마음(인간다움의 근거)을 헤아린 정조는 본 사건을 술에 취해 우연히 벌어진 음주사고로 마무리했다.

후일 다산 역시 정조의 본 판결을 '두 형제를 모두 살리려는 정조의 어진 마음'이 잘 드러난 판결로 평가했다. 이처럼 정조는 죄를 홀로 뒤집어쓰고 동생을 구하려던 형을 '교화의 산 증거'로 인정했다.[57] 법에 따라 수범을 사죄에 처해야 했지만, 정조는 사건의 맥락과 인간의 도리를 고려하여 본 사건을 우발적 범행으로 간주하고 형제의 목숨을 살려주었다. 동시에 영남의 서응복 형제 건과는 매우 판이하다고 강조했다. 정조가 비판했던 서응복 사건의 실체는 과연 무엇인가?

2) 영남 서응복 사건

1781년(정조 5) 7월 여름, 대구의 서응복·서응해 형제는 말을 타고 가다가 동네사람 최운급과 맞닥뜨렸다. 아마 서씨 형제는 최운급보다 신분이 낮아 말에서 내려야 했던 모양이다. 서씨 형제가 말에서 내리지 않자 최운급의 아들 최윤덕이 시비를 걸었다. 격분한 서씨 형제가 최윤덕을 발로 걷어찼는데 다음날 최윤덕이 사망했다.[58]

조사 과정에서 서응복과 서응해 형제는 서로의 죄를 떠넘기기 바빴다. 심지어 형 서응복은 아들 서형증을 시켜 아버지의 억울함을 대신 호소하도록 종용하기도 했다. 1783년(정조 7) 서형증은 최씨 집안이 사또를 매수하여 아버지가 억울하게 살인 누명을 뒤집어쓰게 되었다고 거짓 상언했다.[59] 사건 발생 후 3년이 지난 1784년(정조 8) 윤3월 정조는 다음의 판결을 내렸다.

> "형제가 서로 사죄를 달게 받겠다고 다투도록 요구하기는 어렵지만, 형은 동생에게 죄를 떠넘기고 동생은 형에게 죄를 떠넘겨 사건의 실정을 혼란스럽게 하고 윤리를 무너뜨렸으니, 이는 살인죄보다 더 나쁘다. 서응복이 아들을 내세워 원통함을 호소하거나 동생을 무고하여 홀로 살고자 했으니 인간의 도리상 차마 할 수 있는 일인가?"

---

57) 《흠흠신서》 권5, 〈상형추의〉 2, '수종지별' 14 참조.

58) 이하 사건은 《심리록》, 계묘년(1783), 〈경상도 대구 서응복 옥사〉 참조.

59) 《일성록》, 정조 14년 2월 14일.

형(서응복)은 홀로 살아남으려고 아들에게 격쟁하도록 했을 뿐 아니라 동생을 무고하기까지 했다. 이후에도 이들 형제는 서로에게 죄를 떠넘길 뿐 우애는 조금도 찾아볼 수 없었다. 1790년(정조 14) 8월 정조는 "이 사건을 살펴본 후 교화가 널리 펴지지 못했다는 사실에 매우 부끄러웠다. 만일 이들 형제가 서로 죽겠다고 다투었다면 마침내 모두 살 수 있었음은 어리석은 이들도 모두 아는 바이다. 형제 간에 서로 죄를 떠넘길 뿐이니 금수만도 못한 두 사람을 책망할 것도 없다. 대구감영에 두 형제를 잡아다 엄히 형신하고 형제의 윤리를 가르친 후 무슨 마음으로 서로 죽을죄를 떠넘겼는지 곡절을 조사하도록 하라."는 유지를 내렸다.

형제 간의 인륜이 땅에 떨어진 상황을 목격한 정조는 교화가 이루어지지 않은 상황을 자책했다. 당장에 형제를 사죄에 처하고 싶었지만, 다시 한 번 인륜을 가르치도록 명했다. 그럼에도 두 형제는 전연 개선의 여지를 보이지 않았다. 결국 경상감사는 두 형제에게는 살인사건 자체가 이미 중요하지 않게 되었다고 보고한 후, 윤리를 훼손한 사실을 들어 형제를 사죄에 처해야 마땅하다고 주장했다. 공맹의 교화가 흘러넘쳐야 할 영남에서 이런 불상사가 발생하자 정조는 크게 실망했다.

1790년 8월 정조는 "추로지향에서 이처럼 윤리를 훼손(蔑倫)한 사건이 있었으니 고을의 수치이다. 옛날 백성들은 형제가 서로 죽기를 다투었는데 지금은 서로에게 미루니, 어리석은 백성들이야 어찌 고금의 차이가 있겠는가. 위에서 잘 다스리고 아래의 풍속이 아름다우면 특별히 이끌고 깨우쳐주지 않아도 자연스럽게 서로 죽기를 다투는 의리를 알 것이다. 하지만 그렇지 못하면 (형제가) 죽기를 다투기는커녕 도리어 서로에게 죽음을 떠넘기려 할 것이다. 어찌 서응복을 주벌하고 서응해를 책망하겠는가. 반복해서 생각해보니 밤이 깊은 줄도 몰랐다. 대개 다스림이 융성하지 않고 풍속이 아름답지 못한 원인은 오로지 왕이 교화를 밝히지 못한 데서 기인한다(朝廷之敎化不明)."고 탄식했다.

위에서 교화를 밝히기만 하면 아래의 풍속이 아름다워져 형벌과 같은 강제 수단을 동원하지 않더라도 저절로(自然) 형제 간의 마땅한 도리(當然)를 다할 것이었다. 결국 이들 형제를 엄형하지 않을 수 없었던 정조는 형(서응복)을 평생 대구감영의 노비로 삼도록 명했다.

유사한 사건 대부분을 유배형으로 감형했다가 수년이 지나 석방했던 정조는 서응복은 죽을 때까지 공노비로 일하도록 처벌했던 것이다. 이처럼 '인간다움의 근거(인륜)'를 깊이 고려한 정조는 감형과 가중의 참작을 통해 교화의 목표를 분명히 했다. 정조는 여러 건의 살옥 심리에서 형제의 우애를 보이지 않은 경우 항상 엄벌에 처하곤 했다.[60]

3) 평안도 안여곤 사건

교화에 많은 노력을 기울였던 만큼 정조는 서씨 형제의 사건에 충격을 받았다. 특히 영남에서 벌어진 사건이라 더욱 놀라웠다고 고백했다. 반면 평안도 운산에서 벌어진 사건은 정조에게 큰 위로가 되었다. 안여곤 형제가 보여준 우애 덕분이었다.

1789년(정조 13) 윤5월 평안도 운산에서 안여곤과 이의번이 쌍륙(雙陸) 놀이를 하던 중 사고가 발생했다. 옆에서 구경하던 최용척이 이의번에게 여러 차례 훈수하여 연이어 지게 된 안여곤이 이의번 등과 다투었고 구타당한 이의번이 사망했던 것이다.[61]

---

60) 《일성록》, 정조 14년 8월 16일.

당시 조사 과정에서 안여곤은 스스로 범행을 자백했을 뿐 아니라 형 안여수에게 혐의가 돌아가지 않도록 극구 변명했다. 수년이 지난 1790년 8월 정조는 범인 안여곤의 태도를 칭찬했다.

> 안여곤은 감히 변명하지 않고 초검에서 동추에 이르기까지 스스로 범행을 자백했다. 뿐만 아니라 말이 형 안여수 등에게 미치자 극구 변명하면서 홀로 책임을 지고자 했으니, 양심이 사라지지 않았음을 보여주었다고 할 것이다. 대구 서응복 형제가 서로 살겠다고 한 일과는 너무 다르다. 누가 영남을 추로지향(鄒魯之鄕)이라고 했으며 관서(關西)를 무술만 숭상하는 곳이라 했는가. 영남의 수치를 관서가 능히 씻었으니 매우 기쁘다.

형제가 죽지 않으려고 서로에게 범죄를 떠넘기는 경우 사건 정황이 용서할 만해도 용서할 수 없는 이유는 윤리가 훼손되었기 때문이라고 강조한 정조는, 안여곤 사건에 대해서는 정황상 용서할 수 없는 경우이나 인륜의 도리를 알았기에 특별히 법을 굽혀 은전을 베푼다고 강조했다. 풍속 교화에 도움이 된다면 법의 취지 안에서 가감(시중)은 불가피했다〔今於如坤本情之不當宥者 別施屈法之典 豈不爲風化之一助乎〕. 당시 안여곤은 사형은커녕 방면되었다.

학문은 없고 무술을 숭상한다고 폄하되었던 평안도에서 정조는 인륜의 모범을 확인하고 기뻐했다. 대구의 서씨 형제가 남긴 충격을 평안도의 안여곤이 어느 정도 완화해준 셈이었다. 흥미롭게도 정조는 안여곤을 칭찬하는 반면 형 안여수를 엄벌에 처하도록 명했다. 형 안여수가 동생을 위해 단 한마디의 변명이나 도움도 주려 하지 않았기

---

61) 이하 서술은 《심리록》, 경술년(1790), 〈평안도 운산 안여곤 옥사〉 참조.

때문이었다.

정조는 형 안여수가 범행에 가담했는지 여부는 중요하지 않다고 강조했다. 설사 범행 사실이 없다 해도 형이 동생을 구하려는 마음으로 '함께 범행했다'고 주장했다면 동생을 죽음에서 구할 수도 있었다. 또한 안여수가 본 범죄를 감당하려 했다면 많은 이웃과 향당(鄕黨)의 공론이 일어나 형 안여수의 억울함을 두둔하고 어진 사람이라고 칭찬했을 것이었다〔多有隣里鄕黨之公是非 則豈不以渠爲善人而衆口齊聲訟渠寃而稱渠賢乎〕. 그런데도 형 안여수는 혼자 살겠다고 사죄에 빠진 동생을 불쌍하게 여기지 않았다. 이에 정조는 안여수는 죽여도 아깝지 않다고 꾸짖고 평안도의 공노비로 삼도록 했다.

인륜은 인간의 본성이요 무위이치의 목표였다. 형제의 우애는 죽음을 삶으로 바꿀 수도 혹은 삶을 죽음으로 바꿀 수도 있었다. 이처럼 정조는 정·리를 충분히 참작하여 법을 운용했다. 굴법(屈法)에 대한 부담이 없다고 할 수는 없었지만, 정조에게 법은 항상 통치의 마지막이자 불가피한 수단일 뿐이었다.

4) 황해도 박춘복 사건

인륜에 대한 지나친 강조는 문제를 일으키곤 했다. 1783년(정조 7) 4월 황해도 금천에서 이이복의 아내 임씨가 다른 남자와 간통하는 일이 벌어졌다. 격분한 시동생 이이춘은 간부(奸夫) 김명철을 구타 살해했다.[62] 문제는 남편(이이복)이 아닌 그의 동생 이이춘이 김명철을 죽였다는 사실이었다.

조선시대에는 남편이 아내의 간통남을 현장에서 살해한 경우 살인

62) 이하 서술은 《심리록》, 을사년(1785), 〈황해도 금천 박춘복 옥사〉 참조.

죄로 처벌하지 않았다. 이는 《대명률》로부터 《속대전》에 이르기까지 면면히 이어져온 전통이었다. 한마디로 말해 남편에게 부인의 불륜을 처벌할 권리가 주어졌던 것이다. 하지만 남편이 아닌 제3자(시동생 등)의 살해는 허용되지 않았다.

당시 사건을 담당했던 황해감사는 시친 등 사건 관련자들의 공초를 볼 때, 사건을 전후로 지휘한 사람은 이이춘의 처남 박춘복이고, 직접 구타 살해한 자는 이이춘이라고 보고했다. 박춘복은 당시 이씨 일가를 꾸짖으며, "너희들은 다리를 부러뜨려 죽일 놈들이다. 네 형수와 몰래 간통한 자를 어찌 이처럼 가볍게 때리는가? 이씨 집안이 망했다."라면서 간부를 엄하게 처벌하도록 요구했다. 한마디로 박춘복이 이이춘으로 하여금 간통남 김명철을 구타 살해하게 했다는 것이다.

황해감사는 이이춘이 정범인 것은 확실하나 박춘복이 뒤에서 사주했으며, 《대명률》에는 남편이 간부를 죽인 경우에만 논죄하지 않았을 뿐, 남편 대신 동생(이이춘)이 간부를 살해한 경우는 관련 조문이 없으므로 형조에서 본격적으로 논의하는 게 좋겠다는 의견을 올렸다.

그 후 여러 차례 조사가 진행되었지만, 이이춘이 주범이 되었다가 다시 박춘복이 주범이 되는 등 사건은 미궁으로 빠져들었다. 처음에 범행을 자백했던 이이춘은 조사 과정에서 말을 바꾸었고, 이이춘의 친척들은 모두 박춘복이 범인이라고 서로 짜맞춘 듯한 언사를 일삼았다.

정조는 사건의 내막을 정확하게 파악하지 못한 관료들을 질타하면서도 백성들의 도덕적 타락에 더욱 분노했다. 정조는 "형이 아우를 위하고 아내가 남편을 위하는 마음은 모든 사람이 마찬가지이다. 그런데 김성원(간부 김명철의 형)은 자신의 동생이 구타를 당했는데도 구하지 않았을뿐더러 원씨(간부 김명철의 아내)는 남편이 살해된 사실을 숨기다가 심문 때에야 비로소 이이춘이 범인이라고 했으니 인륜의 도리가 무너졌다."고 한탄했다. 정조는 인륜을 강조하여 풍속을 교화하기로 결정했다. 형수의 간부를 살해한 범인 이이춘을 상명의 원칙에 따라 사형에 처해야 했지만 유배형으로 감형했다. 이유는 아래와 같았다.

> 살인자를 사형에 처하는 법이 엄격하지만, "그 어미가 타인과 몰래 간통했을 때, 간부를 현장에서 칼로 찔러 죽인 경우 정상을 참작하여 유배형에 처한다."는 《속대전》의 조문은 본 사건에 참고할 만하다. 물론 아버지와 형은 그 정리가 같지만, 어머니와 형수는 경중이 현저히 다르다. 그렇다 하더라도 앞의 경우는 가볍게 다스리고 뒤의 경우는 엄하게 형률을 적용한다면, 원통한 사연을 살펴 불쌍히 여기고 돌봐주어야 한다는 뜻에 어긋날 것이다.

정조는 형수의 불륜을 참지 못하고 간통남을 살해한 이이춘을 감형하도록 했다. '어머니와 간통한 남자를 죽인 아들'과 '형수와 간통한 남자를 살해한 시동생'의 경우는 차이가 컸지만, 정조는 시동생을 살인죄로 엄형할 경우 도덕의 타락을 좌시하지 않은 이이춘의 의로움이 묻힌다고 보았다. 이에 법을 굽히고 도덕을 강조하기로 결심했던 것이다.

그런데 당시 이이춘이 형수의 간통남 김명철을 살해할 수 있었던 이유가 박춘복에게 '형수와 간통한 남자를 죽이더라도 사죄에 처해지지 않을 것'이라는 말을 들었기 때문이라는 것이었다. 정조 치세의 법 운용이 형률을 엄격하게 적용하면서도, 도덕적 판단 즉 정·리의 측면을 깊이 고려하여 이루어진다는 사실을 일반 백성들 역시 잘 알고 있었다. 훗날 다산은 이이춘에 대한 정조의 감형 조치를 강하게 비판했다. 지나친 인륜의 강조가 불러올 폭력 사태를 염려했던 것이다.[63)]

> 살인은 매우 큰 죄이다. 남편이 아니면 아내와의 간통남을 죽일 수 없고, 이 또한 간통 현장에서 즉시 이루어지지 않았다면 허용할 수 없다. 이 정도로 살인은 엄격하게 통제해야 한다. 이미 어머니와의 간통남을 아들이 살해할 수 있도록 허용했고, 미혼의 딸을 강간한 자를 아버지가 살해할 수 있도록 허용한 것이 조선의 국법이다. 하지만 그 법을 더욱 확대해 시동생이 형수와 간통한 사내마저 죽일 수 있도록 허용한다면 너무 지나치지 않은가? 더구나 간통 현장이 아닌데도 형수와 간통한 사내를 살인할 수 있다면 더욱 문제가 되지 않겠는가. 이런 기준은 절대 적용해서는 안 된다.

다산 정약용은 조선 후기에 인륜의 강조로 야기된 '법의 도덕화 현상'을 크게 우려했다.[64)] 다산 역시 유학자로서 인륜을 중시하고 정·리에 기초한 '법의 운용'을 부정하지 않았다. 하지만 이미 입법 취지에 충분히 반영된 '유교적 가치'들이 법의 인율 과정에서마저 큰 영향을 미칠 경우, 자의적 판단이라는 비판과 더불어 적지 않은 부작용을 낳을 것이 분명했다.

사실 법에는 '남편이 자신의 아내와 간통한 사내를 간통 현장에서 죽이는 것'만이 허용되었다. 하지만 자식은 물론 시동생마저 묵인되고 점점 더 확대된다면, 어느 순간에는 누구나 간통한 사람을 죽이려

---

63) 이하 《흠흠신서》 권8, 〈상형추의〉 11, '정리지서(情理之恕)' 7, 〈금천민이이춘살김명철(金川民李二春殺金命喆)〉 참조.

64) 김호, 2013, 《정약용, 조선의 정의를 말하다》, 책문 참조.

할지 몰랐다. 그런 일이 발생하는 데 100년이 채 걸리지 않았다.[65]

5) 황해도 이경휘 사건

정조는 줄곧 정·리와 법의 시중을 찾아 형벌을 집행할 뿐이라고 강조했다. 그럼에도 종종 법을 굽히고 인간다움의 도리를 강조한 판결이 불가피했다. 이에 대한 우려 또한 적지 않았다. 1778년(정조 2) 8월 황해도 재령에서 발생했던 사건이다. 최 여인은 오촌 숙부 이경휘의 전답에서 이삭을 주워 먹으며 간신히 생계를 꾸리고 있었다. 그런데 어느 날 이경휘가 최 여인이 볏섬을 훔쳐 먹었다며 도둑으로 몰아세웠다. 이에 비관한 최씨가 자식은 물론 조카들과 함께 모두 물에 빠져 자살했다. 무려 일곱 명이나 죽은 이 사건으로 큰 논란에 휩싸였다.[66]

황해감사는 위핍률(威逼律)을 적용하여 이경휘를 장 일백에 처분할 수 있다고 판단했다. 아무리 무겁게 처벌해도 사죄에 처할 수는 없다고 보고했다. 정조는 크게 화를 내고 7명의 원한을 풀기 위해 이경휘를 엄형하지 않을 수 없다고 강조했다. 아울러 황해감사를 무겁게 처벌하라고까지 지시했다. 친족 간에 사소한 이익을 다투다가 7명이나 죽는 풍속의 쇠퇴에 격분한 정조는 이경휘를 무겁게 처벌하고자 했다. 이후 형조의 논의는 이경휘를 중벌에 처하는 쪽으로 선회했다. 형조참의 이헌경은 "한 묶음의 이삭을 다투다 벌어진 일이므로 형률은 장 일백이 맞지만 이러한 경우를 사죄에 처하지 않는다면 어떻게 원통한 마음을 풀어줄 수 있겠는가."라는 의견을 올렸다.

1784년(정조 8) 윤3월 정조는 본 사건의 최종 판결을 내렸다. 주범

65) 김호, 2018, 《100년 전 살인 사건-검안을 통해 본 조선의 일상사》, 휴머니스트 참조.

66) 이하 《심리록》 권11, 〈황해도 재령군 이경휘 옥(黃海道載寧郡李京輝獄)〉; 《흠흠신서》 권7, 〈상형추의〉 9, '위핍지액(威逼之阨)' 1 참조.

인 이경휘가 비록 직접 칼로 찔러 죽인 것은 아니지만 억지로 도둑의 누명을 씌우고 위협하고 공갈하여 7명을 죽게 만들었으니, 이러한 변고를 범범하게 보아 넘길 수 없다는 논지였다. 정조는 이경휘를 엄중히 문책하고 기필코 사형에 처하라고 신칙(申飭)했다. 정조의 심리 과정에서 인륜의 과잉이 드러난 대표적인 사례였다.

후일 다산은《흠흠신서》에서 정조의 판결을 강하게 비판했다. 모름지기 살옥은 공평해야 한다는 말로 비평을 시작한 다산은 이경휘를 사죄에 처하라는 정조의 판결은 정·리와 법의 균형을 잃었다고 지적했다.

> 살옥사건은 천하의 공평한 일이어야 한다. 비록 몸에 상처가 없더라도 그 정상이나 범행이 지극이 흉악하면 마땅히 살인으로 판단하고, 비록 10명의 목숨이 동시에 떨어졌다 해도 진실로 그 정상이나 범행이 무겁지 않으면 마땅히 그 죽음을 너그럽게 해야 한다. 단지 죄의 경중만을 논하면 되지 어찌하여 저 죽음의 다소를 따지려 하는가. 최 여인 모자 7인이 일시에 물에 몸을 던졌으니 이번 사건을 듣고 누군들 해괴하다고 생각지 않겠는가마는, 비록 그렇다 해도 최씨는 일단 제쳐놓고 이경휘의 범행만을 잡고 반복해서 연구한 후, 만일 그 계책이 진정 협박해서 죽이려는 데서 나왔고 그 사정이 부득이 자살로 이어질 수밖에 없었으며 또 그 정황이 7인이 모두 죽지 않을 수 없었을 경우에 한하여, 이경휘를 살인범으로 간주할 수 있다.

결론적으로 다산은 이경휘의 핍박(모욕)이 7인의 목숨을 죽일 만한 일이 아니었다면, 너무 쉽게 스스로 목숨을 끊고 다른 자녀들마저 희생시킨 최씨가 도리어 책임을 져야 하는 것은 아닌지 물었다.

7인의 목숨이 끊어진 사실을 판단하여 살인죄를 논한다면 최녀(崔女)에게 있다. 자살도 사람을 죽이는 것이요, 자녀를 살해하는 것 또한 사람을 죽이는 것이다. 우견(愚見, 정약용)으로는 단지 최녀가 살인한 것만 보이지 이경휘가 사람을 죽인 죄는 보이지 않는다.

다산은 단지 사망자가 많다는 이유만으로 책임지지 않을 책임을 지고 사죄에 처해질 수는 없다고 강조했다. 이경휘를 엄벌에 처한다면, 법의 운용이 시중을 득하지 못했다는 증거만 남길 뿐이었다.[67]

다산은 법을 운용하는 과정에서 지나치게 정·리를 강조할 때 나타날 사태를 매우 우려했다. 그의 걱정은 점차 현실로 입증되었다. 인륜을 강조하고 부도덕을 응징하려는 의지의 확산은 왕을 포함한 모든 인민으로 하여금 인륜의 수호자요 도덕의 심판자를 자처하도록 격려했다. 불편한 진실이지만 '교화'는 양날의 검과 같았다.

악의의 징벌

성리학의 가치에 충실하면 칭송받을 터이지만 이에 도전하면 그만한 대가를 치러야만 했다. 악의는 엄중하게 처벌하지 않으면 안 되었다. 이러한 악의는 기본적으로 인륜에 기초한 사회 질서를 위협하고 있었다. 성리학 사회의 토대인 인간의 도리에 반하는 범죄는 반드시 처벌해야 했다. 특히 조선 후기에 인간다움에 대한 '신뢰' 자체를 침식하는 시도들이 증가하고 있었는데 이에 대한 대처가 더욱 문제였다.

67) 이상의 인용문은《흠흠신서》권7, 〈상형추의〉 9, '위핍지액' 1 참조.

1) 한성부 김득복 사건

1786년(정조 10) 6월 11일 서울 남부에 사는 사노(私奴) 김득복이 한성부에 발괄을 올린 적이 있다.[68] 득복은 아버지 김도흥이 전날인 6월 10일 액정서의 별감(하급 서리) 이천손에게 구타당한 후 11일 오전에 사망했다고 고발했다. 한성부는 남부에 명령하여 즉시 검험을 실시하고 이천손은 형구를 채워 엄히 가두도록 했다. 정조는 관청의 공무를 맡은 서리가 미천한 백성을 죽인 사실에 분노했다. 범인 이천손은 그 전에도 왕실의 꿩고기를 훔쳐 먹은 전과가 있었다. 당시 사정은《일성록》에 자세한데, 1783년(정조 7) 겨울 배고픔을 참지 못한 이천손이 주방에 숨어들어 꿩고기를 훔쳐 먹자 정조가 이를 용서한 적이 있었다. 법을 너무 각박하게 쓰면 도리어 백성들을 지나치게 압박할 뿐이라는 게 이유였다.

> 법은 통치의 도구인데, 더러 다스릴 필요가 없는데도 다스리면 도리어 무용지물이 된다. 물이 너무 맑으면 물고기가 없다는 속담은 사람이나 일을 너무 각박하게 대하면 도리어 누구도 용납하지 못하게 됨을 경계한 것이다. …… 그 죄를 논하고 형률을 고찰하면 경들의 주장이 옳지만, 나(정조)는 매우 관대하게 용서해주고자 한다.[69]

정조는 왕실 주방에서 꿩을 훔쳐 먹은 서리 이천손을 엄형하는 대신 용서했다. 그런데 이천손이 다시금 살인 사건의 용의자가 되어 나타난 것이다. 그런데 득복이 고발한 바로 다음날(6월 12일) 사건의 진

---

68) 이하《심리록》, 병오년(1786), 〈서울 남부 노(奴) 득복 옥사〉 참조.

69) 《일성록》, 정조 7년(1783) 11월 24일.

실이 밝혀졌다. 득복의 아버지 김도흥은 이천손에 의해 구타당한 것이 아니라 노비주였던 이영규에게 살해당했던 것이다.

그렇다면 왜 득복은 이영규를 직접 고발하지 않았는가? 이는 자식이 아버지를 고발할 수 없듯이 노비가 주인을 고발할 수 없었던 조선의 덕목 때문이었다. 주인을 고발할 수 없음을 잘 알고 있었던 득복은 이영규 대신 평소에 원한을 품고 있던 액정서 별감 이천손을 범인으로 고발하기로 계획했다. 득복의 저의는 우선 이천손을 살옥으로 무고하여 고통받도록 하고 동시에, 조사 과정에서 이천손이 아닌 자신들의 주인 이영규가 범인이라는 사실을 자연스럽게 드러내는 것이었다. 주인을 살옥 정범으로 고발할 경우 노주(奴主)의 명분을 범했다고 처벌받을 것이 분명했기에, 숙원이자 이미 꿩을 훔친 전과가 있는 이천손에게 살인의 누명을 씌워 일거양득의 효과를 노렸던 것이다. 치밀하게 계획된 무고 사건이었다.

이천손은 김도흥의 죽음과 관련이 없었는데도 아들 김득복의 무고로 꼼짝없이 곤경에 처하고 말았다. 정조는 사노 득복의 무고 계획을 듣고 큰 충격을 받았다. 사노가 자신의 주인을 사죄에 처하기 위해 관련 없는 자를 끌어들여 무고를 계획했기 때문이었다. 정조는 엄연한 신분 질서를 위협하는 사노 득복의 악의를 징벌하지 않을 수 없다고 판단했다. 형조에 내린 정조의 하교는 매우 엄중했다.

주인과 노비의 구분은 하늘과 땅처럼 분명하다. 능멸하고 범하여 윤리와 기강이 이렇듯 무너지면 사람은 사람다울 수 없고 나라는 나라다울 수 없다. 우리 조정이 제도를 세움에 있어 오로지 교화를 높이고 기강과 윤리를 세우는 정사에 힘써왔다. 지금 사노 김득복의 옥안을 보았는데 절반도 읽기 전에 두렵고 불쾌한 생각이 들었다. 교화가 자취를 감춘 것이 이 지경에 이르렀을 줄은 생각지도 못했다. 최근 몇 년 이래로 조정이 문란해지고 명분과 위엄이 무너져 기강을 범하고 분수를 무시하는 일이 이어지니, 조만간 서로를 몰락시키는 데 이르지 않는다고 장담할 수 있겠는가? 이번 옥사는 강상을 어지럽힌 커다란 변고이다. 노비와 주인의 분수는 양반이나 천민이 다를 바 없다. 종이 주인을 증인으로 세우는 일도 오히려 국법에서 금하는데, 주인이 노비의 무고를 받았다면 종에게 어떤 벌을 주어야 하겠는가. 대개 고발한 것은 살옥사건을 성사시키려는 의도였고, 옥사를 성사시킨 것은 주인을 죽이려는 계획이었다. 주인을 죽인 죄는 강상윤리를 저버린 일로 극형에 처해야 마땅하다.[70]

정조는 노주 사이의 명분이 무너졌다 해도 이 정도일 줄은 꿈에도 생각하지 못했다고 한탄했다. 정조는 '범분(犯分)의 시도' 자체를 철저하게 응징해야 한다고 강조하고, 이와 관련한 율문을 초록하여 백성들에게 공포하도록 했다.[71]

이후 김득복은 강상윤리에 관련된 범죄인으로 의금부 감옥에 수년을 갇혀 있었다. 1789년(정조 13) 1월 24일 형조는 김득복을 재차 심문했다.[72] 그는 주인을 모해할 생각이 없었다고 호소했다. "저는 무식한 상놈으로 다만 저의 아비가 졸지에 죽은 것만을 애통히 여기고 주인을 고발하는 것이 극형에 해당될 거라고는 생각지도 못한 채 용서받지 못할 죄를 저질렀으니 속히 죽기만을 바랄 뿐입니다. 저는 열 살

70) 《일성록》, 정조 10년(1786) 6월 22일.

71) 《정조실록》 권21, 정조 10년(1786) 6월 12일, "小民常賤 不識律文有無 容易犯科 …… 奴告主 其律至死 罵亦同律 似此律令 關係人命 尤宜申申 卿等就律文中關係貴賤奴主之犯分蔑綱者 條錄一通 頒示坊曲".

72) 《일성록》, 정조 13년(1789) 1월 24일.

전부터 상전댁에서 자랐으니 노주의 은의가 부자와 다름없었습니다. 평소 터럭만큼이라도 원망을 품은 일이 없었으니 어찌 모해하려는 마음이 있었겠습니까." 득복의 공초는 이전과 다름없었다. 정조는 계속 심문하여 주인을 모해하려던 계획을 자백받도록 했다. 정조는 "삼강의 인륜은 엄하여 범할 수 없다. 나라〔國〕에는 군신(君臣)이 있고 집〔家〕에는 노주(奴主)가 있다. 신하가 임금을 범하면 역신(逆臣)이 되고, 노가 주인을 범하면 역노(逆奴)가 된다."면서 범분의 죄가 크다는 사실을 역설했다.

정조는 당시 교화는 이루어지지 않고 풍속은 날로 야박해져 사람들이 금수지경으로 타락하고 있다고 판단했다. 그래서 더욱 김득복을 범범하게 처리할 수 없었다. 특히 그의 공초를 보면 상전에게 큰 은혜를 입어 원망을 품은 적이 없었다고 변명하고 사건 당시에 악의가 없었을 뿐 아니라 후회가 막심하다는 말을 늘어놓았지만, '주인을 고발〔告主〕한 사실'은 분명하므로 용서하기 어렵다고 보았다. 정조는 득복으로부터 '모살의 자백'을 받아낸 뒤에야 비로소 감형을 결정했다.

> 득복 사건은 그 마음을 헤아려볼 때 반드시 주인을 모함하려는 의도는 아니었다고 해도 그 자취를 살펴보면 어찌 사죄를 피할 수 있겠는가? 더구나 기강이 날로 어지러워지고 습속이 날로 야박해지니 말할 것도 없다. 노주의 구분은 군신과 다를 바 없으니 어찌 죄를 용서하겠는가.[73]

정조는 오랫동안 고문을 당하고 감옥에서 고통을 겪은 득복이 무지

---

73) 《일성록》, 정조 13년(1789) 윤5월 9일, "得福則究其心未必全出於構陷上典 執其迹焉逭常律 況紀綱日紊 習俗日渝 奴主之分 無異君臣一有犯科 豈或容貸乎".

(無知)의 죗값을 충분히 치렀다고 보고, 집으로 돌려보내 병 치료가 끝나면 유배형에 처하도록 명했다. 후일 다산은 노주의 명분을 엄격하게 강조한 정조의 판결을 칭송했다. 다산은 "득복은 가노이다. 주인이 자신의 아비를 죽이자 주인을 관아에 고발하여 살옥사건을 만들었다. 이에 왕의 유시(諭示)가 이토록 엄했던 것이다."라고 강조했다.[74]

정조가 득복의 악의를 엄벌하려 했던 가장 큰 이유는 성리학 사회의 기초(인륜)를 훼손하는 시도였기 때문이다. 아울러 조선 후기에 이르러 악의를 숨기려는 계획범죄(무고)가 늘어나면서 인간 본성의 선함(性善)에 대한 믿음이 의심되고 침식되고 있었기 때문이다. 무고 사건의 증가는 한 사회의 이러한 '신뢰'가 근저로부터 무너지고 있음을 알리는 신호에 다름 아니었다.[75]

2) 황해도 조재항 사건

1780년 6월 황해도 배천군에서 조재항의 부인 윤 여인이 사망하는 일이 벌어졌다.[76] 남편 조재항이 밥 한 사발을 두고 부인과 다투다가 발로 걷어찼는데 죽었다는 것이다. 사건 발생 후 한 달이 지나서야, 그것도 이가원과 조환이라는 윤 여인의 먼 일가붙이에 의해 고발되었다.

6월 무더운 여름이었지만 매장한 시신을 파내어 검험을 진행했다. 시신은 부패했고, 등살은 뼈에 달라붙어 물로 씻어냈지만 떨어지지

---

74) 《흠흠신서》 권9, 〈상형추의〉 13, '노주지제(奴主之際)' 3 참조.

75) 서정민, 2013 《한국 전통 형법의 무고죄-조선 초기 무고반좌율(誣告反坐律)》, 민속원; 서정민, 2012, 〈《흠흠신서》의 도뢰 사례 고찰〉, 《다산학》 20; 김호, 2015, 〈조선 후기의 '도뢰'와 다산 정약용의 비판〉, 《한국학연구》 37 참조.

76) 이하 서술은 《심리록》, 경자년(1780), 〈황해도 배천 조재항 옥사〉 참조.

않았다. 관련자들에 대한 심문이 이어졌다. 황해감사 조상진은 "사건의 발단이 한 사발의 밥에서 시작되어 그 자리에서 사고가 일어났다. 5일 만에 서둘러 매장했으니 자취를 숨기려 한 것이 분명했다."면서 본 사건의 범인 조재항이 사건을 은폐했다고 보고했다. 형조는 별다른 내용을 보고하지 않았다.

1780년 겨울(12월) 정조는 "시친과 정범의 전후 공초를 보니 실로 의심스러운 점이 많아 판결할 수 없다. 대체로 옥사의 체모는 실인이 중요하지만, 반드시 사증(詞證, 진술과 기타 증거)이 구비되어야 하는 것은 인명을 중시하기 때문이다. 지금 조재항의 처 윤 여인의 등에 생긴 상처가 상하로 길다. 위는 넓고 아래는 뾰족하여 혹 배나무 잎 같기도 하고 혹 콩잎 같기도 한데, 발로 찬 상처인지 확실하지 않다. 증언 또한 증거로 충분치 않고 시친의 주장도 막연하여 동네 사람들의 떠들썩한 진언에 불과하다."고 말했다.

정조는 사건의 내막을 다시 조사하라고 명했다. 죽은 윤씨의 상처가 발에 맞았다고 확언하기 어렵지만, 지병이 없던 윤 여인이 급사한 것을 볼 때 시친인 남편 조재항을 의심하지 않을 수 없다고 본 것이다. 윤씨가 죽은 지 한 달이나 지나 고발되었다는 사실도 의혹을 증폭시켰다. 정조는 이가원과 조환이 윤 여인의 억울함을 풀어주기보다 남편 조재항에게 돈을 뜯어내려는 의도가 있지 않았는지 의심하기도 했다. 그런데 사건의 내막을 다양하게 살피고 혹시 모를 범행의 의도까지 파악해야 하는 배천군수나 연안부사의 검안은 소략하기 짝이 없었다.

> 단지 시친의 주장과 동네의 소문에 근거하여 조재항을 정범으로 정했으니, 어떻게 옥사의 정당한 체모라 하겠는가. …… 조사를 담당한 사또는 끝까지 캐묻지 않은데다 감영에서도 제대로 조사하지 않은 채 조재항을

> 정범으로 보고했으니, 어찌 심리를 신중히 하는 도리에 어그러지지 않았겠는가? 초검관 배천 사또 권중립과 복검관 연안부사 이우배를 파직하고 다시 조사하라.

정조는 사건을 철저하게 조사하지 않은 채 이가원과 조환의 주장 그리고 어린 여비(女婢)의 증언에 따라 윤 여인의 남편 조재항을 정범으로 보고한 배천군수와 연안부사를 문책했다. 이듬해인 1781년까지 이어진 조사에서도 별다른 성과는 없었다. 재조사에서 황해감사는 윤씨의 상처가 비록 배나무 잎과 콩잎 등 모양의 차이는 있지만, 발로 차서 죽은 것으로 실인을 결정하는 데 하등의 문제가 없다고 보고했다. 황해감사는 여전히 남편 조재항이 범인이라고 주장했다.

형조는 좀 더 신중한 입장을 보였다. 사건 이후 노래를 만들어 퍼뜨리거나 피의 흔적을 씻지 않는 등 무언가 판단을 흐리게 하려는 계략들이 발견되었기 때문이다. 사건의 진실을 호도하려는 시도들이 있었다는 형조의 주장에 따라 1781년 8월 정조는 사건을 다시 한 번 조사하도록 했다. 그 사이에 조재항의 동생 조재정은 형의 억울함을 호소하며 격쟁했다. 자신의 형(조재항)이 이가원 등에게 무고를 당하여 이같이 고초를 당했다는 내용이었다. 정조는 이가원의 무고를 의심하고 황해감사에게 철저한 심문을 당부했다.

> 이가원은 의심스러운 점이 한둘이 아니다. 조환을 불러내 증인을 자처하도록 했고 …… 여비 복덕을 동원해 꾸몄으나 계획이 먹히지 않자 또 농가(農歌)를 만들어 전파하기도 했다. 역시 뜻대로 행해지지 않았으니 모든 것이 이가원의 죄상이다. 황해감사에게 명하여 이가원을 감영의 감옥에 단단히 가두어 결론을 기다리도록 하라.

마침내 거듭된 조사를 통해 이가원의 무고가 밝혀졌다. 조환은 모든 것이 이가원의 사주였다고 증언했다. 1783년 6월 정조는, 이전의 심리 과정에서 본 사건의 검안 등을 보고 의심이 많았으나 억측으로 결정할 수 없어 3년간 네 차례에 걸쳐 재조사를 하지 않을 수 없었다는 저간의 사정을 언급했다. 최종적으로 이가원의 간사한 죄상이 탄로 났고 조재항의 억울함은 풀어졌다. 정조는 죄 지은 자는 누구도 도망칠 수 없고 죄 없는 이는 모두 원통함을 면할 수 있게 되었다고 자부했다.

정조는 윤 여인의 죽음을 이용해 돈을 뜯어내려 했던 이가원을 격하게 비판했다. "윤 여인이 죽자 이웃의 친동생은 전연 의심하지 않았다. 그런데 이가원은 이를 남을 해치고 돈을 취할 기회로 삼았다."고 시작한 정조는 이가원이 식지도 않은 시체를 돈벌이 수단으로 생각하고 시신의 상처를 억지로 찾아내려 했지만 특별히 잡아낼 만한 의심처가 없자 장례를 후하게 치러야 한다면서 돈을 뜯어낼 방도로 삼았다고 비판했다. 이가원은 직접 두세 곡의 농요(農謠)를 만들어 마을의 부인들을 가르치기까지 했다. 남편이 아내를 죽였다는 허위 사실을 전파하려던 의도였다. 정조는 유언비어를 만든 사실에 특히 분노했다.

> 가장 극악한 일은 농요이다. 이가원은 계획을 세울 때부터 많은 사람들을 미혹시킬 방도를 미리 도모하여, 속요(俗謠)를 만들어 몰래 촌부(村婦)에게 가르쳐 한 사람이 부르면 열 사람이 화답하여 들판에서도 부르고 길에서도 부르게 하여 감영과 고을의 염탐하는 사람들이나 길을 지나가는 길손들이 노래를 듣고 모두 측은히 여겨 '윤 여인의 원한이 노래가 되었다.'고 했던 것이다. 바로 이 부분을 놓쳐서는 안 된다.

이가원은 조카의 시신을 이용하여 돈을 갈취하고 농요를 지어 동네의 소문을 조작하려 시도했다. 이처럼 조선 후기에 노래를 이용하여 민심을 조작한 이른바 참요(讖謠)의 유행은, 정조에게 말세의 증거로 충분했다.

성호 이익은 이러한 '노래의 힘'이 참서(讖書)보다 크다고 말하기도 했다. 무언가 깊은 의미를 담고 있는데다 순수한 이들의 입을 빌려 유행하는 만큼 믿을 만하다고 생각되기에 정치적 파워를 갖는다는 주장이었다. 정조는 하층민의 노래도 천기(天機)에서 나오기에 울림이 있다고 인정했다. 그런데 이가원의 농요는 다른 사람들에게 가사 내용이 전달되지 않을까 전전긍긍한 흔적이 역력했던 것이다. 정조는 교묘하게 꾸미려다가 도리어 치졸한 짓이 발각되었다고 비판했다. 정조는 노래를 만들어 허위 사실을 유포하는 등 치밀하게 무고를 계획했던 이가원을 엄벌에 처했다.[77)]

인간 본성에 대한 신뢰를 기초로 한 성리학 사회는 기본적으로 선의 의지를 회복하려는 교화의 수단에 기대어 있었다. 물론 선을 향한 의지에 섞여 들어온 위선이나 악의의 간계를 제거하는 노력도 소홀히 하지 않았다. 성리학자들은 예의염치를 아는 인간의 본성상 위선과 악의가 자연스럽게 사라지기 바랐지만, 선의 의지에 끼어든 이기적 욕망은 쉽게 제거되지 않은 채 시신을 이용하여 돈을 갈취하는 도뢰(圖賴) 사건마저 만들어내고 있었다.

역사상 무고와 도뢰가 항상 존재했을 터이지만, 인간의 간교와 악의를 증명하는 여러 가지 사례들을 더는 예외나 무지의 결과로만 치

77) 《심리록》, 경자년(1780), 〈황해도 배천 조재항 옥사〉 정조 판부 가운데 인용. "然下里腔調 原從天機中出來 山花野曲 如興如比 往往有似解而難解者 何嘗丁寧說去 惟恐人不知如此獄之所謂謳者乎 若使具耳者聽之 可以立辨贗作 多見其欲巧而反拙".

부할 수 없었다. 그렇다고 인간 본성의 선함을 부정하는 증거로 삼을 수도 없었다. 물론 조선 후기에 도뢰와 같은 간교한 악의들은 인간 본성에 대한 신뢰를 불신으로 바꾸고 있었다. 이는 자율적 도덕공동체를 목표로 한 성리학 사회를 근저에서 무너뜨릴 수 있었다. 성리학의 교화는 악의를 숨긴 간계 등 다양한 형태의 '거짓(僞)'으로 인해 근본적인 위기에 봉착할 수도 있었다.

엄형은 제대로 된 방도가 아니었지만 적절한 통제는 불가피했다. 계속하여 선의에 호소했지만 더 이상 선의에만 의존할 수 없었고, 그렇다고 해서 엄형으로 징벌함으로써 선의에 대한 신뢰를 부정할 수도 없었다. 신뢰의 회복은 기대하기 어려웠고 쉽사리 엄형을 동원할 수 없는 만큼, 진정한 선을 더욱 권장하고 동시에 간교한 악의를 더욱 정교하게 징벌해야만 했다. 그런데 지방관들은 눈앞의 (무고) 사건이 해결된 데만 안심하고 가벼운 처벌을 인정(仁政)의 증거로 취하는 데만 급급했다. 사회를 유지하려면 악의를 징계하는 데 조금 더 의지를 가질 필요가 있었다.[78]

> 옥사가 일단락되면 사또의 뜻이 해이해져서 악을 징계할 것을 생각하지 않고 대강 곤장을 치고는 대충 모두 석방해버리니 백성들이 어디 두려워할 바가 있겠는가. 무릇 무고한 자는 법률상 모두 반좌율(反坐律)에 해당한다. 사죄로써 무고한 자는 그 죄가 사형인데, 비록 그렇게는 못한다고 해도 유배조차 면해주니 어찌 소홀하지 않은가. 이것은 악을 미워하는 마음이 절실하지 못하기 때문이다. 마땅히 상사에 보고하여 반드시 죄를 주고 용서하지 말아야 한다.[79]

78) 김호, 2015, 〈조선 후기의 '도뢰'와 다산 정약용의 비판〉, 《한국학연구》 37 참조.

주희 역시 무고 사건의 악의를 제대로 징벌하지 못한 자신을 탓한 적이 있었다. 주희가 숭안태수였을 때 어느 소민이 부호의 길지(吉地)를 탐내어 부자를 무고하고 땅을 취했다. 당시 주희는 가난한 자의 말만 믿고 자신이 속았다는 사실을 뒤늦게서야 깨달았다. 다산은 "주자처럼 이치에 밝고 사물에 통달한 분도 이렇게 속으니, 용렬하고 우매한 관리들이야 말해서 무엇하겠는가?"[80]라며 '무고'의 확산이 가져올 사태를 우려했다.

소민들의 의분

사회 질서를 유지하려면, 인간 본성이 선하다는 신뢰를 근저에서 허물고 있는 빈번한 무고 사건을 철저하게 응징해야만 했다. 동시에 인간다움에 반하거나 이를 갉아먹는 불의와 간계에 대해 사회 구성원 전체가 분노하도록 해야만 했다. 악의를 징벌하거나 부도덕을 꾸짖으려는 소민들의 의지가 필요했다. '하지 않는 바'가 있는 견자들의 의지와 함께 '해야 할 바'에 앞장서는 광자의 용기를 칭송해야 했다. 인간다움을 지키려면 인간다움을 훼손하는 이들을 반드시 응징해야만 했다.

1) 이름난 의협들

정조는 소민들의 의분을 적극 장려했다. 불의를 응징했던 김은애와

79) 《목민심서》, 형전(刑典), 〈단옥(斷獄)〉.

80) 《목민심서》 권9, 형전육조(刑典六條), '청송(聽訟)-하(下)' 참조.

신여척 같은 의인들의 행적이야말로 백성들이 본받아야 할 바였다.[81] 가령 장흥의 신여척은 동네의 김순창, 김순남 형제가 보리쌀을 가지고 다투자 형제 간에 우애가 없다고 꾸짖었다. 사건 당시 형조는 명백한 살인이므로 사형에 처해야 한다고 주장했다. 신여척은 김씨 형제의 싸움을 말리는 데 그쳤더라도 지나친 행동이라는 말을 들었을 터인데, 도리어 이들 형제와 싸우고 심지어 발로 차서 살인까지 했으니 사죄를 면키 어렵다고 강조했다.[82]

그러나 정조는 풍화의 중요성을 강조했다. 형제가 곡식 한 말을 두고 싸운 변고는 이미 인륜이 끊어졌다는 증거가 확실했다. 인륜의 중함을 가르치려다가 신여척이 혈기의 분을 내었을 뿐이니 이치를 벗어난 일이 아니었다는 것이다. 정조에게 우애 없는 형제를 꾸짖고 응징한 일은 정의의 차원에서 너무도 당연했다. 정조는 신여척이 죽을 만한 놈들을 응징했을 뿐인데 이로 인해 사죄에 처해질 수 없다고 보았다.[83] 1790년 8월 정조는 신여척을 석방하도록 했다.

> "속담에 '종로의 담배 가게에서 소사(小史)나 패설(稗說)을 듣다가 영웅이 실의한 부분에 이르자 눈을 부릅뜨고 입에 거품을 물면서 담뱃잎 자르는 칼을 들고 책 읽어주는 사람 앞으로 곧장 가 그 자리에서 찔러 죽였다.'는 말도 있다. …… 신여척은 형제끼리 싸우는 무뢰한을 목격하고 갑자기 불같은 화가 치솟아, 과거의 어떤 은혜도 지금의 어떤 원한도 없는데도 별안간 불끈 화를 내어 싸움판에 달려들어 상투를 잡고 발로 차

81) 〈은애전〉과 더불어 조선 후기 대표적인 의살의 사례가 신여척 사건이다. 《흠흠신서》 권8, 〈상형추의〉 11, '의기지사(義氣之赦)' 1 참조.

82) 《일성록》, 정조 14년(1790) 4월 18일.

83) 《일성록》, 정조 14년(1790) 4월 20일.

면서 '동기 간의 싸움은 윤상(倫常)의 변고이다. 너의 집을 헐고 우리 마을에서 쫓아내겠다.'고 말한 것이다. 이에 구경하던 자가 '네가 무슨 상관이냐.'고 꾸짖으니, 다시 말하기를 '내가 의리로 권하는데 저자가 도리어 화를 내고 저자가 발로 차니 나도 발로 차겠다.'고 했다. 아, 신여척이 죽음을 두려워하지 않았으니, 사사(士師, 형벌을 담당하는 관리)도 아니면서 우애 없는 형제를 다스렸다는 것은 신여척을 두고 한 말이 아니겠는가. 사형수가 수없이 많지만 뜻이 크고 기개가 있어 녹록하지 않은 것을 신여척에게서 보았다. 신여척이란 이름은 헛되이 얻은 것이 아니다. 신여척을 석방하라.[84]

알려진 대로 정조는 석방에만 그치지 않았다. 〈은애전〉과 함께 〈여척전〉을 편찬하여 백성들에게 가르치도록 명령했다. 이덕무가 그 일을 맡았다. 정조는 신여척의 석방이 윤리를 돈독하게 하고 기절(氣節)을 중시하는 뜻이었음을 강조하고, 김은애와 신여척 사건을 호남에 알려주어 사람마다 배우도록 했다. 이덕무는 부도덕한 김씨 형제를 금수의 무리로 비판하고 이들을 응징한 신여척을 의인(義人)으로 칭송했다. 조금 길지만 〈여척전〉을 인용하여 신여척의 의행이 어떻게 묘사되었는지 살펴보자.

신여척과 한 마을에 사는 김순창이 아우 김순남에게 집을 보게 하고 아내와 더불어 밭에 김을 매고 돌아왔는데, 아내가 보리를 되어보니 두 되가 모자랐다. 이에 "시동생이 있는데 보리가 없어졌으니 참 괴이한 일이다."라고 하니, 김순창이 순남을 꾸짖어 욕하기를, "내 집을 보면서 곡

84) 《일성록》, 정조 14년(1790) 8월 16일.

식을 훔치다니 도적이 아니면 무엇이냐? 자복하라."고 말했다. 순남이 바야흐로 병으로 누워 있었는데 원통함을 견디지 못하여 목메어 울자, 순창이 흘겨보며 말하기를 "도적이 되어 뉘우쳐 우느냐?" 하고 절구를 들어 머리를 때리니, 김순남이 쓰러져 거의 죽을 지경에 이르렀다.

이웃 사람들이 모두 모여 마음으로 노했으나 감히 말을 하지 못했다. 오직 전후담이란 자가 말하기를 "옛 말에 한 말 곡식도 찧어서 같이 먹는다고 했는데, 두 되 보리가 무엇이 대단한가? 어째서 형제 간에 서로 용납하지 못하는가?"라고 꾸짖자 김순창이 욕설을 퍼부어댔다.

전후담이 화를 참지 못하고 신여척에게 사실을 말하자, 신여척은 얼굴빛이 변하며 팔뚝을 걷어붙이고 일어나면서 "김순창은 사람도 아니다." 라고 말한 후 급히 순창의 집으로 가서 상투를 붙들고 책망했다. "됫 보리는 아까울 것도 없고, 형제 간에는 싸워서는 안 된다. 슬프구나, 너의 부모가 두 사람을 낳아 서로 사랑하기를 원하고 서로 다투기를 바라지는 않았을 것이다. 병든 아우를 절구로 때리니 너는 짐승이다. 짐승과는 친할 수 없다. 내가 장차 네 집을 부수고 우리와 함께 이웃하지 못하게 하겠다."고 질책했다. 이에 김순창이 신여척을 걷어차며 "내가 나의 아우를 때리는데 네가 무슨 상관이냐."고 말하자, 신여척이 크게 화를 내며 "내가 의리로 권하는데 네가 도리어 나를 때리니 나도 너를 발로 차겠다."고 말하고 드디어 그 배를 차니 김순창이 넘어졌다가 이튿날 죽고 말았다. 한 달이 넘어 사건이 발각되어 신여척이 옥에 갇혔으니 기유년 7월의 일이었다.[85]

정조는 보리 약간을 먹은 동생을 도둑으로 몰아세웠을 뿐 아니라

85) 《청장관전서》 권20, 〈은애전(銀愛傳)〉.

몽둥이로 구타한 김순창을 의리로 다스린 신여척의 행동을 칭찬하지 않을 수 없었다. 신여척은 싸움을 두려워하지 않은 채 짐승만도 못한 놈을 죽인 의분의 주인공이었다.[86] 짐승만도 못한 자를 응징해야 인간다움을 다할 수 있었다.

누구라도 인륜과 강상에 어긋나는 놈을 발견하면 한 번에 달려들어 죽음도 두려워하지 않고 격살해야 마땅했다. 정조가 보기에 신여척은 '너야말로 대범하구나〔汝倜〕'라는 이름값을 톡톡히 해낸 진정한 광자(狂者)였다. 이처럼 정조는 의행에 앞장 선 광자의 용기와 명예를 북돋는 한편 많은 이들이 본받아 행동하기를 바랐다.

신료들 역시 정조의 뜻을 받들어 광자의 명예를 높이 평가했다. 30대 중반 곡산부사에 부임했던 다산 정약용은 관청에 나가기도 전에 성난 민중들과 이들을 대변하여 앞장선 이계심을 대면했다. 이계심은 천성적으로 백성의 고통을 들어 정부에 대한 비판을 늘어놓길 좋아했다〔性喜談民瘼〕. 전관 사또 당시 포수보(砲手保) 명목으로 면포 1필을 돈 900전으로 대징(代徵)한 일에 대해 이계심이 소민 1,000여 명을 이끌고 관부(官府)에 들이닥쳐 문제 해결을 요구한 적이 있었는데, 이제 신관 사또 정약용의 곡산 부임 날에 맞춰서 이계심이 또다시 민막(民瘼) 10여 조를 적은 소첩(訴牒)을 들고 나타난 것이다. 당시 다산은 관이 밝지 못하게 된 이유는 폐단을 말하지 않는 백성들의 탓이라고 강조했다. 문제가 있으면 용기 내어 관이나 국가를 비판하라는 취지였다. 다산의 뜻은 함묵(含默)의 정치를 비판했던 정조의 교시와 동일했다. 다산은 이계심과 같은 '광자의 용기'는 천금을 주어 칭찬해야 마땅하다고 주장했다.

---

86) 김호, 2012, 〈의살의 조건과 한계-다산의 《흠흠신서》를 중심으로〉, 《역사와 현실》 84 참조.

> 관이 밝지 못한 이유는 백성이 자신의 이익을 위해서는 애쓰지만, 타인의 고통〔民瘼〕을 들어 관에 대들지 않기 때문이다. 너(이계심) 같은 사람은 관에서 천금으로 사들여야 할 것이다.[87]

정조의 뜻은 다산과 같은 신료들은 물론 향촌 사족들과 소민들까지 널리 확산되었다. 사익이 아닌 공익과 공의에 앞장서려는 광자들을 처벌하는 대신 칭송하려는 의지는 19세기에도 이어졌다. 다산이 강진에서 가르쳤던 제자 이강회(李綱會)는 제주의 광자 양제해를 의인으로 칭송한 바 있다. 광자의 의분과 의협은 바다를 건너 교화가 잘 미치지 않았던 섬에서도 나타났다.[88]

2) 의분의 확산

강진에 유배되었던 다산은 많은 제자들 중에서 이강회를 높이 평가했다. 이강회의 5대조는 윤선도의 사위였는데, 윤선도가 보길도로 이주하자 가족을 이끌고 강진으로 거처를 옮겼다. 이후 광주 이씨들은 강진에 대를 이어 거주했다. 이강회는 강진에 유배 왔던 다산을 좇아 공부하다가 다산이 해배되어 고향으로 돌아가자 신안의 우이도로 들어가《주례》연구에 평생을 몰두했다고 알려져 있다.[89]

이강회는 우이도에 살 때 문순득의 집에 기거하였는데, 그곳은 다

---

87) 《다산시문집》 권16, 〈묘지명〉, "釋之曰 官所以不明者 民工於謀身 不以瘼犯官也 如汝者官當以千金買之也" 참조.

88) 흑산도에서 수원까지 올라와 정조에게 억울함을 호소했던 김이수 역시 광자이자 의협이었다. 그동안 김이수는 '민권운동의 선구자'로 평가되곤 했지만(고석규, 2003, 〈김이수 전기의 구성과 그의 소원 활동〉, 《김이수 전기(金理守傳記)》, 신안문화원), 민권에 앞서 조선 성리학의 민본정치와 정조의 '소민군자론', 즉 광자에 대한 칭송이야말로 의협을 양성한 자양분이었다는 사실을 기억할 필요가 있다. 조선 백성들은 성리학의 가르침에 따라 한편으로는 체제에 순화되었지만, 동시에 체제를 비판할 수 있는 여력을 키워나갔다.

산 정약용의 형 정약전의 유배처이기도 했다. 이강회가 문순득의 집을 찾았던 이유는 정약전의 문순득 표류기 때문이었다. 우이도의 어부였던 문순득은 1801년 우이도 인근 바다에서 표류하여 지금의 오키나와를 거쳐 필리핀, 마카오 등지를 떠돌다가 1805년 중국을 거쳐 조선으로 돌아온 이력이 있었다. 우이도에 거주했던 정약전은 문순득의 특이한 표류 경험을《표해시말》로 남겼는데, 유배지를 우이도에서 흑산도로 옮기는 바람에 표류기를 충실히 작성하지 못했다. 이강회는 문순득의 표류기를 자세히 보충할 계획으로 그의 집을 찾았던 것이다. 조선 후기의 식자들이 그랬던 것처럼 이강회 역시 섬사람들의 원망을 글로 써주거나 사또가 보고해야 할 공문서를 대작(代作)하면서, 틈틈이 섬 주변의 여러 가지 사적과 흥미로운 기록을 조사하여 글로 남겼다.[90]

이강회는 당시 우이도의 유배객 김익강을 만나 제주도 양제해 사건의 전모를 들을 수 있었다. 김익강은 제주인으로 사위 양제해가 역모죄로 처형당하자 연좌에 걸려 우이도에 유배되었다. 김익강으로부터 양제해 사건의 시말을 듣게 된 이강회는 양제해를 신원하고 제주 서리들의 횡포를 비판하는 글을 남겼다. 이른바 〈상찬계시말(相贊契始末)〉(이하 〈시말〉)이다.[91] 상찬계는 제주 향리들의 친목계였다. 제주 남자들은 과거에 도전하기보다 서리나 군교(軍校)를 바랐다는 풍속에

---

89) 이강회에 대해서는 안대회, 2006, 〈다산 제자 이강회의 이용후생학〉,《한국실학연구》 10; 조성산, 2008, 〈이강회의《탐라직방설(耽羅職方說)》과 제주도〉,《다산학》 12 참조.

90) 경상도 고성의 처사 구상덕의 청원 활동(김건우, 2010,《《승총명록勝聰明錄》으로 보는 조선 후기 향촌 지식인의 생활사》, 한국학중앙연구원출판부)이나 신안 우이도의 유학(幼學) 김이수의 활동(고석규, 2003, 앞의 글)이 그러하다.

91) 정민, 2008, 〈《상찬계시말(相贊契始末)》을 통해 본 양제해 모변 사건의 진실〉,《한국실학연구》 15; 박찬식, 2008, 〈양제해 모변과 상찬계〉,《탐라문화》 33 참조.

워 편히 살 수가 없다. 무리를 모아 힘을 합쳐 제주 영읍(營邑)의 관원을 죽이고 섬 전체를 내가 주장하여 섬의 배는 육지로 나가지 못하게 하고 육지의 배가 오면 재물을 빼앗고 북으로 통하는 길을 막는다면 후환이 없을 것이다.'라면서 어리석은 백성들을 선동했습니다.[92)]

당시 순조는 제주목사 김수기의 계문을 비변사에 내려 후속 조치를 취하도록 했다. 비변사 관료들은 논의 끝에 제주 양제해 모변 사건을 정확하게 조사할 찰리사 이재수를 급파하기로 결정했다. 이듬해인 1814년 윤2월 이재수는 양제해가 제주목사를 살해하고 제주를 자신의 관할로 삼기 위해 모반을 일으킨 것이 분명하다고 보고했다.[93)] 이재수는 사건 관련자들의 죄에 따라 사형과 유배 그리고 석방으로 등급을 나누어 양제해와 그의 아들 양일회, 거병을 준비했던 고덕호를 사형에 처하고, 역모를 방조한 김익강, 강필방, 등은 유배형에 처하며, 사건을 고변한 윤광종은 포상해야 한다는 의견을 개진했다.

찰리사 이재수는 사건의 전모와 더불어 사건의 원인에 대해 별도의 문건을 작성했다. 이에 따르면, 제주의 서리들은 상찬계를 만들어 제주의 여러 보직을 돌아가면서 맡고 있었다. 양제해는 상찬계의 멤버가 아니어서 지방의 좌수나 천총(千摠)의 직책을 맡지 못하자 불만을 품고 역모를 꾀했다는 것이다. 따라서 제주목사가 제주목의 서리는 물론 지역의 좌수·별감이나 군교 지위를 공평하게 선임한다면, 상찬계는 물론 상찬계에 불만을 품고 발생한 양제해 사건과 같은 일도 더는 벌어지지 않을 것이라고 보고했다.[94)]

---

92) 《순조실록》, 순조 13년(1813) 12월 3일(병신).

93) 《순조실록》, 순조 14년(1814) 윤2월 14일(병자).

94) 《순조실록》, 순조 14년(1814) 윤2월 14일(병자).

비추어보면, 제주의 실제 권력을 몇 년마다 교체되는 제
닌 상찬계가 농단했다는 말은 허언이 아니었다.

이강회는 〈시말〉에서 공권력이 발휘되지 않자 무능한
한 서리들의 가렴주구로 제주 백성들의 삶이 지옥과 다를
고 폭로했다. 그리고 제주 양제해 사건은 관의 기록과 달
리배들의 무고로 벌어진 억울한 죽음이었다고 밝혔다. 양
반란의 우두머리가 아니라 항우(項羽)의 용기를 지닌 호걸
번 죽기로 마음먹자 제주 백성들이 큰 은혜를 입었다는 것

스승 다산이 그랬듯이 이강회 역시 백성에 대한 강한
가지고 있었다. 과거에 합격하고 관료가 되어 선정의 포부
있다면 최선이었겠지만, 그렇지 않다면 백성들의 원통함
개를 칭송하는 일 또한 식자의 중요한 임무였다. 이강회 역
광자였을 터이다.

양제해의 의거(義擧)에 대해 앞뒤로 이루어진 정부의 조
기록들을 보면 한결같이 '모반'으로 규정하고 있었다. 1813
라는 자가 제주목사 등을 살해하고 독립국을 세우려는 역
다가 처형되었다는 것이다. 《순조실록》에는 사건 당시 제주
기의 장계가 수록되어 있다. 제주 중면(中面)의 풍헌 양제해
도모한다는 소식에 급히 군병을 파견하여 이들을 체포했다
다. 윤광종의 신고가 있었기에 역모를 일망타진했다는 것이

> 양인 윤광종의 고발을 보니, 중면의 풍헌 양제해는 원래 간사하
> 한 계획을 세우는 자로 항상 분수에 넘치는 흉심을 품고 있다가,
> 의 난이 일어났다는 말을 듣고는 무리를 모아 모반할 계획을 세운
> 래였습니다. 마침내 앞장서기를 '근래에 섬 백성들의 부역이 너무

요컨대 이재수는 상찬계의 횡포에 불만을 품은 양제해가 백성들을 부추겨 일으킨 변고에 불과하므로, 차후에 제주목사를 비롯하여 대정현감 및 정의현감 등이 서리 등을 임명할 때 공평무사해야 재발을 예방할 수 있다고 보았다. 이재수의 보고 후 관련자들의 처벌이 이루어졌다. 양제해는 형장 중에 사망했고 고덕호, 양일회 등은 제주 백성들이 보는 앞에서 효수되었다. 김익강, 강필방 등은 우이도 등으로 유배되었다. 고변의 주인공 윤광종은 상을 받았다. 사실 윤광종은 상찬계의 실제 우두머리 김재검의 겸인(傔人, 심부름꾼)이었다.

이상 양제해 사건에 대한 정부측의 기록은 풍헌 양제해가 제주 서리들의 횡포에 불만을 품고 일으킨 변고라고 일관되게 설명했지만, 다산의 제자 이강회는 전연 다른 시각에서 사건을 바라보았다. 제주 백성들의 억울함을 호소하려던 양제해를 상찬계가 무고하여 역모죄인을 만들었다는 것이다.[95] 진실한 광자와 의협을 칭송하고 이를 본받도록 한 정조의 의지는, 당대의 식자들로 하여금 의행에 앞장서도록 하는가 하면 의협의 활동을 기록하도록 격려했다.[96] 이강회는 양제해야말로 제주의 진정한 의협이라고 묘사했다.[97]

> 양제해는 제주의 향관(鄕官)이다. 경인년(1770)에 태어났고 계유년(1813)에 화를 당했으니 향년 44세였다. 그는 본래 제주의 세족(世族)으로 사람됨이 공평하고 백성을 사랑했다. 집안이 가난하여 문장을 배우거나 글을

---

95) 정약전·이강회, 김정섭 외 역, 2005, 《유암총서(柳菴叢書)》, 신안문화원 참조.

96) 손혜리, 2005, 〈성해응(成海應)의 열녀전에 대하여-열녀 인식과 그 형상을 중심으로〉, 《한국한문학연구》 35 참조. 성해응의 의열에 대한 칭송도 광자에 대한 정조의 높은 평가와 관련이 깊다.

97) 필자는 정조의 광자와 의협에 대한 칭송 이후 이른바 '의협의 시대'라 할 만한 상황이 벌어졌다고 본다. 익히 알려진 조선 후기의 전(傳) 문학이나 (《심청전》, 《춘향전》을 위시로 한) 소설의 유행은 정조의 '광직(狂直)'에 대한 편애와 무관하지 않다.

알지 못했으나, 여러 번 향감(鄕監)을 지냈으며 방헌(防憲)을 재임했다. 제주에는 방헌이 한 동네〔坊〕의 수장으로 헌소(憲所)에 거주하면서 큰 사건은 제주부로 보내지만 작은 사건들은 스스로 처리했다.

때는 계유년(1813) 10월 양제해가 중면의 헌장을 맡은 지 반 년이 지난 때였다. 당시 동리 사람들이 모여 양제해에게 말하기를 '아전의 간악함으로 민폐가 이러한데 날이 가고 달이 갈수록 더욱 심하여 백성들이 장차 힘이 다해 쓰러질 것이다. 지금 방헌은 마을의 대표〔坊長〕이시고, 듣자하니 사또께서 서리들의 병폐를 잘 알고 계신다 하니 뜻이 백성들을 위한 것이라면 지금이 바로 그때이다. 방헌께서 계획을 세우셔야 한다.'고 건의했다.

이에 양제해는 '서리들의 간악한 소굴인 상찬계를 타파하는 데 있다. 그런 연후에야 백성들이 살 수 있을 것이오. 그러나 선두가 된 누군가는 반드시 곤욕을 치러야 할 텐데, 이 마을에 이를 위해 앞장설 자가 있겠는가?'라고 되물었다. 모여든 백성들이 모두 '오직 방장이라야 가능하다.'고 답했다. 양제해는 '그렇다면 글 잘하는 사람으로 하여금 문서를 작성합시다. 내 장차 백성을 위해 한번 죽겠소.'라고 말했다.

당일 모임에 참석했던 윤광종은 김재검의 겸인이었는데, 김재검이야말로 상찬계를 좌지우지하는 인물이었다. 윤광종은 김재검에게 달려가 '오늘 헌장 양제해와 백성들이 서로 모여 상찬계를 타파하기로 목숨으로 결의하였으니 어찌 당신들이 위험하지 않겠는가?'라고 알렸다. 김재검은 놀라 …… 한밤중에 제주목사에게 달려가 양제해가 변을 꾀한다고 무고했다. 이에 제주목사는 곧바로 포졸을 풀어 양제해를 체포하여 모변을 자백하라고 고문했고 양제해는 그만 옥사했다. 이후 찰리사 이재수가 내려왔지만 그 역시 상찬계의 조직을 철저히 파헤치지 못하고 말았다.[98]

이강회는 양제해 사건의 본질을 의거로 규정했다. 향촌 자치의 수장을 맡아 백성들의 의견을 사또에게 전하려던 양제해를 서리들의 사조직인 상찬계원들이 자신들의 이익을 지키려고 역모로 무고한 사건이었다. 당시 양제해와 많은 이들이 죽임을 당했고, 찰리사 이재수 역시 상찬계의 뿌리 깊은 폐해를 철저히 파헤치지 못했을 뿐이었다.

이강회는 양제해야말로 목숨을 바쳐 제주도민을 사랑한 의인이었다고 칭송하고, 이를 외면한 제주 백성들을 의리도 모르는 오랑캐라고 질타했다. 다산 정약용은《흠흠신서》에서 백성들이 정의롭지 못한 공권력에 저항할 수 있다고 주장한 바 있었다. 아버지를 부당하게 죽인 사또를 아들이 척살할 의무와 권리가 있다고 말한 것이다.[99] 다산의 제자 이강회 역시 불의하고 부도덕한 권력에 맞선 양제해의 행동을 '의롭다(義)'고 기록했다.

> 양제해 본인은 죽고 가족마저 폐했지만 백성들에게 큰 은혜를 끼친 자이다. 내가 살던 곳이 탐라의 바다와 마주하여 종종 탐라의 사정을 들었는데 양제해의 옥사가 그러하다. 탐라 사람들이 말하기를 '양제해는 오늘의 항우이다. …… 양제해가 성을 공격하여 관리들을 죽이려 했다는 말은 모두 상찬계원들의 거짓말이었다. 그의 죽음이 비록 원통하지만, 사건 이후 상찬계 역시 숨어버리고 4~5년이 지나도록 백성들은 서리들이 편안해하는 모습을 볼 수 없었으니, 어찌 백성들에게 끼친 은혜가 크다고 하지 않겠는가? 백성을 구제한 그를 위해 한 번의 제사로 외로운 혼령을 위로하지 않을 수 있겠는가? 내가 듣자하니 탐라 사람들은 양제

98) 이강회, 현행복 역, 2008,《탐라직방설-19세기 제주 '양제해 모변사'의 새로운 해석》, 각.

99) 김호, 2012,〈'의살'의 조건과 한계-다산의《흠흠신서》를 중심으로〉,《역사와 현실》84 참조.

해의 집안을 폐족(廢族)이라며 부끄러워하고 그의 친인척과 혼인을 꺼린다 하니 오랑캐의 풍속(蠻俗)이 어찌도 이리 지나친 것인가?[100]

공정한 사회는 불의와 부도덕에 침묵해서는 이루어질 수 없었다. 정조는 함묵과 교언영색을 비판하는 동시에 진정한 광자와 의협의 용기를 칭송했다. 부당함에 과감히 맞설 수 있는 광자들, 이들이야말로 정의로운 공동체를 만들 수 있었다. 항우의 패기를 보여준 제주의 양제해 사건을 역모가 아닌 진정한 의거로 규정했던 이강회의 생각은 스승 다산의 그것과 같았다. 그리고 천금을 주고라도 광자의 용기를 칭찬해야 한다던 다산의 생각은, 명덕(明德)을 부여받은 그 누구라도 불의와 부도덕을 비판하고 인간다움을 회복해야 한다고 강조했던 정조의 교화론에 바탕했다. 정조의 통치 기획, 다시 말해 명예를 아는 사람들과 진정한 광자들에 의해 말세(末世)의 조선이 일신(日新)할 것이라는 기대는 소민들에 대한 교화, 인간다움의 도리를 강조한 형정 운영과 그 맥락이 잇닿아 있었다.

100) 이강회, 현행복 역, 2008, 앞의 책 참조.

4부

정조 이후의 형정론

1.
'유경'의 계승과 정원용의 관형론

정조의 교화 의지는 후대로 이어졌다. 형벌은 불가피한 수단이었고 풍속 교화에 무게를 두어야 했다. 인륜에 합당한 행위는 비록 '선을 넘었다 해도' 참작이 필요했다. 정조는 살옥의 판결에서 법과 정·리의 조화(시중)을 추구했던, 특히 교화의 중요성을 강조한 전례들을 《일득록》과 《심리록》을 통해 남겨두었다. 이후 관료와 학자들은 정조의 판례를 참조하며 법과 정·리의 시중을 가늠해야만 했다. 《서경》의 '가볍게 처벌할 수 있다면 최대한 가볍게, 반대로 무겁게 처벌해야 한다면 최대한 무겁게 처벌하는(上刑適輕下服 下刑適重上服)' 권도(權道)의 권한은 왕 이하 법을 다루는 관료들에게 주어졌다. 이들은 살옥을 심리하면서, 법을 지키되 사건을 둘러싼 맥락(정)과 인간다움의 토대(리)를 중시해야 했다.

한편에서는 정조의 교화 의지를 적극적으로 옹호하면서 가벼운 형벌과 호생지덕을 강조하는가 하면,[1] 다른 한편에서는 이에 반대하여

---

1) 19세기 초 대표적인 소론계 정치가 정원용의 입장이다.

엄벌만이 질서 유지의 지름길이라고 주장했다.[2] 다산 정약용은 정조의 '심리(審理)'에 관한 가장 깊이 있는 비평을 내놓았다. 그는 정조의 심리가 대체로 최선의 결과(시중)에 도달했지만 간혹 문제를 야기하는 경우도 있다고 지적했다.[3]

《수향편》과 정원용의 정조 이해

정조의《심리록》을 교화에 대한 강조로 읽어낸 대표적인 관료는 19세기 초 소론 출신의 정원용(鄭元容)이었다.[4] 그는《수향편(袖香編)》과《유경록(惟輕錄)》을 통해 죽을 처지의 죄수를 어떻게든 살려야 한다는 정조의 호생지덕을 칭송했다.[5] 정원용은 정조의 형정을 한마디로 '관형(寬刑)'으로 이해하였는 바, 지방관과 형조 관리로서의 경험을 정리한 자신의《유경록》에서도 이러한 관점을 유지했다.[6]

정조에 대한 정원용의 평가는《수향편》에 인용된 몇몇 사례들을 통해 잘 알 수 있다.《일득록》에는 법을 잘 지켜야 한다는 원칙부터 정·리를 참작하여 가볍게 혹은 무겁게 처벌해야 한다는 주장 등 정

2) 18세기 말 남인 학자 윤기의 관점이다. 이에 대해서는 김호, 2018,〈조선 후기 흠휼(欽恤)의 두 가지 모색-윤기와 정약용의 속전론(贖錢論)을 중심으로〉,《한국실학연구》35 참조.

3) 김호, 2003,《정약용, 조선의 정의를 말하다》, 책문 참조.

4) 정원용(1783~1873)의 저작들은 서울대학교 규장각에 약간의 낙질본이 소장되어 있을 뿐 대부분은 후손 정인보에 의해 연세대학교에 기증되었다. 허경진, 2009,〈연세대학교 소장 고서의 문헌적 가치-13종 저술을 통해 본 관인 정원용의 기록 태도〉,《동방학지》146; 허경진 외, 2019,《경산 정원용 연구》, 보고사.

5) 신익철 외 역, 2018,《수향편》, 한국학중앙연구원 참조.

6) 이하《유경록》에 대한 서술은 김호, 2019,〈조선 후기 유경(惟輕)의 전통과 정원용의 관형론(寬刑論)〉《경산 정원용 연구》, 보고사 참조.

조의 법치론이 포괄되어 있었는데, 정원용은 그중에 '호생지덕'과 '부경(傅輕)'을 강조한 정조의 판례들을 주로 인용했다.

> 정조께서 말씀하시기를 "살인자를 사형에 처하는 것은 죽은 자의 목숨을 갚기 위함이다. 중죄를 가볍게 처벌하거나 경죄를 무겁게 처벌하는 것은 똑같이 공평함을 잃은 처사이다. 매번 각 도의 옥안을 보면 태반이 우연히 벌어진 범죄이고, 반드시 사형에 처하여 목숨을 되갚아줄 만한 옥사는 없었다. 국법이 지극히 엄중하므로 비록 '가볍게 처벌하여 살려주는 조치〔傅輕〕'를 쉽게 행할 수는 없지만, 간혹 한 가닥의 살려줄 길이 있어 다시 심의를 충분히 할 경우 나도 모르게 기쁜 마음이 든다. 대개 만물을 살리고자 함이 마음의 본체여서 그랬던 것이다."라고 했다.[7]

정원용은 법을 엄격하게 집행하여 악을 징벌해야 한다는《일득록》의 언설보다는, 정조가 조금이라도 살려낼 방도가 있으면 호생지덕을 발휘하여 감형했던 사례들을 주로 참고했다. 정조의 형정이 '부경'에 무게를 두어 운영된 듯 취사선택한 것이다. 정원용은《일득록》에 수록된 정조의 다양한 언급들을 자신의 취지에 따라 선택하는 데 그치지 않았다. 정조의 말을 인용하면서 전체가 아닌 일부를 단장취의(斷章取義)하기도 했다. 가령 〈재일판안(齋日判案)〉이 그렇다. 정원용은 정조의 하교 가운데 앞의 일부만을 인용했다. 정조는 "재일(齋日)에 공무를 보지 않고 대신 경·향의 옥안을 심리·판결하는 일을 상례

---

7) 《수향편》〈중수부경지규(重囚傅輕之規)〉, "正宗曰殺人者死 所以償死之命 失出失入 均是失平 而每看諸道獄案 太半是邂逅之類 未必有眞箇可償之獄 三尺至重 雖不得容易傅輕 或有一線生路 可議審克 則予不覺欣然于中 蓋藹然生物 卽心之本體而然也". 동일한 내용이 《일득록》 10, 〈정사〉 5에 수록되어 있다.

로 삼아왔다. 한 건의 옥안을 판결할 때마다 연석(筵席)의 촛불을 여러 번 바꾸어 밝히면서 조심하고 조심하여 한 글자 한 구절 사이에 신중을 기하지 않은 적이 없었는데, 살리려는 마음이 늘 죽음으로 보상〔償命〕토록 하려는 뜻을 이겼다."는 구절이다.[8)]

그런데 이 문구 뒤에는 호생의 취지와는 사뭇 다른 정조의 주장이 실려 있었다. 정원용은 이 부분을 삭제하고 《수향편》에 '살리려는 의지'만을 인용했다. 그 결과 정조는 상명보다 호생의 마음이 앞섰던 것처럼 그려졌다. 전문의 뒷부분을 확인해보자. 정조는 사형에 처할 자를 살려주려는 마음이 앞서 감형을 일삼거나 사면해서는 안 된다고 역설했다. 나아가 깊이 생각해보면, 호생의 마음이 무조건 상명의 마음보다 앞서는 것 역시 천리의 공평함과 거리가 멀다고 첨언했다. 법은 정의롭게 집행되어야 하므로 사면이든 사죄이든 오직 '공평'해야 한다는 것이다.[9)] 정원용은 공정한 형벌을 강조했던 정조의 주장은 빼놓고 호생지덕의 교시만을 단장(斷章)함으로써 정조의 본의를 다르게 취의(取義)했다. 결론적으로 정원용의 《수향편》에 묘사된 정조는 엄격하거나 단호한 법의 수호자보다는 유경(惟輕)의 호생지덕을 추구하는 어질고 인자한 모습이었다.

정원용은 인륜을 중시했던 정조의 형정 운영을 특별히 본받아야 할 바라고 주장했다. 그는 "정조께서 전후로 정상을 참작하여 특별히 사면한 경우가 많았다. 이는 윤리를 돈독히 하고 의리를 베풀고 풍속

---

8) 《수향편》, 〈재일판안(齋日判案)〉, "正宗教曰 予於齋日 不酬接公事 只判下京外獄案 歲以爲常 每決一案 筵燭屢跋 未嘗不兢兢致愼於一字一句之間 而求生之心 常勝於償死之意 既而思之 此亦非天理之公也 帝曰宥 皐陶曰殺 卽蘇軾設言也 法者天下平也 曰宥曰殺 只當得其平而已 豈有帝皐陶之異哉".

9) 《일득록》 10, 〈정사〉 5, "既而思之 此亦非天理之公也 帝曰宥 皐陶曰殺 卽蘇軾設言也 法者天下平也 曰宥曰殺 只當得其平而已 豈有帝皐陶之異哉".

을 격려하여 교화의 정사를 이루려던 것으로, 차라리 법을 지키지 않았다는 비난을 감수했다. 어제(御製) 가운데 《심리록》 26책이야말로 가장 성대하니, 《서경》에 나오는 호생지덕이 민심에 스며든다는 구절은 정조 선왕을 두고 한 말이다. 마땅히 후세가 본받아야 할 바이다." 라고 강조했다.[10)]

정원용은 법이 조금 구부러졌다는 혐의가 있더라도 풍속 교화를 강조했던 정조의 뜻을 후대의 왕들이 본받아야 한다고 보았다. 그는 《일득록》과 《심리록》을 인용하여, 정조가 살옥을 심리하는 과정에서 우애가 뛰어난 형제나 자매가 연관된 사건을 보면 법을 굽혀서라도 정·리를 참작하여 용서했다고 강조했다.[11)] 형제의 우애는 물론 남편에 대한 부인의 절의도 중요했다. 오륜의 도리를 아는 상천들을 감형한다고 해서 큰 문제가 되지 않았다.

정원용은 후대의 왕들이 "교화를 우선할 뿐 형벌은 필요 없다."는 정조의 유훈을 깊이 새겨야 한다고 강조했다. 특히 자신이 모셨던 순조와 익종(翼宗, 효명세자)은 더욱 분발해야 했다.[12)] 지방관을 역임하고 형조 관리를 거쳐 재상의 지위에 올랐던 정원용은 정조의 유법(遺法)을 '교화를 위해서라면 법을 조금 굽히는 것〔屈法〕은 불가피하다.'고 정리했다.

---

10) 《수향편》, 〈경술심리지성덕(庚戌審理之盛德)〉, "予於獄案 干連姓名 亦不忘遺 非予有記性也 誠之所到也 前後參情 特宥者爲多 而於敦倫獎義勵俗扶教之政 寧失不經 御製集中有審理錄二十六冊 於戲誠哉 書曰好生之德 洽于民心 其我先王之謂歟 宜爲後代之所鑑法也".

11) 《일득록》 9, 〈정사〉 4, "死囚中有娚妹爭死者 教曰 常賤之中 能識此箇倫義 此教化下孚之機也 其於刑法何有哉 立命酌配".

12) 《수향편》, 〈중수작배지전(重囚酌配之典)〉, "正宗教曰 死囚中有娚妹爭死者 常賤之中 能識此箇倫義 此教化下孚之機也 其於刑法何有哉 立命酌配".

《심리록》의 계승 의지

정원용은 정조의 심리와 형정론의 핵심이 '인륜'을 강조하는 데 있다고 파악했다. 정원용이 자신의 《수향편》에 인용한 정조의 판부들은 이 점을 잘 보여준다. 가령 〈박정걸 옥안판비(朴丁乞獄案判批)〉를 보자.[13] 1787년(정조 11) 경상도 안동 백성 박정걸은 소 한 마리를 놓고 권덕만과 다투다가 그를 구타 살해했다. 그런데 박정걸의 처 김씨가 감옥에 갇힌 남편을 위해 스스로 물에 몸을 던졌다. 자신의 죽음으로 남편을 구하려 했던 것이다.

살옥 심리의 최종 판부에서 정조는 이렇게 말했다. "제영(緹縈)이 글을 올려 아버지 태창영(太倉令)이 형벌을 면했고, 길분(吉翂)이 대신 갇혀서 아버지 원향영(原鄕令)이 죽음을 면했다. 부자와 부부는 한결같이 삼강에 속하니 지금 박정걸의 처 김 여인의 일은 전례와 마찬가지로 하늘이 부여한 떳떳한 이륜(彝倫)에서 나온 것이다. 더구나 물에 몸을 던지면서도 후회가 없었으니 도리어 제영이나 길분보다 더 뛰어나다고 할 수 있다. 박정걸의 죄는 만 번 죽일 만하지만 김씨처럼 훌륭한 열녀가 그의 아내였으니 삼척(三尺)의 법을 삼강(인륜)에 비교하면 무엇이 가볍고 무엇이 무거운가? 어찌 열녀의 남편에게 법에 따라 목숨을 갚게 하여 김씨의 곧고 의로운 혼백으로 하여금 구천에서 방황하고 눈물을 흘리도록 하겠는가. 제영과 길분은 자식으로서 아버지를 죽음에서 벗어나게 했으니, 불쌍한 김씨가 어찌 아내로서 남편의 목숨을 살릴 수 없겠는가. 삼척의 법이 비록 가볍지는 않지만 삼강은 그 관계되는 바가 더욱 막중하다."[14] 정조가 판부에서 인용한

---

13) 《수향편》, 〈박정걸 옥안판비(朴丁乞獄案判批)〉 참조.

고사는 중국의 효녀·효자 이야기였다. 제영은 한 문제 시절의 효녀였다. 태창의 관리였던 아버지 순우공(淳于公)이 형벌을 받게 되자, 딸이 스스로 관비가 되어 부친의 죄를 용서받겠다고 나섰다. 한 문제는 그 마음을 불쌍히 여겨 부친의 사형을 사면했다.[15] 길분 역시 아버지의 목숨을 구했던 효자이다.[16]

정조는 남편을 위해 목숨을 버린 아내의 도리를 칭송하고, 법을 굽혀서라도 인륜의 무게를 드러내야 했다고 강조했다. 당시 일부 논자들이 김 여인의 정렬(貞烈)이 실로 늠름하지만, 처의 죽음으로 남편을 용서한다면 권덕만의 원통함을 갚아줄 수 없다고 비판했다. 정조는 김 여인이 남편을 대신해 죽었으니 충분히 상명되었다고 보았다. 아울러 김 여인의 의열을 표창하고 박정걸을 용서하는 일은 크게 법을 어기는 것이 아니라고 주장하고 인륜의 무게를 주장했다.

인륜의 중요성과 교화는 박정걸 한 개인의 각성으로 그칠 일이 아니었다. 정조는 김 여인의 집안에 각종 은전을 베풀고 이를 먼 지방의 백성들이 배우도록 했다. 뿐만 아니라 정조 자신의 최종 판결문을 민간에 배포하여 '삼강의 인륜'이 '삼척의 법'보다 중요하다는 사실을 누구나 알도록 했다.[17] 1790년(정조 14) 6월 24일 정조는 후일 순조가 된 아기씨의 탄생을 축하하는 대사면을 단행했다. 이때 박정걸을 비롯한 1,000여 명의 죄수가 석방되었다.[18] 백성의 목숨을 중히 여기

---

14) 《심리록》 권17, 〈경상도 안동부 박정걸 옥(慶尙道安東府朴丁乞獄)〉 참조.

15) 《사기》 권105, 〈편작창공열전(扁鵲倉公列傳)〉.

16) 《양서(梁書)》 권47, 〈길분열전(吉玢列傳)〉.

17) 《심리록》 권17, 〈경상도 안동부 박정걸 옥〉 정조 판부 내용. "活丁乞表金女之烈 不至太枉法 丁乞身加刑一次 減死定配 令道伯捉致營庭 親執擧行 而發配時以此判付 詳細曉諭 金女綽楔固無所惜 而旣活其夫 旌孰大焉 先施給復之典 俾聳遐土瞻聆 仍令地方官 將此處分辭意 宣布民間 咸知三綱重於三尺".

18) 《일성록》, 정조 14년(1790) 6월 24일.

고 형벌을 가벼이 하는 것이야말로 선정의 상징이었다. 정원용이《심리록》에 수록된 1,000여 개의 판부 가운데 특별히 박정걸 옥안을 인용했던 이유는 분명했다. 사회 질서를 유지하는 최선의 방법은 법보다 인륜의 중시였다.

1828년(순조 28) 경상도 하동에서 박정걸 사건과 유사한 일이 벌어졌다. 하동 백성 박한두가 사람을 죽였는데, 박한두의 아내 여씨가 남편을 대신하여 음독자살했던 것이다. 당시는 익종(순조의 아들 효명세자)이 순조를 대신하여 대리청정을 하던 때였다. 일부 신하들은 박한두를 사형에 처해야 한다고 주장했다. 실인이 분명하고 증거 또한 모두 구비되었으며, 초검과 복검의 공초가 일치하므로 법대로 (사죄에) 처분해야 한다는 것이었다. 물론 박한두의 처 여씨의 절개는 탁절하지만, 그녀의 음독자살을 빌미로 살인의 중죄를 처벌하는 데 경중의 변화가 있어서는 안 된다는 논리였다.

당시 익종은 박정걸을 감형했던 정조의 판부를 인용했다. 삼척의 법이 가볍지 않지만 삼강이 더욱 막중하다는 내용이었다.

> (익종이) 판부하기를 "박한두의 옥사는 이미 결안했기에 율문의 재론은 어려울 터이다. 하지만 처가 자결하여 남편을 대신했으니 실로 대단한 일이다. 형조의 논의〔獻議〕에서 정조의 정미년 판부(박정걸 옥안)를 인용했으니, 위대하구나 대성인의 처분이여, 권도로 시중을 얻으면서 원칙을 잃지 않았으니〔權以得中 不失爲經〕 만세의 모범이라 할 만하다. 이번 여녀(呂女)의 죽음이 이와 흡사하여 차이가 없으니, 법을 본받는 도리에 있어 어찌 따르지 않겠는가. 박한두는 감사정배하고 처 여씨에게 복호(復戶)를 내려서 정려하라."[19]

김녀의 의열을 들어 박정걸을 용서해도 지나치게 법을 굽혔다(枉法)고 할 수 없다던 선왕(정조)의 유훈은 여녀의 죽음으로 박한두를 용서한 후대의 판결에 영향을 미쳤다. 익종에게 선왕(정조)의 판결은 시중의 권도이자 만세의 법이었다.[20]

1813년(순조 13) 6월 강원도 원주의 백성 서해성은 아버지를 대신하여 살인범이라고 거짓 자복하고 감옥에 갇혔다. 세월이 흘러 서해성의 부친이 사망한 후, 비로소 진상이 밝혀졌다.[21] 순조는 서해성을 칭송하는 자리에서 "아버지를 대신하여 자복한 후 이를 번복하지 않았으니, 참된 효성이 풍교(風敎)를 이루었다."고 표창했다.[22] 풍교를 위해서라면 법을 약간 구부릴 수 있었다. 남편을 위해 목숨을 끊은 부인을 표창하고 부모를 대신하여 죗값을 치른 아들을 칭송함으로써, 정조와 순조는 삼척의 법보다 삼강오륜이 중요하다는 사실을 보여주었다.

후대의 익종이 이어받아야 할 선왕들의 뜻은 확실했다. 인륜의 중요성을 알리기 위해 법을 조금 굽힌 일은 '시중의 한계' 안에 있었다. 정조와 순조 그리고 익종으로 이어지는 조선 후기의 형정은 법을 무시하지 않았지만 최대한 인륜의 정·리를 강조했다. 이른바 '법의 도덕화 현상'이 불가피했다.[23]

아내가 남편을 위해 자살한 사건뿐 아니라 아내가 남편을 위해 살

---

19) 《승정원일기》, 순조 28년 12월 29일, "判付達 朴漢斗獄事案 旣斷矣 律無可原而其妻之自裁 冀代其夫者 誠甚卓絶 曹讞所引先朝丁未判付 大哉大聖人處分 權以得中 不失爲經 可以爲法於萬世者 今此呂女之死 適與其時事 恰似無差則其在鑑法之道 豈不遵用 朴漢斗段 減死定配 其妻呂女段 亦爲給復用代棹楔 一如丁未故事可也".

20) 《수향편》, 〈박정걸 옥안판비〉.

21) 《승정원일기》, 순조 13년(1813) 6월 3일, "刑曹啓目粘連 江原道原州牧殺獄罪人徐海成獄事段 替當父事 自稱正犯 輿論所謂代父趨死 政是實際語也 哀此海成 多年滯獄 傳聞父喪 屢擬自刎 哀動傍囚 孝可以掩惡 情可以屈法 合有參恕 上裁何如 判付啓 此獄段 設使渠有所犯 原其情則憤父受辱 而況替父自服 一辭不變者 其誠孝足樹風聲 依回啓施行爲良如敎".

22) 《국조보감》 제79권, 순조조(純祖朝) 4, 순조 13년(1813).

인한 경우마저 발생했다. 정원용은 《심리록》의 황씨 여인 사건에 주목했다.[24] 1786년(정조 10) 충청도 결성에서 석유일의 아내가 황녀의 딸을 꾀여 나쁜 길로 인도하자 사단이 벌어졌다. 당시 고판쇠라는 이가 석유일의 아내를 두둔하며 황녀의 남편과 싸웠는데, 이때 황녀가 고판쇠의 팔을 물어뜯었고 그 후유증으로 고판쇠가 사망했다.

충청감사는 해당 사건을 두고 이빨에 팔을 물린 상처를 보면 (황녀가) 정범을 면하기 어렵다면서도, '아버지를 보호하려다 살인한 율(子衛父)'에 비추어 조율할 만하다고 보고했다. 그러나 정조는 반대 의견을 제시하면서 엄연한 살인 사건에 '자위부(子衛父)'를 적용할 수 없다고 비판했다. 당시 정조의 계사가 《일성록》에 수록되어 있다.

> "결성현 황조이 옥사의 시장(屍帳)을 보면, 뇌후(腦後)와 발제(髮際)에 자색(紫色)의 상처가 있고 약간 단단하며 어깨와 팔목의 여러 군데에 이빨 자국과 살이 떨어져나가고 짓무른 상처가 있다고 했다. 이는 입에 물렸을 때의 증상이라는 법문(法文, 무원록)과 일치할 뿐 아니라 '나는 정말 살짝 깨물었다(吾果小咬之說)'고 황녀가 스스로 말한 것과 같다. 옥사를 성립시켜 상명함은 단연코 그만둘 수 없다. 지금 도신(道臣)의 계사를 보면, 도신과 추관(推官) 모두 '자위부(子衛父)'에 관한 법률을 인용하여 참작·용서하자는 의견이지만, 이는 그렇지 않다. 법전에서는 부자(父子)를 논했을 뿐 부부는 언급하지 않았다. 더욱이 일률(一律, 사죄)의 중대한 사건은 유사한 사례를 끌어다 적용한 규례가 애초에 없으니, 법을 수호하는 입장에서 원용할 수 없다."[25]

---

23) 중국 법률의 유교화는 취퉁쭈(瞿同祖), 김여진 외 역, 2020, 《법으로 읽는 중국사회》, 글항아리, 444~474쪽 참조.

24) 《수향편》, 〈결성 황녀 옥안판비(結城黃女獄案判批)〉.

형조는 사죄에 처해야 할 황녀에게 자위부(子衛父)를 인율하려 했던 충청감사를 비판하고 엄형을 요청했다. 그러나 정조는 최종적으로 사형에 처할 수 없다고 판결하고 두 가지 감형의 근거를 들었다. 첫째, 자식이 아버지를 보호하고 아내가 남편을 보호함은 같은 이치라는 것이었다. 둘째, 황녀는 병자였으며 그녀가 보호한 남편 역시 장님이라는 사실이었다. 정조는 환자였던 황씨가 앞을 볼 수 없는 남편을 구하려다 그만 사람을 죽인 사건을 두고 시시비비를 논할 수 없다고 강조했다. 아픈 아내가 앞 못 보는 남편을 위하느라 법률이나 행동의 득의(得宜)를 따질 겨를이 없었다는 것이 정조의 주장이었다.[26]

물론 정조가 황녀를 방면했던 이유는 남편에 대한 절의를 높이 평가한 것도 있지만, 환자였던 황녀가 앞을 보지 못하는 남편을 구하려다가 벌인 사건(정황)을 참작했기 때문이었다. 그런데 정원용은 정조의 판부를 인용하면서, 황녀가 환자였거나 남편이 장님이었다는 사정(情)을 인용하지 않았다. 결과적으로 정조의 감형 취지가 아내의 도리(理)를 강조한 것에서 유래한 것처럼 되었다.

1790년(정조 14)에 결성의 황녀가 사람을 물어 죽였다. 정조의 판부는 다음과 같다. "자식이 아버지를 보호하는 것이나 아내가 남편을 보호하는 일

---

25) 《일성록》, 정조 14년(1790) 5월 12일(임진), "該曹啓言 結城縣黃召史獄事屍帳中 腦後髮際之色紫微堅 肩臂手腕之諸處齒痕 及種種肉脫膿浸等形症 不但沕合於被咬之法文 吾果小咬之說 既是黃女之所自道 又有風憲輩所立證 則成獄償命 斷不可已 今觀道啓 則道臣推官竝引子衛父癲狂人之法文 有此原恕之論 而此有不然者 法典所載 只論父子不及於夫妻 且況一律重案 元無旁照之例 則有非守法之地 所可援".

26) 《심리록》 권14, 〈충청도 결성현 황소사옥(忠淸道結城縣黃召史獄)〉, "判 子衛父妻爲夫一也 況渠是病人 渠夫是盲者 以病人救盲者 難責擧措之得宜 又況以妻救夫 何暇論法律當否乎 本道參情之論 儘有意見 黃女令道伯卽爲決放 而在前如許酌配之罪囚 爲念反貽害於配所 仍於渠家保授其例既多 依此爲之事分付".

은 같다. 아내가 남편을 구원할 때 어느 겨를에 법률의 타당성 여부를 따지겠는가? 본도의 계사에서 정상을 참작(參情)해야 한다고 한 견해는 모두 일리가 있다. 황녀를 도백(道伯)으로 하여금 즉시 석방하도록 하라."[27]

정조는 환자였던 황녀의 '살짝 깨물었다'는 증언을 감안하여 상처가 과중하지 않았을 것이라는 정황까지 깊이 고려했다. 이에 비해 정원용은 정황보다는 도리의 차원을 강조하는 방식으로 정조의 판부를 인용했다. 정조의 참작이 정·리와 법의 운용에 관한 섬세한 고민이었다면, 정원용은 인륜의 도리만을 고려한 것처럼 보이도록 했던 것이다. 결과적으로 굴법의 이유는 남편에 대한 열절(烈節)에서 기인한 것이 되고 말았다. 몇 글자를 가감하거나 문구를 조정함으로써 어의(語義)의 뉘앙스가 크게 달라졌다. 정원용이 인용한 정조는 확실히 법보다 도덕을 강조한 판결을 주로 내리고 있었다.

정원용의 단장취의는 다음 인용에도 그대로 이어졌다. 1789년(정조 13) 1월 충청도 석성에서 남편 전경득이 첩 오씨를 구타 살해한 일이 벌어졌다. 오씨가 제사지낼 고기를 먹어버리자 격분한 전경득이 뺨을 때렸는데 3일 만에 사망한 것이다. 충청감사는 남편이 첩을 때려죽인 경우 장배형(杖配)에 그친다고 보고했다.[28] 형조 역시 실정과 자취를 고려할 때 고살(故殺)일 리 없다고 주장했다.[29] 1790년 5월 최종 판부

27) 《수향편》, 〈결성 황녀 옥안판비〉, "教曰結城黃召史 則子衛父妻爲夫一也 以妻救夫 何暇論法律當否乎 本道參情之論 儘有意見 黃女決放 在前如許酌配之罪囚 爲念反貽害於配所 仍於渠家保授 其例旣多 依此爲之".

28) 《심리록》 권21, 〈충청도 석성현 전경득 옥(忠淸道石城縣田京得獄)〉 참조.

29) 《일성록》, 정조 14년 경술(1790) 5월 12일, "一次打踢曳 出庭下之事 京得雖已自服 論其情節 別無至兇極慘之可言 …… 而實因旣不明的 情跡亦非故殺 則經年滯獄 三十次刑訊 猶可謂一分懲礪 近於夫殺妻之獄 多從輕典者 特出於大聖人酌量情跡 分析幽明之聖 意臣不敢自處守法仰請償命 請上裁".

에서 정조는 전경득 사건이 정황상 극악하거나 고살의 흔적을 발견할 수 없는데다 실인 역시 분명치 않아 감형〔장배(杖配)〕한다고 결정했다.

문제는 처·첩을 구별하지 못했던 충청감사의 보고였다. 정조는 처를 죽인 경우와 첩을 죽인 경우 처벌의 경중이 처음부터 달랐는데, 이를 제대로 파악하지 못했던 충청감사의 무능을 비판했다. 남편이 처를 죽였다면 쉽게 감형할 수 없었다. 그러나 첩을 구타 살해한 경우는 달랐다. 첩을 죽인 남편은 '장을 친 후 유배형〔杖配〕'에 처해졌다.

조선 후기에는 상한(常漢)들도 첩을 들이기 시작하여, 처·첩의 구별이 쉽지 않았다. 전경득 사건을 처리했던 충청감사는 처와 첩을 깊이 조사하지 않은 채 '뒤에 얻은 경우이므로 첩'이라고 단정하고 본 사건을 '장배형'으로 인율했던 것이다. 정조는 충청감사의 소홀한 살옥 처리를 좌시하지 않았다. 살옥사건은 체모가 매우 엄중하므로 관련 법조문을 깊이 참구(參究)하고 사건의 내막을 세밀하게 조사하여 억측이나 소홀한 판단을 방지해야 한다고 주장했다. 이에 정조는 충청감사를 엄중히 추고했다.[30]

최종 판결에서 정조는 오씨의 죽음이 고살이 아닌데다 극악한 구타의 증거가 없었으므로 장배형으로 감형했던 것이다. 그런데 정원용은 정조의 판부를 단지 "남편이 처를 살해한 경우, 실정〔情〕과 도리〔理〕에 비추어 극악한 경우가 아니면 참작·용서하여 장배(杖配)했다."고 축약했다. 세밀한 살옥 조사와 엄격한 율문 적용을 강조했던 정조의 목소리는 사라진 채 '처를 죽인 남편을 감형'한 결과만 남았다. 인

30) 《일성록》, 정조 14년 경술(1790) 5월 12일(임진), "石城田京得則夫殺妻之獄 除非情理之絕惡 多付參恕之科 至於此獄 尤有異焉 道伯亦言非妻似妾 則杖配之律 果有所據 而常漢旣無妻妾之分 則今以後獲之妻 直加以妾名 解之曰後者爲妾 又斷之曰大典毆妾至死者杖配云者 道伯事難免率易 殺獄體段 至爲嚴重 用律旁照 不可臆斷 而以妻爲妾 仍用毆妾之律 層節屢轉後弊 所關厥漢杖配 道伯推考".

륜의 강조와 이에 기초한 '유경(惟輕)'만이 정조의 유산으로 정리되고 말았다.[31]

정원용은 유경과 교화를 강조했던 정조의 의지가 익종(효명세자)으로 면면히 이어졌다고 칭송했다. 정원용이 강원감사로 재직하던 1827년(순조 27)에 관할지 이천에서 살인 사건이 일어났다. 이천 백성 이완대(李完大) 형제는 아버지가 술 취한 사람으로부터 욕설을 듣자 형제가 힘을 합쳐 상대를 구타 살해했다. 사건 발생 후 형제는 서로 자신이 수범이라고 주장했고 이로 인해 정범의 결정이 미뤄졌다. 정원용은 본 사건을 아래와 같이 정리했다.

"정해년(1827) 6월 내가 강원감사로 심리의 명을 받았다. 당시 이천 백성 이완대 형제가 어떤 술 취한 자가 아버지를 때리고 욕하자, 형제가 함께 그자를 구타 살해하였다. 형제가 서로 수범이라고 주장하여 죄의 경중을 나눌 수 없었다. 당시 옥안이 정리되어 소조(小朝, 효명세자의 대리청정)에 올라갔는데 판부는 다음과 같았다. "하나의 옥사에 수범이 둘이라면 본래 옥사의 체모가 아니다. 형제가 다투어 죽겠다 하니 윤리의 돈독함과 행실의 지극함을 알겠다. 이완대 형제를 감사정배하되 형제를 같은 장소에 유배해서 서로 따르고 의지하도록 하라."[32]

효명세자는 판결에서 호생지덕과 인륜을 강조했다. 이에 정원용은 "효도와 형제 간의 우애가 정치에 드러났다(惟孝友于兄弟 施于有政)."는

31) 《수향편》, 〈석성민 옥안판비(石城民獄案判批)〉, "正宗時 石城民致打其妻致死 判教 夫殺妻之獄 除非情理之絕惡 多有參恕之科 仍命杖配".

32) 당시 판부는 《승정원일기》, 1827년 6월 28일, "李完大段 一獄兩犯 本非獄體 兄弟之爭先自首 視死如歸者 可見其篤倫至行 李完大兄弟 特施減死之律 而兄弟同配一處 以爲相隨相依之地爲良 如教"에 수록되어 있다.

《서경》의 구절을 인용하여 익종의 덕을 칭송했다. 정원용은 익종의 판결을 《심리록》의 계축년(1793) 나주 이봉운 형제 사건에 대한 정조의 판부와 동일하다고 강조했다. 당시 형조는 형제가 서로 죽고자 했다는 이유만으로 살려주면 후일의 폐단이 클 것이라고 비판했다. 비록 정황(情)은 가상하지만 법을 굽힐 수 없다는 주장이었다.[33] 그러나 정조는 형제가 서로 죽겠다고 다투었으니 인륜이 사라지지 않았다는 증거라며 흡족해했다. 나아가 한 사건에 범인이 두 명일 경우 의옥으로 가볍게 처벌했고 추관이나 도백이 용서할 만하다고 했으니, 다시 조사해도 형제 가운데 정범을 확정하기 어렵다는 논리를 폈다. 정조는 계속하여 감형의 의지를 내비쳤지만 형조는 반대했다. 사건을 보면 소란을 일으키고 싸움에 달려간 자도 이봉운이고 가슴에 걸터앉은 이도 이봉운이며 면임(面任)이나 시친 등의 공초도 이봉운을 정범으로 지적하고 있다는 것이다. 수범은 이봉운이 분명했다. 형조는 형제의 우애를 들어 감형할 수 없다는 주장으로 일관했다.[34] 이에 대해 정조는 굳이 사형에 처하려 할 뿐 관용(宥)의 의미를 잘 모르는 처사라고 비판하고, 법과 인륜 사이의 경중을 참작한다면 유배형이 시중이라고 결론지었다.[35] 정원용은 옥사를 불쌍히 여기는 익종의 어진 마음이 선왕의 정신과 그대로 일치한다고 기뻐했다.[36] 정원용은 정조의 흠휼 정신이 후대의 왕들에게 계승되고 있다고 칭송했다.

---

33) 《일성록》, 정조 17년(1793) 5월 2일, "若以兄弟爭死 傅之生議則後弊難言 情雖可尙 法不可屈 請李鳳運 依前訊推 期於得情".

34) 《일성록》, 정조 17년(1793) 5월 2일, "此則有不然者 起鬧而赴鬪者鳳運也 據胷而先打者鳳運也 面任之所告 屍親之發告者 皆鳳運也 律文中造謀主事者爲首 受嗾執杖者爲從云者 正謂此獄準備語也".

35) 《일성록》, 정조 17년(1793) 5월 2일. "李鳳運 則兄弟之爭死 可見秉彝之不泯 一獄兩犯 多從疑輕 況推官曰可恕 道伯曰難決 今雖依卿言更令行査 惟其正犯之難別於伯仲 必當依舊 是豈曰殺曰宥之義乎 於是乎 三尺與五倫 自有參互輕重之端 鳳運減死定配".

정원용은 정조가 칭찬해마지 않았던 신여척 사건을 빼놓지 않았다. 정조는 우애 없는 형제를 꾸짖은 신여척을 의협으로 추켜세웠다. 신여척이 의협인 이유는 명백했다. 그는 형제끼리 다투는 상황을 목격하고는 불덩이 같이 끓어오르는 의분을 참지 못했다. 특별히 은혜를 입은 바도 원한을 살 만한 사이도 아니었지만 화를 참을 수 없어 이들 형제를 벌컥 꾸짖었던 것이다. 실로 순수한 광자의 용기였다. 이에 정조는 "수많은 사죄인을 심리하였으나 이처럼 기개가 높고 녹록하지 않은 자는 보지 못했다."고 칭송했다.[37]

정조는 신여척을 사죄에 처하기는커녕 의협으로 표창했다. 용기 있게 의로운 일을 행한다면 법을 굽힐 이유가 충분했다. 정원용은 정조의 신여척 처분을 길게 인용함으로써 의분을 장려하는 정조의 정책에 동의를 표하는 동시에, 후대의 왕들은 인륜과 공분을 강조한 선왕 정조의 뜻을 이어받아야 한다고 암시했다.

사실 의분과 의행(義行)이 편협한 사감이 아닌 공분(公憤)에서 비롯되었다면 다행이었지만, 늘 그러하듯이 의분과 도를 넘은 사적 폭력의 경계는 머리터럭 한 올 차이에 불과했다. 인륜을 강조하고 의분을

---

36) 《수향편》, 〈이천민 이완대 옥안판비(伊川民李完大獄案判批)〉, "上判批云 兄弟之爭死 可見秉彝之不泯 一獄兩犯 多從疑輕 況推官曰可恕 道伯曰難決 今雖依卿言 更令行查 惟其正犯之難別於伯仲 必當依舊 是豈曰殺曰宥之義乎 於是乎三尺與五倫 自有參互輕重之端 鳳運減死定配 觀此則翼宗恤獄之仁心 同符聖祖矣".

37) 《수향편》, 〈신여척 옥안판비(申汝倜獄案判批)〉, "正宗庚戌 長興人申汝倜 見隣人兄弟相鬪 憤踢致死道案 上教曰 決知非用意於故殺 亦無可以執以從輕之端 令秋曹論理回啓 曹以遽難議輕爲奏判批 鬩墻之變 風化所關 以比隣之義 起血氣之忿 趕往力救 猶不是理外之事 次次層激 反溺死律 此獄必欲拔例而致意 仍下有旨于道臣曰 諺有之 鍾街烟肆 聽小史稗說 至英雄失意處 裂眦噴沫 提折草劍 直前擊讀的人 立斃之 大抵往往有孟浪死 可笑殺 而朱桃椎羊角哀者流 古今幾輩 汝倜者 朱羊之徒也 目攝鬩墻潑漢斗 湧百丈業火 往日無恩 今日無怨 瞥然艴然之間 趕入滾鬪場中 捉髻而踢曰 同氣之鬪 倫常之變 毁爾廬 迸吾里 旁之觀責汝何干 則曰吾義彼反怒 彼踢吾亦踢 噫汝倜死也休怕 非士師而治不悌之罪者 非汝踢之謂哉 錄死囚 凡千若百 其倜儻不碌碌 於汝倜見之 有以哉 汝倜之名 不虛得也 汝倜放".

칭송하자 가짜 의분(위광)이 나타나기도 했다. 진정한 의분(광자)과 가짜(위광)를 변별하는 일은 생각보다 어려웠다.

인륜의 강조와 진·위 논쟁

교화를 중시하고 정·리를 고려하여 관용하는 형정은 한편으로는 풍속에 도움을 주었지만, 다른 한편으로는 피해자의 억울함을 해소하지 못하는 문제를 낳았다. 차라리 모든 죄인을 엄벌하는 편이 공정하다는 주장마저 대두했다. 무명자 윤기는 조선 후기 엄형의 필요성을 강조한 대표적인 학자였다.[38]

윤기는 조선 후기의 관리들을 부정하거나 무능하다고 비판했다. 부정한 관리는 권세와 뇌물에 따라 법을 달리 적용하여 법을 돈벌이 수단으로 삼고 있었다. 무능한 관리는 죄인들의 무고와 거짓에 넘어가거나 지나치게 관용을 베풀어 오히려 피해자를 억울하게 만들고 있었다.

윤기는 '유경'의 관용을 강하게 비판하고 엄형을 요청했다. '신체를 상하게 하여 악을 징계한 것'은 '불인인지정(不忍人之政)'의 방도로 요순시대에도 불가피했다는 주장이었다. 윤기는 유학자답게 형벌이 올바른 정치 수단은 아니라면서도 엄형을 유지한 데는 모두 그만한 이유가 있다고 강조했다. 엄형은 보복으로서의 법 본연에 충실함으로써, 피해자의 원통함을 풀어줄 뿐 아니라 당대의 물정(物情)에 호응

38) 이하 김호, 2018, 〈조선 후기 흠휼의 두 가지 모색-윤기와 정약용의 속전론을 중심으로〉, 《한국실학연구》 35 참조.

할 수 있었다. 그런데 중죄라도 가볍게, 반대로 가벼운 죄라도 무겁게 처벌할 수 있는 재량이 '물정(物情)의 원통함'을 씻으려는 목적에 호응하면서 이 또한 굴법의 문제를 야기했다. 굴법은 단지 감형의 남발로만 발생하지 않았다. 가령 인륜에 어긋났다 하여 패씸죄로 가중 처벌한다면, 혹은 사건 피해자의 고통을 헤아려 엄형으로 세상물정에 부합하려 한다면 이 역시 굴법을 피할 길이 없었다. 이처럼 조선 후기 인륜의 강조는 '법보다 정·리'의 강조와 같은 '법의 도덕화'를 가속화시키고 있었다.

인륜의 중시와 함께 나타난 지나친 관용이나 지나친 엄형은 공정한 형정을 훼손하는 데 그치지 않았다. 인민들은 '통치자의 선호'에 민감했다. 이들은 형수의 간통남을 죽이더라도 사죄에 처해지지 않을 것을 예상하고 있었다. 인륜과 교화를 강조하고 입법 취지의 한계를 넘는 정·리의 재량이 빈번해지자, 그 순간 법치의 무력함이 드러나기도 했다.

특히 '진짜 의행(광자)'이 아닌 '가짜(위광)'들이 참작과 재량의 대상으로 허용되거나 묵인될 경우 문제는 심각했다. 진짜와 가짜를 구별하는 데 들어가는 사회적 비용이 증가한다는 사실을 넘어, 진짜와 가짜가 구별되지 않는 상황 그 자체가 심각한 사회 문제가 되었다.[39)]형정의 심리 과정에서 '인간다움의 근거(인륜)'를 고려하지 않을 수 없었던 바, 그 진실함을 과연 어느 정도까지 인정하고 참작해줄 것인가? 쉽지 않은 문제였다. 그렇다면 현실적으로 공정한 형정은 가급적이면 '참작과 재량을 축소'할 때 비로소 가능했다. 입법 취지의 한계를 넘어서는 인간의 도리(인륜)를 자주 허용하다 보면, 지나친 감형이

39) 송지우, 2017, 〈말, 거짓말, 도덕적 진보〉, 《철학사상》 63 참조.

나 지나친 엄형 등의 굴법을 피하기 어려웠기 때문이다. 따라서 법에 즉하여 정·리의 재량을 최대한 축소함으로써 심리 과정의 안정성(과 예측성)을 확보하는 편이 나을 수도 있었다.

그러나 계속 언급했던 바대로, 아무리 법에 충실한다 해도 교화의 기초인 '인륜(리)'을 중시하지 않을 수 없었다. '거짓으로' 형제의 우애나 충효 그리고 의열을 앞세워 죗값을 회피하려는 시도가 끊이질 않았다. 다산 정약용의 비판대로라면, 효자들 중 상당수가 부모의 죽음을 이용하여 세상의 명예를 도둑질했고 부모를 빙자하여 부역(賦役)을 도피했으며 간사한 말을 꾸며 임금을 속였다. 이들을 엄격하게 살피지 않을 수 없었다.[40] 인륜을 강조하면서 동시에 인륜을 틈탄 '가짜'의 출현을 변별해야만 했다.

조선 후기에 교화를 강조하면서 나타나게 된 거짓들(가짜 효와 우애 그리고 의열)을 섬세하게 관리하지 못할 경우, 즉 선의를 가장한 '속임수(가짜)'를 걸러내지 못하면, 그 결과는 단지 심리의 안정성이나 형정의 정의가 훼손되는 데 그치지 않았다. 거짓들로 인해 진·위의 경계가 모호해질 경우, '선한 본성[明德]을 바탕으로 한 조선 사회(성리학 공동체)'는 근저에서부터 붕괴될 수도 있었다. 이미 조짐은 나타나고 있었다.

40) 《다산시문집》 권11, 〈효자론(孝子論)〉

2.

정약용의 형정론: 차선의 미덕과 위선의 관리

조선 후기 형벌에 우선하여 도덕교화를 강조하고 그 방편으로 의협을 칭송하자, 이에 힘입어 용기를 내는 자들이 늘었다. 하지만 광자를 자처한 의행들 가운데 '진짜〔狂而直〕'와 가짜〔僞狂〕의 혼유를 피할 수가 없었다. 심지어 선행의 동기를 의심하고 인간의 욕망 전체를 위선으로 부정하려는 논의마저 대두했다.[41] 진짜와 가짜를 둘러싼 진위 논쟁이 불가피했다.[42] 정약용은 정·리의 강조와 이로 인한 굴법의 문제를 조선 후기 형정의 핵심 사안으로 파악했다. 결국 심리와 법의 운용은 신중하고 또 신중하지 않을 수 없었다〔欽欽〕.[43]

---

41) 제주 만덕의 선행에 의혹의 시선을 던졌던 심노숭에 대해서는 뒤에서 자세하게 논의한다.

42) 《나산시문집》 권11, 〈효자론(孝子論)〉, 〈열부론(烈婦論)〉, 〈충신론(忠臣論)〉. 다산은 위선의 악의를 관리할 필요가 있다고 역설했다.

43) 김호, 2013, 《정약용, 조선의 정의를 말하다》, 책문 참조.

범의의 응징

다산은 살옥 심리야말로 천하의 저울처럼 공평해야 한다고 강조했다. 죄수를 다스리기 위해 죽일 길을 찾아도 정의롭지 않지만, 그렇다고 살릴 방도만 찾아도 공정하지 않기는 마찬가지였다. 그럼에도 우선 살길을 찾는 이유는 무엇인가? 한 번 죽으면 다시 살아날 수 없기 때문이다. 이처럼 혹시 모를 억울한 피해자를 불쌍히 여기는 마음이 형정에 임하는 기본이지만,[44] 그렇다고 관용이 능사가 아니며 반대로 엄형 또한 올바른 길이 아니었다. 법이 정확하게 인용되고 정·리가 섬세하게 고려되었을 때 비로소 시중의 판결이 가능했다. 그런데 조선 후기의 많은 지방관들은 흠휼(欽恤)과 인정(仁政)을 관용이나 감형으로 착각하고 있었다.

> "지금의 법관은 흠휼해야 한다는 말에 홀려 사람의 죄는 너그럽게 용서되어야 한다고만 생각하여 법을 운용한다. …… 참형에 처할 자를 유배시키고 유배할 자를 징역형에 처하고 징역형에 처할 자에게는 장형을 내리니, 그런 법관은 곧 법조문을 농락하고 법을 업신여기면서 뇌물을 받는 자일 뿐 무슨 흠휼의 뜻이 있겠는가?"[45]

용서할 수 있다면 용서하겠지만 그럴 수 없다면 반드시 처벌해야 사법 정의가 구현되었다. 당시 관리들은 경전을 읊조리고 시문을 암송하는 데 골몰할 뿐 법률을 공부하지 않았다. 목민관의 임무는 사람

---

44) 《흠흠신서》 권1, 〈경사요의〉 1, '명신불유지의(明愼不留之義)'.

45) 《흠흠신서》 권1, 〈경사요의〉 1, '생호흠휼지의(眚怙欽恤之義)'.

을 살리고 죽이는 일에 관계된 만큼 너무나 무거웠다. 말 그대로 하늘의 권한을 대신하는 일이었다. 다산이 《흠흠신서》를 저술한 가장 중요한 이유는 살옥을 조사하고 심리하는 관리들의 책임감이 무거움을 강조하기 위해서였다.

> 오직 하늘만이 사람을 살리고 죽이니 인명재천이라 한다. 그런데 지방관은 그 중간에서 선량한 사람은 편히 살게 해주고 죄진 사람은 잡아다 죽일 수 있으니, 이는 하늘의 권한을 드러내는 일이다. 사람이 하늘의 권한을 대신 쥐고서 삼가고 두려워할 줄 몰라 털끝만 한 일도 세밀히 분석해서 처리하지 않고서 소홀히 하고 흐릿하게 하여, 살려야 하는 사람을 죽이기도 하고 죽여야 할 사람을 살리기도 한다. …… 이는 매우 큰 죄악이다.[46]

다산은 조선 후기에 흠휼을 관용으로 혼동하거나 법을 굽혀 도덕 교화를 강조하면서 이를 악용하고 처벌받지 않는 이들이 늘고 있다고 비판했다. 그는 '용서를 일삼는다면 아녀자의 사랑(仁)'에 불과할 뿐이라며 더욱 엄격한 형정을 강조했다. 그렇다고 다산이 법가(法家)라거나 엄벌을 주장했다는 말이 아니다. 그는 누구보다도 신체형의 불인(不仁)함을 비판했다.

다산은 자신이야말로 정조의 유훈을 받든 데 불과하다고 밝혔다. 죄책(罪責)을 물을 수 없다면 용서했지만 악의는 반드시 징벌해야 했다. 정조의 심리는 감형이나 용서가 아니라 처벌받아 마땅한 자를 처벌하면서도 단 한 사람의 억울한 희생자도 만들지 않도록 주의했을

---

46) 《흠흠신서》, 〈서(序)〉.

뿐이라는 것이다.[47]

고의, 즉 범의(犯意)의 유무는 살옥 심리의 가장 중요한 판단 기준이었다. 곡산부사 시절 다산은 아래의 사건을 경험했다. 황해도 수안의 창고지기 최주변이 동료 민성주와 장난하다가 칼에 찔려 죽자, 최주변의 아내가 민성주를 복수 살해했던 것이다. 초검관 수안군수는 최주변의 아내 안씨를 열녀로 표창해야 한다고 주장했다. 당시 복검을 담당했던 다산은 민성주가 최주변을 죽이려는 마음(犯意)이 없었다고 주장했다. 민성주와 장난하다 칼에 다쳤고 이후 최주변이 조섭을 잘못해 죽었을 뿐, 민성주가 일부러 최주변을 죽이려고 칼을 휘두르지는 않았다는 것이다.

다산은 민성주에게 고의가 없었다는 사실을 다음과 같이 추론했다. 첫째, 민성주의 칼은 떡을 써는 용도의 것으로 날카롭지 않았다. 둘째, 최주변은 칼에 다쳤지만 한 달 동안 창고에서 짐을 나를 정도로 건강했다. 셋째, 검험 결과 칼에 찔린 왼발 복사뼈 부위 외에도 발등에 여러 군데 악창(惡瘡)이 발견되었다. 마지막으로 민성주가 죽이려고 찔렀다면 발등의 상처가 조그맣고 깊어야 하는데 그렇지 않았다. 칼에 찔린 상처라기보다 칼이 떨어지면서 맞은 상처가 분명했다.

다산은 민성주가 최주변을 고의로 살해한 것이 아니라, 두 사람이 장난을 치다가 최주변이 칼에 맞았고 이후 조섭을 제대로 하지 않고 무리하게 일을 하다가 병사했다고 결론지었다. 그런데도 최주변의 아내(안씨)가 민성주를 복수 살해했다면, 안씨는 열녀가 아닌 살인자일 뿐이었다. 다산은 안씨를 열녀로 추천한 초검관이야말로 형정의 정의를 해치는 형편없는 목민관이라고 비판했다. 그런데 조선 후기에는

---

47) 《여유당전서》 문집 권14, 〈발상형고초본(跋祥刑攷艸本)〉.

살인자를 처벌하기는커녕 교화의 증거로 추천하는 일이 다반사였다.

> 아내가 남편의 원수를 갚음은 삼강오륜의 큰 뜻이니 기특한 일이요 절조가 높은 일이 아닐 수 없다. 또한 민성주의 범행이 반드시 죽이려는 마음에서 나왔고 칼날의 상처가 반드시 죽는 급소에 해당하는 것이라면, 아내 안씨가 칼을 품고 원수를 갚은 사실이 어찌 찬란히 빛날 일이 아니겠는가? 그러나 본 사건은 그렇지 않다. …… 아내 안씨가 모진 칼로 목구멍을 찌르고 다음이 방망이로 머리와 얼굴을 어지럽게 내리쳤으니, 그 잔인함과 악독함은 최주변이 다친 것보다 백배는 더하다.[48]

다산은 사건을 대충 조사하고 살인자를 열녀로 둔갑시킨 지방관을 비판했다. 만일 안씨를 살인죄로 처벌하지 않고 열녀로 표창한다면 이후의 폐단이 끝이 없을 것이었다. 다산은 의행(義行)을 앞세우며 도리어 의리를 훼손하는 경우를 법이 허용해서는 절대 안 된다고 강조했다〔節俠傷理 非法之所宜許〕. 아무리 인륜이 중요하지만 살인을 쉽게 정당화할 수는 없었다. 법이 도덕교화의 보조 수단이라지만, 그렇다고 분명 사람을 죽인 자를 인륜의 가치를 내세워 법의 처벌에서 빠져나가도록 허용할 수 없다는 것이 다산의 주장이었다.[49]

다산은 사건을 둘러싼 맥락(정)을 정확하게 파악한 후 법의 취지에 따라 정밀하게 추론해야 공정한 처벌〔時中〕에 이를 수 있다고 보았다. 조선 후기 대부분의 목민관들은 살옥의 정황〔獄情〕을 깊이 조사하지

---

48) 《흠흠신서》 권10, 〈전발무사(剪跋蕪詞)〉 1, '수안군 최주변 복검안발사(遂安郡崔周弁覆檢案跋詞)'.

49) 다산은 의살(義殺)의 허용 '한계'를 강조했다. 김호, 2012, 〈'의살'의 조건과 한계-다산의 《흠흠신서》를 중심으로〉, 《역사와 현실》 84 참조.

않은 채, 상식적으로 판단하거나 인간의 도리만을 앞세워 성급하게 사건을 결론짓고 있었다.

다산은 공정한 형정은 인정이나 도덕 감정에 호소하는 것이 아니라, 법을 철저히 고수하고 정·리의 참작을 최소화할 때 가능하다고 주장했다. 그가 복수와 관련하여 한유(韓愈)보다는 유종원(柳宗元)의 논리에 찬성한 것도 한유가 정·리의 고려에 치중한 반면 유종원은 법을 강조했기 때문이었다. 유종원은 복수 살인의 경우 복수가 가능한 조건에 해당한다면 허용하지만, 그렇지 않다면 모두 무겁게 처벌해야 한다고 주장했다.[50] 가령 부모가 정당하지 못한 일(간통이나 도둑질 등)로 살해당한 경우 자식은 복수할 수 없다는 것이다. 그러나 수령이 사적인 감정으로 부모를 마음대로 죽였다면 자식은 국가의 관리를 죽일 수도 있었다. 다산 역시 복수(살인) 그 자체를 부정하지는 않았다. 원칙(법)에 합당하다면 복수(살인)가 허용되었다. 하지만 법에 합당하지 않다면 그 어떠한 폭력도 인정될 수 없었다.

다산이 법과 그 해석의 한계를 명확히 한 이유는 조선 후기 인륜의 강조와 이로 인한 '도덕 감정의 과잉'이 야기한 폭력의 문제를 목도했기 때문이었다. 인간다움(리)의 미명 하에 폭력이 제대로 통제되지 않는다면 도리어 인간다움을 잃고 금수의 지경으로 떨어질 것이 분명했다. 사회 질서를 위한 인륜이 반대로 사회 질서를 무너뜨리는 원천이 될 가능성이 높았다.

---

50) 《흠흠신서》 권1, 〈경사요의〉 2, '복수살관(復讎殺官)'.

정확한 조사

다산은 무엇보다도 살옥의 초기 수사가 중요하다고 보았다. 옥정(獄情)을 명백하게 파악한다면 이후의 심리(법 추론)가 정밀하고 공정해질 수 있었다. 당연히 사건의 진실을 깊이 파악하려는 목민관의 의지가 가장 중요했다.

18세기 후반 황해도에서 김윤서가 장막봉을 구타 살해한 일이 있었다. 장막봉이 술에 취해 욕을 하자 김윤서가 발로 장막봉의 왼쪽 배를 걷어차고 담뱃대로 관자놀이를 찔렀다. 시름시름 앓던 장막봉은 일주일을 넘기지 못하고 사망했다.[51] 초검관 강령군수는 장막봉과 김윤서가 친척 사이로 특별히 죽일 마음은 없었을 것이라고 판단했다. 장막봉이 구타를 당한 후에도 관아를 드나들었던 것으로 보아 감기로 인해 사망했다고 결론지었다. 초검관은 장막봉을 검시하고 왼쪽 관자놀이의 상처를 확인했지만, 뼈가 부러지거나 뇌수가 흘러나올 정도는 아니었으므로 사인이 될 수 없다고 보았다.

후일 초검안을 검토한 다산은 강령군수의 허술한 조사를 강하게 비판했다. 먼저 관자놀이는 필사처(급소)로 살갗이 터질 정도면 충분히 사망에 이를 수 있으며, 1푼 깊이의 상처를 단지 긁힌 것이라고 말할 수는 없다고 지적했다. 또한 장막봉이 관아를 출입한 사실은 있지만, 법률의 기한이 10일(구타 후 10일 내에 사망하면 구타를 사인으로 결정)이므로 충분히 구타사로 인정할 수 있었다. 다산은 초검관 강령군수가 사건을 제대로 조사하지 않고 법조문도 확인하지 않은 채 명백한 살인을 병사로 오인했다고 비판했다.

---

51) 이하 사건은 《흠흠신서》 권6, 〈상형추의〉 6, '상병지변(傷病之辨)' 1 참조.

이러한 오류는 복검으로 이어졌다. 복검관 역시 장막봉의 사인을 숙병(宿病)과 음주 그리고 구타 등의 복합적인 원인으로 판단했다. 다산은 복검관의 허술한 조사 역시 비판했다.

초검에서는 살갗이 터졌다 하고 복검에서는 살이 터졌다 했으니 살이 터진 상처는 살갗이 터진 것보다 무겁다.《무원록》에 상처가 필사처에 해당하면 10일을 넘기지 못한다고 했다. 이제 과연 7일 만에 죽었으니 무엇 때문에 사인을 찾아 이리저리 헤매는가? 초검에서는 싸운 뒤의 행동이 정상이었다고 하고, 복검에서는 싸운 다음날 병들어 누운 뒤 일어나지 못했다고 했다. 그렇다면 정상적인 행동이라는 것이 싸운 곳에서 집으로 걸어 돌아와 방에 가서 누운 것에 불과하다. 이를 평소처럼 관아에 드나들었다고 말할 수 있겠는가? …… 증거가 확실한데도 김윤서를 정범이 아니라고 한다면 잘못이 아닌가?[52)]

다산은 사건을 '사실 그대로' 조사해야 한다고 강조했다. 그런데 삼검안은 앞선 두 차례의 검안보다 더 형편없었다. 삼검관은 장막봉이 감기를 앓은 상태에서 술에 취해 냉방에 누웠다가 병사했다고 결론지었다. 애초에 구타를 거론조차 하지 않았다. 다산은 삼검안은 너무 흠결이 많아 일일이 논의할 수조차 없다고 비난했다. 다산은 사건 조사가 제대로 이루어지지 않은 배경에, 김윤서를 동정하는 사람들의 마음이 작용했다고 보았다.

생각건대 장막봉은 본래 노비로 평소 술주정이 심했고 신세 또한 혈혈

52) 《흠흠신서》 권6, 〈상형추의〉 6, '상병지변' 1.

단신이었다. 반면에 김윤서는 비록 같은 노비였지만 인품이 조금 어질어 본디 여러 사람의 마음을 샀다. 진영(鎭營)의 서리와 노비들 모두 김윤서를 편들어 죄를 가볍게 하려던 나머지 장막봉의 죽음을 안타까워하지 않았다. 이에 사또의 판단도 흐려졌던 것이다.[53]

초검에서 삼검에 이르는 부실한 수사와 함께 이후 황해감사가 내린 판결도 엉터리였다. 황해감사는 사람이 담뱃대에 맞아 죽을 리가 없다며 병사를 확정했다. 다산은 황해감사를 강하게 비판했다. 본 사건은 피타사(被打死)가 확실했고 정범은 김윤서였다. 그런데도 황해감사는 이마의 작은 상처로는 사람이 죽을 리 없다는 몽상에 빠졌고, 심지어 정상을 참작한다며〔原情〕 우연한 사건으로 만들어 김윤서를 살려주었다〔傅生〕는 것이다. 다산은 평론의 말미에 황해감사를 '참으로 어진 사람'이라고 비꼬았다. 당시 지방관들이 처벌 대신 관용을 능사로 여기면서 인정(仁政)을 베풀었다고 자부하자, 이를 비판했던 것이다.

부실한 사건 조사는 불가피하게 의옥으로 이어졌고 '죄의유경'으로 가볍게 처벌되곤 했다. 죄의유경은 범인들에 의해 악용되었을 뿐 아니라 지방관들에 의해서도 남용되었다. 억울한 이들이 늘었고 그만큼 사법 정의가 훼손되었다. 1785년 경기도 고양에서 묏자리를 두고 이경구와 이기종 두 집안이 다투었다. 싸움 중에 이경구가 이기종의 족인들에게 구타를 당했고, 이를 피해 도주하다가 밤길에 발을 헛디뎌 절벽 아래로 떨어졌다.[54] 당시 홀로 도주하던 이경구를 떠민 사람이 없었으므로 '타살' 여부가 문제였다. 그렇다고 자살로 보기도

53) 《흠흠신서》 권6, 〈상형추의〉 6, '상병지변' 1.

54) 《심리록》 권14, 〈경기 고양군 이기종 옥(京畿高陽郡李起宗獄)〉.

어려웠다. 초검관과 복검관은 이기종을 주범으로 보고했다. 이기종이 이경구의 투장(偸葬)을 저지하다가 벌어진 일이므로 싸움을 주동한 이기종이 주범이라는 논리였다.

그런데 경기감사는 이경구의 사인이 불확실하고 싸움을 주도했다는 이유로 이기종을 주범으로 결정할 수는 없다며 초·복검관의 견해를 비판했다. 형조 역시 경기감사의 의견을 따랐다. 이경구가 발을 헛디뎌 죽은 사건인데, 선동만으로 이기종을 정범으로 확정할 수 없다는 의견이었다. 정조는 경기감사와 형조의 판결을 칭찬했다. 사건의 증거가 불분명하고 사인도 확실하지 않은데, 한밤중의 변고를 이기종 한 사람에게 책임지도록 할 수 없다는 데 동의했다. 정조는 설령 이기종이 모의를 주창했더라도 여러 사람이 구타에 동참한 이상 경중을 가려 정범을 확정해야 한다고 강조했다. 마지막 판부에서 정조는 한밤중에 작당하여 벌어진 살인의 변고를 그대로 둘 수 없다면서도, 이기종을 주동자로 처벌한다면 너무 억울할 터라고 강조했다. 결국 의옥으로 처리되어 이기종은 감사정배되었다.

후일 판부를 검토한 다산은 정조의 결정을 비판했다. 시장(屍帳)을 보면 이경구의 상처는 등 뒤와 귀 밑에 집중되어 있고 목뼈가 부러진 상태였다. 《무원록》에 따르면 이는 스스로 떨어진 것이 아니라 밀쳐 떨어져 생긴 상처와 유사했다.

> 이경구는 등뒤에서 함성이 크게 일어나자 발아래 비탈은 깎아지른 듯했지만 해를 피하기가 호랑이를 만난 것 같아, 불이면 불로 물이면 물로 뛰어들었을 것이다. 캄캄한 밤에 급하게 도망하다 마침내 구렁텅이에 떨어졌으니, 이는 핍박을 당해 떨어진 것이지 스스로 떨어진 것이 아니다. …… 지휘한 자는 이기종이 아니면 누구이겠는가? 한두 사람이 같

이 때렸을 때는 오히려 구타의 경중을 헤아려 범인을 구별할 수 있지만 이 경우 무리를 동원하여 전투하는 것 같았으니, 무릇 죽거나 다치면 그 책임이 우두머리에 있는 법이다. 죄의유경에 근거하여 이기종을 논하려 한다면 절대 잘못이다. 간혹 선왕(정조)께서 죽이기를 싫어하고 살리기를 좋아하는 마음으로 사죄인을 감형했지만, 법을 집행하는 논의에 있어서 옳지 않다.[55]

다산은 호생지덕과 관용을 앞세우다가 응당 처벌받을 자를 벌하지 않음으로써 도리어 정의 구현에 실패했다고 비판했다. 그는 부생(傅生)의 덕을 과도하게 펼친 정조의 판결을 문제 삼았다. 그런데 조선 후기의 많은 지방관들은 한결같이 정조의 심리를 호생지덕으로 오해하고 감형을 일삼고 있었다.

가령 의주에서 벌어진 변채강 사건을 보자. 변채강은 자신을 벼 도둑으로 의심하는 이덕태를 구타 살해했다. 당시 평안감사 김종수는 구타를 당해서가 아니라 밥을 먹다 체해서 사망했다고 결론지었다. 그는 팔뚝만 한 몽둥이로 때린 것 치고는 상처가 너무 작아 구타사로 확정할 수 없다고 주장했다. 시신의 입속에 남아 있는 밥알을 보면, 도리어 격분한 채 음식을 먹다가 체한 것이 분명하다는 것이었다. 다산은 평론을 통해 정조의 지음(知音)이라는 평안감사 김종수의 판단을 혹평했다. 오직 호생지덕을 정조의 뜻으로 오해한 채 살옥의 내막을 철저하게 조사하지 않고 감형과 관용을 일삼는 관리들의 잘못을 호되게 질타한 것이다.[56]

---

55) 《흠흠신서》 권6, 〈상형추의〉 4, '자타지분(自他之分)' 13.

56) 《흠흠신서》 권6, 〈상형추의〉 6, '상병지변' 9 참조.

다산은 시중의 판결이 결코 쉽지 않다고 보았다. 그럼에도 사건을 둘러싼 맥락(정)을 정확하게 파악하고 인간다움의 근거를 참작하여 법(조문)의 취지 안에서 재량을 최소화한다면, 과도한 정·리의 고려나 이로 인한 굴법을 방지할 수 있다고 보았다. 다산은 조선 후기의 많은 관리들이 정·리와 법의 조화, 즉 최선의 판단(시중)에 이르지 못했다고 비판했다. 최선은 무엇보다 사적인 감정이나 일반적인 편견을 모두 배제해야 했다. 무조건 관용하거나 반대로 괘씸하다는 이유로 무겁게 가중 처벌하는 일 모두 삼가야 했다.

특히 인륜을 가장한 '거짓 행위'를 세밀하게 살펴서 반드시 응징해야 했다. 사람을 죽이고도 거짓으로 형제의 우애를 앞세우거나, 남편의 복수였다고 주장하고, 부모를 위한 효도였다고 강조하는 이들의 '위선'을 처벌하지 않으면 안 되었다. 다산은 도덕교화를 강조하면 역설적으로 인륜을 가장한 위선들이 증가할 수밖에 없다고 보았다. 이는 성리학 사회의 태생적인 모순이자 불가피한 현상이었지만, 위선과 위광 등 가짜를 제대로 변별하지 못할 경우 심각한 대가를 치를 수밖에 없었다. 인륜의 도리를 지나치게 강조하면서 생겨난 역효과를 관리하지 못한다면, 조선 사회는 인간 본성을 신뢰하지 못하고 붕괴할 수 있었다. 다산은 조선 후기의 진짜·가짜 논쟁, 즉 위광과 위선에 대한 관리야말로 형정 운용의 중요한 과제라고 생각했다.

'가짜'의 문제

앞서 살펴본 대로, 정조는 소민들 가운데 의협이나 의인으로 칭송할 만한 사례를 전국에 배포했다. 자신의 도덕교화에 따라 많은 백성들이 의행에 앞장서기를 바랐다. 〈은애전〉의 김은애와 〈여척전〉의 신여척 그리고 〈만덕전〉의 김만덕 등이 그러했다. 정조의 명을 받들어 이덕무는 은애와 여척의 용기를 전기로 남겼고,[57] 채제공을 비롯하여 수많은 학자들이 만덕의 삶을 여의협(女義俠)으로 칭송했다.

다산 역시 소민의 의행을 높이 평가했다. 그러나 동시에 조선 후기의 가짜 의열과 충효를 강하게 비판했다. 인륜과 의리를 강조하면 할수록 의행의 진·위 여부를 둘러싼 논란이 불가피했다. 다산은 은애와 만덕에 대한 깊이 있는 평론을 통해, 명·실이 상부하지 않은 세상의 위선과 위광의 문제를 섬세하게 고찰했다. 다산의 논의와 관련하여 김은애 사건을 조금 깊이 들여다보기로 하자.

1789년(정조 13) 강진의 김은애는 자신과 동네 총각 최정련의 혼인을 중매한 안 노파가 자신을 음란하다고 무고하자 칼로 수십 차례 찔러 살해했다. 당시 좌의정 채제공은 김은애가 설사 만 가지 억울한 마음이 있더라도 이장에게 고하거나 관부에 호소하여 안 노파가 죗값을 치르도록 했어야 한다고 주장했다. 그는 안 노파를 무고죄에 따라 처벌한다 해도 사형에 이를 정도는 아닌데다, 은애의 억울한 심정을 아무리 고려해도 살인을 용서할 수는 없다고 강조했다.[58] 정조는 최종 판결에서 살인의 범죄보다 자신의 명예를 지킨 은애의 절개를 높이 평가했다.[59] 반복되는 감이 있지만 정조의 입장을 확인하기 위해 판부를 인용해본다.

---

57) 《청장관전서》 권71, 〈선고적성현감부군연보하(先考積城縣監府君年譜下)〉.

58) 《일성록》, 정조 14년(1790) 8월 16일.

59) 후일 다산은 무분별한 복수극의 참상을 막기 위해 의살의 조건을 엄격하게 제한했다. 김호, 2012, 앞의 논문 참조.

이 세상에서 가장 뼛속에 사무치는 억울함은 정숙한 여인이 음란하다는 무고를 당하는 일이다. …… 한마디 말이 발설되자 수많은 사람들이 번갈아 전하여 사면초가가 되었으니 원통함과 억울함이 사무쳐 장차 한 번 죽음으로써 결판을 내려고 했을 것이다. 다만 헛되이 죽게 되면 용기만 손상되고 사람들은 알지 못할까 두려워하여, 이에 침상의 칼을 꺼내 들고 원수의 집으로 달려가 통쾌하게 설명하고 꾸짖은 뒤 마침내 백주 대낮에 한 무뢰한 여인을 찔러 죽여 온 마을과 고을이 자신은 허물이 없고 저 원수는 보복을 받을 만하다는 사실을 알게 하였다. …… 이는 진실로 열혈의 남자들도 하기 어려운 행위이고, 또 소견 좁은 연약한 여인이 울분을 숨기고서 스스로 목매거나 물에 빠져 죽는 것에 비할 바가 아니다.[60)]

장문의 판부에서 정조는 은애의 용기와 의협으로서의 면모를 강조했다. 심지어 사마천이 은애를 알았다면 《사기》〈유협전(游俠傳)〉에 써넣었을 것이라고도 했다. 당연히 은애를 '의리를 빛낸 인물'로 표창해야 하며, 정조 자신의 판부를 등사하여 백성들에게 나누어줌으로써 인간의 도리를 지키지 못하는 자들은 금수와 다를 바 없다는 사실을 배우도록 명령해야 했다.[61)]

물론 정조가 의리를 앞세우면 무조건 사람을 죽여도 된다고 말한 것은 아니었다. 은애를 석방한 후 정조는 다시 한 번 전라도관찰사에게 전교를 내려, 격분한 은애가 노파뿐 아니라 최정련마저 죽일까 걱정했다.

---

60) 《심리록》 권21, 〈강진 김소사 옥사(康津金召史獄事)〉.

61) 《흠흠신서》 권8, 〈상형추의〉 11, '정리지서(情理之恕)' 8.

> 지난번 호남의 사형수 중에 김은애의 처사와 기백이 탁월하였기에 특별히 풀어주라고 명했다. 그러나 김은애가 그런 굳세고 강한 성질로 그러한 원통함을 풀었다면, 처음에 죽이려다가 아직 죽이지 못한 최정련을 다시 잔혹하게 대할 염려가 없으리라는 걸 어찌 알겠는가. …… 즉시 지방관을 엄하게 신칙해서 김은애를 공정(公庭)에 불러다가 다시는 최정련을 해치지 않겠다는 다짐을 받아 감영에 보고하도록 하라.[62)]

정조는 치세 내내 인간의 도리를 강조했다. 이른바 인륜을 저버린 사회에 경각심을 일깨우고자 은애의 절의를 강조했던 정조는 반대로 인간다움의 명예를 지나치게 강조하다가 사람을 쉽게 죽이는 일이 발생할까 염려했다. 정조는 참으로 부질없는 걱정이라고 말했지만, 조선 후기에 이르러 걱정하지 않을 수 없는 현상이 되고 있었다.[63)]

다산 정약용은 정조의 판부를 평석하면서 인륜의 강조로 야기될 수 있는 폭력의 점증 가능성을 걱정했다. 다산이 법과 도덕(정·리)의 갈등 상황에서 비교적 법에 충실할 것을 강조한 이유는 명백했다.[64)] 다산 역시 유학자로서 인륜을 중시했던 정조의 취지에 찬동하면서도, 정도(입법 취지의 한계)를 넘어선 정·리의 고려가 살인과 같은 예기치 않은 사태를 낳을 수 있다고 우려했다.

사실 인간다움의 근거였던 예의와 염치를 강조할수록 명·실의 상부와 불일치를 둘러싼 논란이 불가피했다. 행위의 진정성을 두고 진·위 논쟁이 벌어졌고, 진정한 의리와 그렇지 않은 가짜를 구별하려는

62) 《일성록》, 정조 14년(1790) 8월 25일(계유).

63) 김호, 2012, 〈조선 후기 강상(綱常)의 강조와 다산 정약용의 정·리·법-《흠흠신서》에 나타난 법과 도덕의 긴장〉, 《다산학》 20-1 참조.

64) 김호, 2012, 앞의 글 참조.

시도가 이어졌다. 이른바 군자〔善〕와 사이비〔僞善〕, 진정한 광자(狂者)와 위광(僞狂)을 둘러싼 논쟁은 조선 후기에 국한된 현상은 아니었지만, 정조의 치세를 전후로 한 18세기 후반에는 그 어느 때보다 의열과 이를 틈탄 위선(혹은 위광)을 비판하는 목소리가 격렬했다.

선과 위선의 경계가 쉽사리 구분되지 않았기 때문에, 어느 정도의 위선을 참을 만한 수준으로 정할지를 두고 개인들마다 의견이 달랐다. 위선을 지나치게 몰아세우면 독선으로 비난받았고, 위선에 대해 지나치게 너그러우면 향원(사이비)이라는 오명을 뒤집어써야 했다. 다산 역시 가짜들을 강하게 비난해야 한다고 하면서도, 비판만 할 수는 없다는 사실을 잘 알고 있었다. 어느 정도의 위선은 선을 향한 의지 자체를 부정한 것이 아니라면 견뎌야 했다. 어찌 보면 위선을 우려하는 태도는, 차라리 진·위의 구별이 가능하다고 믿고 '기준'을 엄격하게 적용하지 않는 현실을 걱정하는 것이기도 했다. 조선 후기의 논의들 중 일부는 애초에 진·위를 따지는 것 자체가 불가하다고 주장했기 때문이다. 처음부터 진〔善〕은 없다는 주장과 진(선)을 상정하고 '견딜 만한 위선의 한계'를 논하는 태도는 근본적으로 달랐다.

요컨대, 가짜 의행이 쉽사리 명예의 전당에 오르는 일이 문제였고 이를 비판해야 마땅했다. 그러나 가짜들을 비판하는 논의에 끼어들어 인간의 말과 행위를 모두 거짓이나 위선으로 치부할 수는 없었다. 성리학의 근거인 인간의 도덕본성을 전제하지 않는다면, 세상에 그 어떤 것도 가치 있다거나 반대로 가치 없다고 할 수가 없었다. 인륜을 중요한 가치 판단의 기준으로 삼아 진·위 논쟁을 벌일 수는 있지만, 이를 넘어서 모든 가치는 상대적일 뿐이라고 주장한다면 이는 전연 차원이 다른 사태를 야기했다. 만일 완전한 가치상대주의를 주장한다면, 인간의 선한 도덕적 동기〔明德〕 위에 구축된 조선 사회는 부

정당할 수밖에 없었다. 사실 이러한 지경이야말로 '말세(末世)'라 불러도 무방했다.[65]

누차 이야기하지만 정조는 자신의 시대를 성리학의 가치로 복구하려 애썼다. 그런데 역설적이게도 당시 많은 이들은 성리학 체제의 균열을 목도하고 있었다. 다산 역시 이러한 조짐을 예민하게 간파했다. 그는 인륜을 강조하면서 나타난 가짜 충효와 의열의 문제를 비판하면서도, 이보다 더 큰 문제로 '선악 판단의 기준을 부정하고 모든 행위는 위선과 위광'이라는 현실 부정의 논리를 더욱 경계했다.

소론계 학자 심노숭(沈魯崇, 1762~1837)은 많은 이들이 제주 기생 만덕의 의행을 칭송하자 이를 비꼬는 글을 남겼다. 그녀의 덕행이 '가짜'라는 비난이었다.[66] 심노숭은 순선한 동기를 확인할 방법도 기준도 없다면, 과연 진짜와 가짜를 구별할 수 있는가라고 되물었다. 질문의 이면에는 진·위를 구별할 수 없다면 결국 '진·위는 상대적'이라는 함축이 깔려 있었다. 그러나 앞서 말했듯이 인간 행위에 위선의 가능성이 내포되어 있다고 말하는 것과 인간 행위는 기본적으로 위선적이라는 입장은 완전히 달랐다.

성리학자들은 인간의 도덕본성(理)이 발휘될 때 반드시 기질의 욕망(氣)이 섞여들게 마련이라고 보았다. 하지만 기질지성을 본성 자체라고는 하지 않았다. 그런데 조선 후기에 이르러 도덕본성이 아닌 기질의 욕망이 인간의 본질인 듯한 증거들이 눈에 띄었다.[67]

---

65) 필자는 조선 후기에 '탈진실(post-truth)의 시대', 어떤 의미에서 '포스트모던적 조건'을 강렬하게 경험하고 있었다고 본다.

66) 《효전산고(孝田散稿)》 권7, 〈계섬전(桂纖傳)〉. 계섬이라는 기생의 일생을 서술한 후반부에 제주 기생 만덕의 위선을 꼬집었다.

67) 김호, 2015, 〈조선 후기의 '도뢰'와 다산 정약용의 비판〉, 《한국학연구》 37 참조.

의행을 권장하고 악의를 응징하는 이른바 권선징악의 통치는 선과 악의 경계가 불분명해지면서 쉽게 이룰 수 없는 목표가 되었다. 선악의 경계가 흐려질수록, 권선징악은 더욱 섬세하게 관리되고 집행되지 않으면 안 되었다.[68] 진정한 선을 칭송하고 불의한 악을 징벌해야지, 선이 아닌데 권장하거나 악이 아닌데 응징할 수는 없었다.

1) 은애, 위광의 문제

정조 사후 강진에 유배되었던 다산은 은애 사건의 전모를 자세하게 들을 기회가 있었다. 그리고 이에 대한 자신의 견해(案說)을 남겨두었다. 사건은 애초에 안 노파가 최정련과 짜고 먼저 최정련이 은애와 간음하는 사이라는 소문을 내면, 안 노파 자신이 은애를 구슬려 어찌할 수 없이 최정련과 결혼하게 만들려는 계획이었다. 그 대가로 노파는 자신의 치료비를 받기로 했던, 치밀하게 계획된 도뢰 사건이었다.[69] 계획이 실패했음에도, 안 노파는 은애의 간음이 사실이라고 계속해서 무고했다. 최정련에게 은애를 무고하도록 시킨 사람도 안 노파였고, 일이 틀어졌는데도 시종일관 은애를 음해한 이도 안 노파였다. 결국 은애는 안 노파를 살해하여 원통함을 복수했다.

당시 최정련은 어린 나이에 노파의 꼬임에 넘어갔다고 참작되어 불문에 붙여졌다. 은애는 강진현감에게 최정련의 처벌을 요청했고, 이에 정조는 은애가 최정련을 죽이지 못하도록 전라감사에게 다짐까지 받도록 했던 것이다. 확실히 최정련과 노파의 무고로 고통스런 나

68) 필자는 이러한 현상에 대해 시론 성격의 글을 발표한 바 있다. 김호, 2007, 〈'조선 후기적 조건'의 탄생과 성즉리(性卽理)의 균열〉, 《인문과학연구》 12, 가톨릭대학교 인문과학연구소; 김호, 2009, 〈조선 후기 낙론(洛論)의 역사적 전개〉, 《기전문화연구》 35 참조.

69) 김호, 2015, 위의 글 참조.

날을 보내던 은애가 울분을 이기지 못하고 복수한 사건이 분명했다. 그런데 사건이 발생한 지 수년이 지났는데도 강진에는 여전히 최정련과 은애가 간통했을지 모른다는 소문이 사라지지 않았다. 남녀 사이의 은밀한 일을 누가 알겠느냐는 풍문이었다.

> ① 1801년 겨울 신이 강진현에 유배되어 민간에서 가난하게 살았는데, 읍내 사람들의 말을 들어보니 '은애가 시집가기 전에 이미 최정련과 사사로이 간통하였고(私奸) 안 노파가 매파가 되어 매번 안 노파의 집에서 간음했는데, 그 후에 이익이 적자 안 노파가 이 사실을 전파하였고, 이에 은애가 안 노파를 살해했다. 그러나 안방의 이야기를 그 누가 알겠는가.'라고들 했다. ② 대개 간음을 둘러싼 송사는 한 번 지목되면 많은 사람들이 사실로 여긴다. 속담에 '도둑의 누명은 끝내 벗을 수 있지만 간음의 무함은 씻기가 어렵다.'고 했으니 이를 두고 한 말이다. 만일 실제로 (은애가) 간음의 행적이 있었다면, (안 노파를 죽이려 할 때) 주저하고 머뭇거리는 게 당연한 이치이지 이렇게 통쾌하게 죽일 수는 없었을 것이다.[70]

다산은 강진 사람들의 풍문을 문제 삼았다(①). 일부 강진 사람들은 은애가 최정련과 그렇고 그런 사이였다고 굳게 믿고 있었다. '안방의 이야기를 그 누가 알겠는가?'라는 전언은 은애가 최정련과 깊은 관계를 맺고 있었다는 억측과 소문을 기정사실로 만들고 있었다. 안

---

70) 《흠흠신서》 권8, 〈상형추의〉 11, '정리지서' 8, "臣謹案 嘉慶辛酉冬 臣謫配康津縣 窮居民間 聽邑人之言曰銀愛自未笄時 已與崔正連私奸 安嫗爲作媒婆 每於安嫗之家行奸 其後利少 安嫗播之 銀愛遂殺之 然中冓之事 有誰知之 凡奸淫之訟 一被指目 衆人從而實之 故諺曰盜冤終脫 淫誣難雪 此之謂也 如有實犯 理當沮甇 不能若是之快殺也".

방의 내밀한 속사정은 아무도 모른다는 소문이야말로 은애의 정당한 의열을 '의심'하거나 '부정'할 만한 힘을 지니고 있었다.

다산이 강진 사람들의 입소문을 굳이 언급한 이유를 묻지 않을 수 없다. 다산은 자신의 안설(案說)에서 은애의 의열을 '가짜'로 만들 수 있는 소문을 소개하고, 이를 통해 당시 여성을 둘러싼 간음의 무고를 벗어나기가 얼마나 어려웠는지 강조했다(②). 다산은 은애의 억울함이 그만큼 컸다는 증거로 소문의 힘을 활용했고, 결국 은애가 수십 차례 노파를 찌른 행위야말로 역설적으로 간음이 없었음을 입증한다고 주장했다.

그러나 다산과 달리 강진 주민들은 은애와 최정련의 간음을 무고가 아닌 혹시 모를 일이거나 사실로 받아들이고 있었다. 다산은 은애의 고통에 공감하며 그녀의 무고를 확인시켜줄 증거로 소문을 인용했지만, 동일한 소문은 강진을 포함하여 조선 후기의 상당수 민중들에게 은애의 진정성을 의심하도록 만들었다. 이러한 현상의 이면에는, 충·효·열의 인륜(善)을 강조하자 진실하지 않은 가짜(위선과 위광)들이 쉽게 명예의 전당에 올랐던 당시의 상황이 작용했다. 인간다움을 강조하고 이로부터 멀어지는 것을 부끄러워함으로써(恥) 사회 질서를 유지하려는 명예의 정치가 확산되자, 인간다움을 증명하려고 너무 쉽게 사람을 해치거나 반대로 수치심으로 자살하는 일이 발생하곤 했다. 의행이라고 할 수 없는데도 의열로 칭송받는 경우들도 빈번했다.

부끄러움(恥)을 강조할수록 상대적으로 정당한 폭력의 조건(부끄러움의 수위)이 낮아졌다. 약간의 수치심으로도 복수할 수 있다면 현실에서 폭력의 수위는 점점 높아질 수밖에 없었다. 과연 어느 정도의 수치심을 '복수를 허용할 만한 정도'라고 인정할 것인가? 이를 누가 판단할 수 있는가?

다산은 복수 가능한 수치심을 대악(大惡)의 경우〔불효·불우(不友)·패역(悖逆)·음란〕로 제한했다. "살인하되 의롭다함은, 죽임을 당한 자가 대악을 저질러 사건의 정황〔情〕과 인간의 도리〔理〕로 따져보아 도저히 용서할 수 없을 경우이다. 이것만을 의살(義殺)이라 해야 한다. 어찌 나의 아버지와 형을 모욕했다고 사사로이 죽이려 드는가? 가공언이 옛 사람〔古人〕은 질박하여 모욕을 받으면 죽일 수 있다고 말했는데 이는 잘못된 주장이다."[71] 다산은 조선 후기에 사람들이 약간의 수치심만으로도 복수할 수 있다고 생각한 나머지 너무 쉽게 자살이나 살인을 저질렀다고 비판했다.

다산의 주장대로라면, 불효한 자를 죽일 수 있지만 과연 어느 정도의 불효를 처벌할 수 있으며 어느 정도의 음란을 복수할 수 있는지 판단하기 어려웠다. 앞서 언급한 대로 의리와 인륜을 빌미로 사람의 목숨을 경시한다면 법으로 허용해서는 안 될 일이었다. 은애의 복수를 둘러싸고도 정당했는지 과도한 폭력이었는지를 쉽게 결정하기 어려웠다. 사실 이 모든 사태는 너무 쉽게 명예의 전당에 오른 이들이 많아지면서 벌어진 불가피한 결과였다. '안방의 일을 누가 알겠는가?'라는 소문은 조선 후기에 여자가 한 번 음란의 무고를 당하면 벗어나기가 얼마나 어려웠는지를 말해주는 동시에, 의열의 진실을 둘러싼 논쟁이 불가피했음을 잘 보여주고 있었다. 역설적이게도 교화와 인륜을 강조할수록 선과 위선의 경계는 모호해졌고, 광〔狂者〕과 위광의 경계 또한 선명하게 나누어지지 않았다. 이를 더욱 섬세하게 고려하지 않을 수 없었지만, 대부분은 그저 인륜을 강조하는 데 머물고 말았다.

---

71) 《흠흠신서》, 〈경사요의〉 1, '의살물수지의(義殺勿讎之義)', "鏞案 殺人而義者 謂彼殺者身犯大惡 不孝不友悖逆淫亂 情理罔赦者 以義殺之也 豈可以辱我父兄 而私遽殺之乎 賈疏謂古人質朴辱則殺之 非矣".

2) 만덕, 위선의 문제

조선시대에 제주는 어떤 곳이었는가? 남자는 경전을 공부하는 대신 활과 칼을 들고 군교가 되거나 향리가 되어 제주목사의 주변에 기식했고, 여성은 물질이나 농사가 힘들어 기생이 되려 했다. 조선시대에 제주를 방문했던 이들의 눈에 비친 제주는 유교의 교화가 지체된 그런 장소였다.[72] 그런데 이곳 제주에 기녀 만덕이란 자가 평생 모은 돈을 쾌척하여 기민(飢民)을 진휼했던 것이다. 정조는 만덕의 덕행을 높이 사지 않을 수 없었다. 그러나 뜻하지 않게 평생 이윤을 좇았던 기녀의 삶이 만덕의 발목을 잡았다. 그녀의 진정성을 의심하게 만들었던 것이다.

만덕의 의행은 진실한가 아니면 명예의 전당에 오르려는 욕망일 뿐인가? 강진 여인 은애의 의열을 폄하하는 풍문처럼, 제주 기생 만덕을 둘러싼 소문들 역시 그녀의 위선을 암시하고 있었다. 떠도는 소문을 지면에 남긴 이는 당대의 문장가 심노숭이었다. 그는 제주목사였던 아버지 심낙수를 따라 직접 견문했던 바라며 자신의 글을 믿어도 좋다고 강조했다.

> 지난날 내가 제주에 있을 때 만덕의 일을 자못 자세히 들었다. 그녀는 성품이 음흉하고 인색하여 돈을 보고 따랐다가 돈이 떨어지면 떠났는데 (남자의) 바지저고리까지 빼앗았다. 소장하던 저고리가 수백 벌이었다. 그녀가 바지를 햇빛에 말릴 때마다 제주의 기녀들조차 침을 뱉고 욕을

---

72) 1702년 제주목사로 근무했던 이형상의 《남환박물지(南宦博物誌)》(이형상, 오창명·이상규 역, 2009, 《남환박물-남쪽 벼슬아치가 쓴 18세기 제주 박물지》, 푸른역사)와 1712년 제주판관으로 제주의 풍속을 자세히 남긴 남구명의 《우암선생문집》(남구명, 김영길 역, 2010, 《국역 우암선생문집》, 제주교육박물관) 참조.

했다. 육지에서 온 상인들이 만덕 때문에 패망하는 경우가 연달았다. 그녀는 이렇게 해서 제주 최고의 부자가 되었다. 그녀의 형제 가운데 구걸하는 이가 있었지만 돌보지 않다가, 제주에 기근이 들자 곡식을 바치고 서울과 금강산 유람을 원했다. 그녀의 말이 진솔하여 볼 만하다고 여긴 여러 학사들이 전을 지어 수다히 칭송했지만, …… 무릇 세상의 명과 실이 어긋남이 이와 같으니 슬픈 일이다.[73)]

심노숭은 만덕을 위선자라며 매섭게 비판했다. 만덕이 배곯는 일가붙이는 돌보지 않으면서 의행을 칭송하는 정조의 정책에 편승하여 욕망을 감추지 않았다는 것이다. 가짜가 명예의 전당에 오르는 것을 참을 수 없었다는 점에서 그는 정조나 다산과 크게 다르지 않았다. 차이가 있다면, 정조나 다산은 견딜 만한 욕망(위선)을 심노숭은 참을 수 없었다는 사실이다.

물론 다산도 만덕의 위선을 의심하지 않은 것은 아니었다. 다산은 '중동(重瞳)'을 자처하는 만덕을 궁궐에서 직접 만나 사실무근임을 증명했다. 다산은 만덕에게 궁궐의 누대와 초목 그리고 사람과 초목이 둘로 보이냐고 질문하고, 하나로 보인다고 답하자 중동이 아니라고 비판했다.[74)] 도대체 중동이 왜 그렇게 중요한 문제였을까? 중동은 눈의 동자가 쌍겹으로 예로부터 성인의 특징이었다. 이상 정치를 베풀었던 순 임금이 중동이었고 공자의 제자 안회가 그러했다. 그런데 만덕이 스스로 중동이라며 성인을 자처했던 것이다. 다산은 〈중동변(重

73) 《효전산고》 권7, 〈계섬전(桂纖傳)〉, "余在島中 聞德事頗祥 性凶悋 視金從之 金盡而去 輒奪其衣袴 所臟男子衣袴累百數 每纚纚出點暴晒 郡妓唾罵之 北商以德敗者相續 德富甲一島 兄弟有丐食者不顧 至是島飢納穀 願至京遊金剛 謂其言落落有可觀 諸學士敍傳多稱之 余旣爲桂纖傳又附見萬德事如此 竊悲夫世之名實相舛者多".

74) 《다산시문집》 권12, 〈중동변(重瞳辨)〉.

瞳辨)〉에서 성인을 가장한 만덕은 비판했다.

다산은 제주로 귀가하는 만덕의 증별시권(贈別詩卷)에 이렇다 할 내용을 첨언하지 않았다. 많은 신하들이 칭송의 글을 보냈지만, 그는 재상 채제공이 이미 자세하게 서술했으므로 자신은 덧붙일 바가 없다고 주장했다. 다산은 만덕이 중동이 아니었음을 강조하려고 '일묘(一眇)'라고 쓰고, 만덕의 구휼 역시 '하나의 기이한 사건'일 뿐이라고 애써 평가절하했다. 다산은 다른 이들처럼 만덕을 여협(女俠)으로 칭송하지 않았다.[75]

다산이 성인을 자처하는 만덕의 행동과 그녀를 의협으로 칭송하는 글들을 탐탁지 않게 여겼을 가능성이 높다.[76] 그럼에도 다산은 만덕의 의행 일체를 대놓고 의심하거나 부정하지는 않았다. 위선을 폭로하려 든 심노숭과 갈라지는 지점이 아닐 수 없다. 심노숭과 정약용은 위선을 미워한다는 점에서는 다르지 않았으나 조금의 위선도 허용하지 않는다는 점에서 차이를 보였다. 다산이 보기에 심노숭처럼 자신의 기준에 차지 않는 행위를 모두 위선으로 몰아세우다가는, 결국 세상에 성인은 없으며 가짜(사이비)만 가득하다는 논리로 귀결될 가능성이 높았다. 심노숭의 입장은 양명학에 물든 명말청초의 소품문과 유사했다. 세상이 온통 가짜(사이비)인데 누가 선과 위선을 구별할 수 있겠는가? 만덕의 선한 동기도 사욕으로 의심하고, 은애의 의열도 안방의 일을 누가 알겠느냐고 폄하하면 사실 세상에 남을 바가 없었다.

---

75) 《다산시문집》 권14, 〈제탐라기만덕소득진신대부증별시권(題耽羅妓萬德所得搢紳大夫贈別詩卷)〉, "左丞相蔡公爲立小傳 敍述頗詳 …… 嗟以一眇小女子 負此三奇四稀 又一大奇也".

76) 다산은 이강회를 비롯한 제자들을 통해 제주의 사정을 소상하게 알았을 것으로 보인다. 안대회, 2006, 〈다산 제자 이강회의 이용후생학〉, 《한국실학연구》 10; 조성산, 2008, 〈이강회의 《탐라직방설(耽羅職方說)》과 제주도〉, 《다산학》 12; 정약전·이강회, 김정섭 외 역, 2005, 《유암총서(柳菴叢書)》, 신안문화원 참조.

목욕물이 더럽다고 아이까지 버릴 수는 없었다. 이런 태도야말로 가장 우려할 만한 말세의 징조였다. 사이비(향원)로 오염된 세상을 미워하다가 선의(善意) 자체를 부정한 결과는 참혹했다.

심노숭 자신은 진실을 이야기한다고 말했지만, 그것이야말로 가장 헛소리가 될 가능성이 높았다. 아이러니가 아닐 수 없었다. '자저실기(自著實紀)'라는 제목 그대로 심노숭의 진정성은 받아들여지지 않을 수도 있었다. '자저'가 편견과 독선의 증거로 읽힐 수도 있었다. 그도 그럴 것이 심노숭은 종종 "이 책을 읽은 이들은 나를 어떻게 평할까?"라는 자문을 잊지 않았다.[77] 문제는 당시에 심노숭 홀로 위선을 미워하다가 선(善) 자체를 부정한 것이 아니라는 사실이었다. 위선을 미워하는 태도와 지나치게 위선을 미워한 나머지 선악의 기준을 부정하고 진실은 없다고 주장하는 것은 차이가 컸다. 믿을 바가 하나도 없는 세상이고 애초에 진·위를 구분할 수 없다면서 자신의 말을 믿어달라고 하면, 어떻게 그럴 수 있겠는가?[78]

위선을 비판하는 데는 심노숭이나 정약용 그리고 정조와 박지원이 다를 바가 없었다. 그러나 도(한계)를 넘어선 비판으로 야기될 회의와 부정의 나락은 차원이 다른 문제였다. 다산은 광자의 용기를 칭송하다가 한계를 넘는 명예욕망을 인정할 경우 진·위의 혼동을 야기할 수 있다고 비판했다. 따라서 '위선의 한계'를 예민하게 관리하지 않을 수 없다고 주장했다. 다산이 《흠흠신서》에서 정조의 지나친 도덕주의(인륜의 강조)를 비판했던 이유가 여기 있었다.

선을 권장하려다가 위선을 허용해서도 안 되었지만 그렇다고 모든

---

77) 안대회, 2014, 〈서설〉, 《자저실기》, 휴머니스트 참조.

78) 해리 G. 프랭크퍼트, 이윤 역, 2016, 《개소리에 대하여》, 필로소픽 참조.

선을 위선으로 매도해서는 안 되었다. 세상의 가짜(사이비)들을 미워하다가, 진·위의 구별 자체가 불가하다는 가치상대주의의 허무로 떨어질 수 있었기 때문이다. 이는 결국 믿을 게 없는 세상을 교화하려다가 믿을 수 없는 세상을 만들어버린 것이나 다름없었다.

요컨대, 인륜을 강조하여 사회 질서를 유지하려는 계획은 이른바 명예욕망에 섞여든 '가짜(위선과 위광)'를 정밀하게 관리하는 한에서 가능한 사업이었다. 그야말로 욕망으로 욕망을 다스리려는 시도 자체는 성리학의 부정을 통해 체제를 유지하려는 비상약(독약)과 같았다. 정조는 풍속 교화를 위해 '인간다움'이라는 비상약을 동원했지만 비상의 치료약은 언제든 독약으로 둔갑할 수 있었다.

정조가 중시했던 인륜과 교화의 결과로 나타난 소민들의 명예욕망은 선한 사회로 향한 인정투쟁인 동시에 위광과 위선의 바탕이 될 수도 있었다. 정조는 가짜(위선)로 가득한 말세를 교화하기 위해 인간다움을 욕망하도록 했다. 문제는 이름값을 하려는 의지(명예욕) 안에 끼어든 '가짜들'이었다. 광자의 핵심은 '광'하지만 '직'한 데 있었다. 광자의 욕망은 한 줌의 사욕도 없는 순수함 그 자체여야만 했다. 그러나 직을 강조하면 할수록 광자의 행위는 위축되고 중행만큼이나 어렵게 되었다. 광자에게 조금의 사욕도 허용하지 않는다면 대부분의 사람들은 광자를 포기할 터였다. 이에 정조는 광자의 마음속 한 줌의 욕망을 허용하고자 했다. 약간의 위선마저 비난하지는 말자는 논리였다. 그런데 '약간'의 정의와 한계가 문제였다. 누구에게는 견딜 만한 수준이 다른 이에게는 참을 수 없는 위선이 되었다. 심노숭은 수단과 방법을 가리지 않고 재물을 축적한 만덕이 형제조차 돌보지 않다가(의리에는 관심도 없다가) 갑자기 기근을 기회로 명예를 훔친 데 불과하다고 혹평했다. 그런데도 만덕을 의리의 상징으로 삼을 수 있다는 말인가? 심노숭은 의리를 그토록 잘 분별하는 이들이 어찌하여 만덕이 가짜인 줄 모르는가라며 비꼬았다. '의행의 표본'을 선발하려면 명과 실이 상부한 자를 가려서 상찬해야 마땅했다. 과연 은애의 과격함을 비판하면서 만덕의 진휼을 칭송했던 채제공은 의리를 제대로 알기는 한 것인가?

심노숭이 〈만덕전〉을 짓도록 한 정조를 우회적으로 비판했는지도 모를 일이다. 만덕이 위선은 아니라는 것인지 아니면 참을 만한 위선이라는 것인지, 양자가 오십보백보라면 의행과 위선의 경계는 더욱 구별하기 어려웠다. 위선의 욕망을 허용했다면 그것으로 그만이지, '감내할 만한 수준'은 인정하되 그 이상은 안 된다는 것이 가당키나 한 말인가? '미워할 수 없는 위선이 있다'면, '미워할 수 있는 위선도 없다'는 논리마저 가능했다.

정조가 은애와 만덕을 칭송하여 말세의 교화책으로 삼자, 다산은 한편으로는 크게 지지하면서도 다른 한편으로는 깊이 우려할 수밖에 없었다. 선한 본성을 토대로 구축된 성리학 사회를 유지하기 위해, 불가피하게 위선을 허용했지만, 그 한계를 세밀하게 관리하지 못하면 성리학 사회의 근간이 의심받고 무너질 수밖에 없었다. 의행을 둘러싼 '가짜(僞)를 관리'하지 않을 경우 벌어질 사태로 인해, 다산은 살옥심리 및 형정의 운용에서 법을 강조하고 인간다움(理)의 고려가 과잉되지 않도록 주의했다. 그리고 이것이야말로 공정한 형정과 사회 유지의 원칙이자 정조의 본의라고 강조했다.

결국 다산은 (될 수 있으면) 위선을 허용하지 않는 심리를 '최선'이라고 주장했다. 광자의 욕망을 허용하더라도 '그 한계'를 좁게 설정할 필요가 있었다. 정·리를 고려하지만 엄격해야 했다. 동시에 모든 선행은 위선의 욕망일 뿐이라는 주장도 막아야만 했다. '모두가 위선일 뿐'이라는 궤변이 허용된다면 그 파장은 걷잡을 수 없었다. 이에 다산은 인간 본성이 '선을 향하려는 의지'임을 강조하지 않을 수 없었다.[79] 아울러 선행은 선의지만으로 자연스럽게 발출(發出)될 수 없다고 강조했다. 이는 오랫동안 노력하고 수행함으로써 획득되는 실천지(實踐知)였기 때문이다. 다산은 선한 인간에 대한 믿음을 저버릴 수는 없지만 그렇다고 낙관할 수도 없었다. 따라서 그는 의행 속의 불순(不純)을 찾아내어 될 수 있으면 칭송이 남발되지 않도록 주의하며, 악행 중에서도 드러난 선한 본성의 표지들을 가려내 인간성의 토대로 삼고자 했다. 이처럼 다산은 은애의 (살인이라는) 광행(狂行) 속에서 진심〔眞〕을 찾았으며, 만덕의 의행 속에서 혹시 모를 사욕〔假〕을 제거하려 했던 것이다.

---

79) '성기호(性嗜好)'론은 인간 욕망을 둘러싼 조선 후기 상황에 대한 다산의 고민을 잘 보여준다.

맺음말

정조의 '공평론'

공평, '충분'한 죗값

정조에게 정의로운 형정은 법의 기계적인 적용이 아니었다.[1] 공평한 처분, 즉 죗값이 충분한가라는 질문에 답하기 전에 '충분'의 의미를 따져볼 필요가 있다. 우선 충분하다는 말은 '한계 상황에 이르렀다'는 의미를 함축한다. 지루한 논쟁 끝에 한 사람이 '이제 그만합시다.'라고 말할 때와 같다. 이제 한계(충분)에 도달했으므로 그 이상 논쟁을 지속하는 것은 바람직하지 않다는 생각이 담겨 있다. 조금 더 생각해보면 충분하다는 표현에는 어떤 필요나 기준이 충족되었다는 의미도 함축되어 있다. 캠핑카에 짐을 실으면서, "됐어(충분해)."라고 말할 때의 어감이다. 이는 더 많은 짐을 가지고 갈 수도 있지만 이미 충족되었다는 뜻이다. 결국 '충분'하다는 것은 어떤 기준을 충족했으며,

1) 서구의 '형평론(equity)'을 염두에 두었지만, 조선에서는 공정(公正)을 함축한 '공평론'이 더 부합한다고 보았다.

그 이상은 한계를 넘는다는 의미를 가진다.[2)]

이제 하나의 범죄 사건을 가지고 '충분'한 처벌을 고려해보자. 아마도 하나의 사건을 판결하려면 ① 사건의 진실을 파악하고, ② 사건을 둘러싼 사회적 가치를 고려하여, ③ 처벌 기준을 충족하는 과하지도 모자라지도 않은 '처벌'을 내릴 때 비로소 충분한 죗값으로 간주될 것이다. 예를 들어 10만 원짜리 물건을 훔친 도둑이 있다. 그가 초범인지 재범 이상인지에 따라 10만 원짜리 물건을 훔친 '동일한 행위'에 대한 '충분한 처벌'의 수위가 달라질 것이다. 초범을 징역 1년형에 처한다면 재범의 경우는 징역 2년형(혹은 그 이상)에 처할 수도 있다. 그러나 동일한 도둑질이라는 점을 강조하여 동일한 처벌이 합리적이라고 비판할 수 있다. 즉 같은 것은 같게 그리고 다른 것은 다르게 처벌해야 합리적이라는 생각이 우선 들기 때문이다.

확실히 같은 것은 같게, 다른 것은 다르게 하는 것이야말로 공평함의 기초이기는 하다. 기본적으로 하나의 케이크를 10개의 조각으로 나누어 10명에게 배분하는 것이 가장 합리적으로 보이기 때문이다. 그러나 합리적이지만 적어도 공평한 분배가 아닐 수 있다는 비판을 상기하자. 가령 10명에 대한 정보가 전연 없어서 10명의 고유한 사정을 고려할 수 없다면, 케이크를 10조각으로 나누어 한 조각씩 나누어주는 것이 공평하다. 그러나 10명 가운데 두 명에 관한 정보를 알게 되었다면(두 명이 케이크를 만드는 데 헌신적이었다거나 반대로 훼방을 놓았다면, 혹 한 사람은 하루종일 굶주렸다면) 10조각을 10명에게 한 조각씩 동일하게 나누어주는 것을 반드시 공평하다고 말하기 어렵다. 나아가 나

2) 이상 충분함에 대한 논의는 해리 G. 프랭크퍼트, 안규남 역, 2019, 《평등은 없다》, 아날로그: 글담출판사, 55·56쪽 참조.

머지 8명에 대한 정보가 더 수집되면 공평한 배분은 더 어려워진다. 결국 이러한 고려가 귀찮거나 도리어 정의를 해친다고 생각하면, 기계적으로 한 조각씩 나누어주고 말 터이다.

이와 마찬가지로 동일한 범죄 행위를 서로 다르게 처벌하는 것이 합리적으로 보이지 않는다고 해서, 그 자체로 곧바로 부도덕하거나 불공평하다고 확언할 수 없다. 동일한 범죄를 동일하게 처벌하는 것만이 반드시 도덕적으로 옳거나 정의로운 것이 아니라는 사실이다. 가령 10만 원짜리 물건을 훔친 동일한 범죄에 대해 재범을 가중 처벌하는 것이 비합리적으로 보일 수도 있지만, 적어도 '도덕적'으로는 더 나은 처벌일 수 있다. 아울러 배고픈 자식을 위해 10만 원어치 빵을 훔친 경우와 재미로 빵을 훔친 경우를 다르게 처벌하는 이유 또한 마찬가지다.

초범인지 재범인지를 구별하고 굶주린 아들을 고려하는 것은 동일한 도둑질에 주목하는 이상으로 '사건의 진실과 사회적 가치(정과 리)'를 더 깊이 고민한 결과이다. 재범을 가중 처벌함으로써 '충분히 처벌'되었다고 간주할 수 있는 만큼, 초범을 훈계형에 처함으로써 '충분히 처벌'했다고 생각할 수도 있으며, 굶주린 아이를 위한 도둑질은 용서해야 한다고 여길 수도 있다. 한 건의 범죄에 대한 정의로운 판결(충분한 죗값)을 결정하는 요소는 처벌의 기준(법) 이외에도 사회적 통념 및 사건을 둘러싼 맥락 등 다양하다. 또한 처벌의 결과는 공동체 구성원들 모두에게 공평하다는, 즉 '충분하다'는 생각에 부합해야만 한다.

정조에게 공평이란 결코 '한 조각을 동일하게 나누어주거나' '동일한 범죄를 동일하게 처벌하는' 것이 아니었다. 정조의 형정 운영은 하나의 살옥을 둘러싼 사건의 고유한 내막(정)을 살피고, 이를 둘러싼 맥락과 사회적 가치(리)를 고려하여 처벌 기준(법)에 따라 '충분한 죗값', 즉 최선의 판결을 숙고하는 과정이었다.[3] 동일한 사안이라도 굶주렸는지 연속적인 범행이었는지에 따라 처벌 수위를 달리했다. 또는 범인이 아버지를 구하려던 효자였는지 단순한 살인자였는지에 따라 충분한 처벌의 수위가 달랐다. 심지어 살인자를 상명해야 마땅한 경우에도 남은 가족들의 생계를 고려하여 감형할 수도 있었다.

또한 처벌의 수위는 당시의 신분이나 사회적 처지에 따라 달라지기도 했다. 같은 범죄라도 양반과 상천에 따라 참작의 정도가 달랐다. 오늘날 상식처럼 통용되는, 신분에 따른 법의 운용 즉 조선의 법은 양반에게 유리하고 상천에게 불리했다는 주장과는 달리,[4] 정조는 간혹 양반을 더 무겁게 반대로 소민을 더 관대하게 처벌하기도 했다. 정조는 양반의 사회적 책무를 강조하여 강자를 누르고 약자를 돕는 정책을 펼쳤기 때문이다.[5] 이에 다산 정약용을 비롯한 당대의 많은 학자들이 정조의 이러한 억강부약을 강하게 비판할 정도였다.

시중, 정·리와 법의 조화

정리하자면 정조에게 공평한 심리는 사건의 맥락과 당대의 도덕감정(인륜)을 종합적으로 고려하여 '최선'(충분한 죗값)의 판결을 내리는 일

3) '사건의 맥락'을 고려하여 담론의 진의 혹은 사건의 진상에 접근하려는 시도는 일찍이 영국의 지성사 연구 방법론으로 잘 알려져 있다. 퀜틴 스키너, 황정아 외 역, 2012, 《역사를 읽는 방법-텍스트를 어떻게 읽고 해석할 것인가》, 돌베개. 필자는 본고에서 이러한 연구 방법론을 조선의 형정론을 둘러싼 '정·리의 고려'를 이해하는 데 활용했다.

4) 심희기, 1983, 〈조선 후기의 형사판례 연구〉, 《법사학연구》 7 참조.

5) 조선의 형정이 양반들에게 유리하고 상천들에게 불리했다는 일반적인 주장이나 상식은 재고의 여지가 있다.

이었다. 이는 오늘날의 협소한 죄형법정주의나 법실증주의와는 애초에 그 의미가 달랐다. 그렇다고 조선의 형정 운용이 왕이나 관료들 마음대로 처리되었다고 주장하려는 것이 아니다. 조선의 형정 운용에서 법은 그 무엇보다 판결의 중요한 원칙이자 기준이었다. '법(의 준용)에 따랐다.'는 의미에서 조선은 법의 지배(혹은 법치)가 이루어지고 있었다. 하지만 법은 전체 심리 과정에서 중요한 하나의 조건일 뿐이었다. 정조를 비롯해 조선의 판관들은 법의 인율에 앞서 사건의 맥락적 사실과 인간의 도리 같은 정·리를 고려하지 않을 수 없었다. 정·리와 법을 통합적으로 숙고할 때 비로소 '최선의 판결'을 도출할 수 있었기 때문이다. 이처럼 조선의 형정 심리에서 사건의 고유한 맥락과 인간의 도리는 법만큼이나 공평한 판결을 위한 필수불가결의 요소였다.

정·리를 고려하는 순간, 법(조문)의 기계적 적용은 애초부터 불가능했으며 참작과 재량의 가감이 불가피했다는 말이다.[6] 사실 오늘날의 법관들도 재량과 참작의 문제를 피할 수는 없다.[7] 그러나 조선의 판관들은 당대의 사회적 가치와 물정에 따라 인간다움의 가치를 더욱 무겁게 고려했다. 《서경》의 "중죄(上刑)라도 (사건의 맥락과 사회적 가치를 고려하여) 가볍게 처벌할라치면 처벌하며 경범(下刑)이라도 무겁게 가볍게 처벌할라치면 무겁게 처벌하라. 죄를 가볍게 혹은 무겁게 처벌할지를 판단하는 것을 권(權)이라 한다."는 구절이 그토록 중요했던 이유이다.

다산의 주장대로 '권(權)의 권한'은 사람의 목숨을 쥐고 있는 만큼

6) 로널드 드워킨, 장영민 역, 2004, 《법의 제국》, 아카넷, 2장 참조.

7) 리처드 A. 포스너, 백계문 외 역, 2016, 《법관은 어떻게 사고하는가》, 한울 참조.

하늘의 권한에 비유되었다. 하늘을 대신하였기에, 정조는 매 사건마다 어떤 처벌이 '충분한(할)지' 숙고하지 않을 수 없었다. 앞서 언급한 대로 어떤 범죄 행위에 대한 '충분한 처벌(의 수준)'을 결정하는 일은 생각보다 쉽지 않았다. 정조의 표현을 빌리자면, 정신이 한 층 한 층 무너지는 것 같은 지난한 과정이었다.

무엇보다 정의로움(공평한 처벌)에 대한 숙고, 즉 사건의 '고유한 맥락과 사회 통념(情·理)'을 면밀하게 고려하여 법을 적용했다는 사실만으로도, 조선의 형정은 기본적으로 '피의자'나 '피해자' 모두의 원통함을 해소하려는 의지에 기초했음을 알 수 있다. 피의자에 대한 세심한 고려는 혹시 모를 피해(범죄 이상의 죗값을 치를 가능성)와 이로 인한 억울함을 방지하고자 함이요, 반대로 피해자에 대한 존중은 피해의 고통을 씻어줄 유일한 방도가 범인이 충분한 처벌을 받는 것이었기 때문이다. 양자 모두를 배려하는 심리(審理)야말로 형정의 공평함과 정의로움의 원천이었다.

정약용은 "한 등급을 내려 가볍게 처벌하려 하나 도리어 피해자가 지극히 원통해하지 않을까 하는 의심이 들고, 반대로 용서하려고 하는데 도리어 범죄 사실이 마음에 걸리니, 그만큼 '참작(權)'이 중요하다."고 말한 적이 있는데, 조선의 심리 과정과 형정 운영을 둘러싼 정·리와 법의 통합적 해석의 어려움과 고통을 가장 적확하게 표현했다고 할 수 있다.

한 건의 살옥을 둘러싸고 피의자건 피해자건 진지하게 처우되지 못했다거나 섬세하게 배려되지 않았다는 느낌을 받을 경우, 필연적으로 분노하거나 원통한 감정을 느끼기 마련이었다. 따라서 한 사람도 원통함이 없는 공평한 형정이란 피의자와 피해자 모두에게 '충분한 죗값'을 둘러싼 묵언의 합의(공론이나 물정)에 이르는 과정이었다고 말할 수 있다.[8] 정조는 한 건 한 건의 사건들마다 고유한 맥락을 세심하게 고려하고 사회적 가치를 존중함으로써 피의자나 피해자 모두 억울함이 없도록 애를 썼다. 물론 정조의 판결이 항상 시중을 득하거나 공평한 것은 아니었다. 간혹 심리 과정에서 형평의 도리를 잃거나 혹은 굴법으로 불릴 만한 실수를 드러내기도 했다. 하지만 이를 통해 정조는 자신의 통치와 교화의 강조처가 어디에 있는지 백성들에게 알리고 싶어했다. 무위이치, '강제 없는 자발성'이야말로 성리학 통치의 궁극의 도달처였다. 제도(政)와 형벌(刑)로 사람들을 강제하면 이를 피하려고만 들 뿐 부끄러운 줄 모르나, 인륜을 강조하고 교화로 가르치면 사람들이 부끄러움을 알아 저절로 질서가 다 잡힐 것이었다.

그러나 강제 없는 자발성을 위해 인륜과 교화를 중시하면 할수록 이와 관련된 사건들의 처리는 더욱 세심하게 관리하지 않으면 안 되었다. 인륜의 미덕을 칭송하면서도 이에 반하는 범죄를 엄벌해야 했으며, 명예를 향한 인정투쟁(好名)을 장려하면서도 '부적절한 욕망(위선)'을 꾸짖지 않을 수 없었다. 법과 더불어 정·리의 고려가 불가피할수록, 법과 재량의 한계는 더 명확해야만 했다. 아버지를 구한다면서 남을 살해한 경우, 효심의 배려와 살의(殺意)의 처벌 사이에서 '공평'이 손상되어서는 안 되었다. 남편을 위한 복수와 열녀의 단심(丹心) 사이에서 선행의 진·위가 신중하게 구별되어야만 했다. 권선에 호응하려는 의지들 가운데 가짜(위선)를 가려내고, 징악을 피하려는 악의를 철저하게 처벌할 필요가 점점 늘어났다. 악의를 호도하려는 시도

---

8) 미국의 도덕철학자이자 정치학자인 해리 G. 프랭크퍼트는 '기계적 평등이 아닌 진정한 존중'을 강조했다. 조선의 살옥 심리에서 강조된 정·리와 법의 섬세한 고려와 관련해서 참고할 만한 주장이 아닐 수 없다. 해리 G. 프랭크퍼트, 안규남 역, 2019, 《평등은 없다》, 아날로그: 글담출판사, 89~91쪽 참조.

와 선의를 가장한 거짓(僞)을 가려내려면, 매 사건마다 심리와 법의 운용이 전에없이 신중하고 또 신중하지 않을 수 없었다.

명예욕, 소민의 인정투쟁

조선 후기에 소민들은 양반이나 사족에 비해 적절한 존중은커녕 일상적으로 무시당하거나 불평등에 처해질 가능성이 높았다. 《심리록》 곳곳에는 소민들이 느낄 소외감과 이로부터 야기될 수 있는 분노와 원통함을 어떻게 가라앉힐지에 대한 정조의 깊은 고민이 배어 있다.

> 오늘의 법관들은 마음을 쓰고 법을 적용하는 것이 고인(古人)에 미치지 못한다. 사사로운 악감정을 품고 용서할 수 없는 죄명을 억지로 가할 뿐 …… 이 일을 당한 사람의 고통과 통한을 생각하지 않는다. …… 비록 가난한 집의 잔약한 백성이라도 또한 떳떳한 양심(彝倫)을 갖추고 있으니, 만일 지극히 원통한 일로 저와 같이 씻기 어려운 죄목을 얻게 된다면 장차 사람의 무리에 끼일 수조차 없을 터이니 참으로 어질지 못한 일이다.[9]

정조는 법을 다루는 관리들에게 소민들을 세심하게 배려함으로써 한 사람의 억울한 이도 생기지 않도록 하라고 당부했다.

정조의 형정은 단지 소민들이 억울하지 않도록 고려하라는 주문

9) 《홍재전서》 권30, 〈추조경사배안사정교(秋曹京司配案查正教)〉, "敬敷五教 王政之先務 蠢玆下民 眞有傷倫悖義之罪 何惜乎殛之竄之 而爲今法官者 處心用法 不若古人 苟有私惡於我 勒加難赦之罪名 至以無父無母者 謂之以不孝 無兄無弟者 謂之以不悌 從又以薄待之目 加之於無妻之人 要快自己之暴怒 不念當之者之茹恨 似此弊本 …… 彼雖蔀屋賤氓 亦具秉彝 如以至寃之事 得彼難洗之目 勿論見宥之久近 將不能齒諸生人之倫 吁亦不仁之甚矣".

에 그치지 않았다. 성리학은 모든 인간이 하늘로부터 천리(명덕)를 부여받고 태어난다고 보았다. 따라서 누구나 양심에 따라 부정의와 부도덕 그리고 불의에 공분할 수 있으며, 그렇게 해야 한다고 가르쳤다. 물론 현실에서 이를 실행하기란 말처럼 쉽지 않았다. 하지만 정조는 교화를 통해 인륜을 강조하고 모두에게 인간다움을 추구하도록 주문했다. 나아가 의행에 대한 소민들의 의지를 북돋웠다. 인간다움의 실천은 모든 이의 의무이자 권리였다. 그런데 의행의 욕망을 강조하고 이에 앞장서기를 바라면서 정작 '광자의 의지(명예욕)'를 충분히 배려하거나 존중하지 않는다면, 백성들의 뜻은 쉽게 꺾이고 사그라질 것이요 도리어 원망과 분노가 깊어질 터였다.

정조에게 호명(好名, 명예욕)의 자극과 그 결과로서의 의행에 대한 적극적인 존중은 중요한 통치의 방도였다. 인륜과 교화를 강조하고 이에 앞장선 이들을 칭송하지 않는다면, 이들을 포함하여 사회 전체(성리학의 도덕공동체)는 필연적으로 존재 가치의 축소와 폄하의 감정을 갖게 될 것이었다. 한 사회의 중요한 가치(인륜)를 실현한 그 어떤 사람을, 마치 아무것도 아닌 듯 대우할 수는 없었다. 만일 은애의 의열과 만덕의 선행을 아무것도 아닌 것으로 취급한다면, 이들은 사회적 존재로서의 의미를 상실할 것이었다. 심지어 사회 구성원 전체에게 통치에 대한 '부정적인 느낌'을 줄 수도 있었다. 정조가 모든 사람들에게 명예욕망을 장려한 만큼, 소민들의 '인정투쟁'은 세심하게 존중되어야 할 뿐 아니라 적절한 보상과 칭송으로 장려되어야만 했다.

만일 국가(혹은 사회)가 자신을 충분히 배려하지 않거나 심지어 홀대한다고 판단할 경우, 이러한 감정은 곧바로 '부당함과 원통함'으로 이어질 가능성이 높았다. 물론 사회 질서를 무너뜨릴 만한 '지나친 분노(폭력)'는 통제되지 않으면 안 되었으며, 편협한 분노〔私嫌〕와 공분(公憤)은 구별되어야 마땅했다.

정조가 살옥 심리를 숙고한 배경에는 사회가 '부당하거나 정의롭지 못한 느낌'을 받아서는 안 된다는 생각이 깔려 있었기 때문이었다. 하나의 사건(혹은 사태)을 둘러싼 고유한 맥락과 사회적 가치들이 무시되었을 때 그 결과는 명확했다. 때문에 정조는 매번 심리 때마다 법의 인율에 앞서 사건의 진실과 고유한 맥락 그리고 이를 둘러싼 사회적 통념을 깊이 '고려'했다. 물정(物情)으로 불릴 '시대의 (법) 감정'에 호응하려면 인정투쟁과 그 바탕의 욕망을 존중하지 않을 수 없었다. 이처럼 개개의 사건을 심리하면서 어떤 이에게 주어져야 할 '적절한 존중', 다시 말해 사정을 세심하게 배려한다는 사실로 인해 백성들은 '형정을 신뢰'했을 뿐 아니라 '명예 추구의 의지'를 키울 수 있었다.

이처럼 정조는 소민들의 인정투쟁에 적극적으로 호응했다. 모든 인민들이 사회의 부당함을 비판하고 인간 이하의 모멸이나 모욕에 분노했을 때, 이를 높이 평가했을 뿐 아니라 의행(정의로운 인간)으로 칭송했다. '인간다움에 기초'한 공정한 분노(公憤)를 적극적으로 용인했다는 점에서, 정조의 형정은 모든 사람들에게 '평등'했다. 아울러 양반이든 상천이든 사건의 피의자이건 피해자이건 사건 관련자들의 고유한 사정과 사건의 맥락을 충분히 참작하려 했다는 측면에서, 정조의 형정은 모든 사람들을 동일하게 '배려'했다. 정조에게 신분의 분위(分位)는 기왕의 계급적 질서를 그대로 추인하기보다 인간다움을 어느 정도 충족했는지 여부에 달려 있었다.

조선 후기 신분제가 엄연했던 현실과 모든 인간에게서 인간의 존재 이유(천리)를 발견할 수 있다는 이상과의 괴리는, 정조로 하여금 매일 밤 잠들지 못한 채 옥안을 들여다보며 정신을 소모하게 했다.

저마다 사건의 고유한 맥락(정)을 고려하지 않을 수 없었으며, 이와 함께 인간다움의 증거(리)를 참작하지 않을 수 없었다. 정조는 고심 끝에 내린 자신의 판부(형정)가 쇠락한 조선 사회를 다시금 변화시킬 수 있으리라 자부했다.

물론 인륜을 칭찬하고 명예를 장려할수록 욕망(위선이나 위광)이 끼어들 가능성이 우려되었다. 명예를 추구하는 선의와 이에 올라탄 위선을 구별할 뿐 아니라 (위선의) 한계를 정확하게 선 긋지 않을 경우, 정의를 자처하는 모든 행위(義行)가 진·위의 판단을 유예하는 혼돈 속으로 내동댕이쳐질 위험성이 있었다. 늘어나는 위선과 위광을 제대로 관리하지 못할 경우, 인간에 대한 신뢰를 잃은 사회는 근저에서부터 무너질 가능성이 높았다. '가짜(위선·위광)'야말로 조선이라는 성리학 공동체를 지탱하는 '성선(性善)의 기초'를 급격하게 갉아먹는 암적 존재였다.

통치의 성공 여부는 '칭송할 만한 욕망'의 수위를 섬세하게 관리하는 데 달려 있었다. 차선의 미덕을 허용하면서도 가짜가 진짜를 잠식하지 않도록 해야 했다. 효심(인륜)을 너무 강조하다가 부모를 위한다며 쉽게 사람을 살해하는 경우를 예방해야 했고, 동시에 효심을 소홀히 하다가 처벌이 두렵다며 부모를 저버리는 사태를 방지해야만 했다. 조선시대의 교화는 사람다운 사람을 만드는 것이었고 인륜이야말로 그 기초였다. 그런데 인륜을 강조할수록 역설적이게도 인륜이 사람을 잡아먹는(죽이는) 지경에 이를 수도 있었다. 한편으로 생명을 경시하는 행위를 인륜의 이름으로 용납해서는 안 되었고, 다른 한편으로는 인간의 도리를 내세운 폭력 행위(義殺)를 인정하지 않을 수 없었다. 양자 사이의 좁고 위태로운 길을 지나야 비로소 '최선'에 도달할 수 있었다. 살옥사건을 판결할 때, 인륜(인간의 도리)은 법의 테두리

안에서 고려되어야 했고 법의 인율은 교화를 장려하는 방향으로 조정되어야만 했다. 정조가 한 건 한 건의 심리마다 수많은 시간과 정력을 쏟지 않을 수 없었던 이유였다.

정조는 자신의 최종 판결이 당대의 공론(物情)에 부합한다고 믿었다. 그리고 자신이 정·리와 법의 조화를 숙고하여 얻어낸 공평한 심리(時中)야말로 조선을 지속시키는 거의 유일한 방법이라고 자부했다.

부록

참고문헌

찾아보기

참고문헌

1. 사료

《경세유표(經世遺表)》
《고운당필기(古芸堂筆記)》
《국조보감(國朝寶鑑)》
《논어(論語)》
《대학연의(大學衍義)》
《대학연의보(大學衍義補)》
《맹자(孟子)》
《목민심서(牧民心書)》
《무릉잡고(武陵雜稿)》
《사숙재집(私淑齋集)》
《사재집(思齋集)》
《삼탄선생집(三灘先生集)》
《서경(書經)》
《송자대전(宋子大全)》
《수덕전편(樹德全編)》
《수향편(袖香編)》
《승정원일기(承政院日記)》
《신주무원록(新註無冤錄)》
《신증동국여지승람(新增東國輿地勝覽)》
《심리록(審理錄)》
《약천집(藥泉集)》
《어제종덕신편언해(御製種德新編諺解)》
《언해종덕신편》

《연암집(燕巖集)》
《유경록(惟輕錄)》
《일득록(日得錄)》
《일성록(日省錄)》
《잠곡유고(潛谷遺稿)》
《장자(莊子)》
《정문익공유고(鄭文翼公遺稿)》
《정암선생문집(靜菴先生文集)》
《종덕신편(種德新編)》
《증수무원록언해(增修無冤錄諺解)》
《증수무원록대전(增修無冤錄大全)》
《청장관전서(靑莊館全書)》
《한비자(韓非子)》
《홍재전서(弘齋全書)》
《효전산고(孝田散稿)》
《흠흠신서(欽欽新書)》

2. 단행본

Carole Cameron Shaw, 2010, *The Foreign Destruction of Korean Independence*, SNU Press.
Charles R. Kim eds., 2019, *Beyond Death: The Politics of Suicide and Martyrdom in Korea*, University of Washington Press.
Jan Plamper, 2015, *The History of Emotions: An Introduction*, Oxford Univ Press.
Jisoo M. Kim, 2017, *The Emotions of Justice: Gender, Status, and Legal Performance in Choson Korea*, University of Washington Press.
Philip Huang, 1996, *Civil Justice in China: Representation and Practice in the Qing*, Stanford University Press.
Sun Joo Kim and Jungwon Kim eds., 2014, *Wrongful Deaths: Selected Inquest Records from Nineteenth-Century Korea*, University of Washington Press.
Seana V. Shiffrin, 2016, *Speech Matters: On Lying, Morality, and the Law*, Princeton University Press.
William Shaw, 1981, *Legal norms in a Confucian state*, Institute of East Asian Studies, University of California.

曾憲義, 2011,《禮與法-中國傳統法律文化總論》, 中國人民大學出版社.
夫馬進, 2011,《中國訴訟社會史の研究》, 京都大學學術出版會.
寺田浩明, 2018,《中國法制史》, 東京大學出版會.
矢木毅, 2019,《朝鮮朝刑罰制度の研究》, 朋友書店.

가이즈카 시게키, 이목 역, 2012,《한비자 교양강의》, 돌베개.
고미숙, 2013,《열하일기, 웃음과 역설의 유쾌한 시공간》, 북드라망.
고지마 쓰요시, 신현승 역, 1999,《사대부의 시대-주자학과 양명학 새롭게 읽기》, 동아시아.
고지마 쓰요시, 신현승 역, 2004,《송학의 형성과 전개》, 논형.
권두환 외, 2011,《정조의 비밀 어찰, 정조가 그의 시대를 말하다》, 푸른역사.
금장태, 1999,《한국 유학의 탐구》, 서울대학교출판부.
기노시타 데쓰야, 조영렬 역, 2019,《주자학》, 교유서가.
김명숙 외, 2013,《법사회학, 법과 사회의 대화》, 다산.
김문식, 1996,《조선 후기 경학사상 연구》, 일조각.
김문식, 2007,《정조의 제왕학》, 태학사.
김문식 외, 2014,《영·정조대 문예중흥기의 학술과 사상》, 한국학중앙연구원출판부.
김문식 외, 2016,《정조시대 명재상 번암 채제공》, 수원화성박물관.
김민철, 2017,《마음을 얻는 미친 리더십-맹자의 지도자론과 민주주의》, 철학과현실사.
김백철, 2016,《탕평시대 법치주의 유산-조선 후기 국법 체계 재구축사》, 경인문화사.
김백철, 2017,《법치국가 조선의 탄생-조선 전기 국법 체계 형성사》, 이학사.
김상준, 2011,《맹자의 땀 성왕의 피-중층근대와 동아시아 유교문명》, 아카넷.
김영식, 2014,《정약용의 문제들》, 혜안.
김영식, 2018,《중국과 조선, 그리고 중화》, 아카넷.
김인걸 외, 2011,《정조와 정조시대》, 서울대학교출판문화원.
김인걸, 2017,《조선 후기 공론정치의 새로운 전개-18, 19세기 향회, 민회를 중심으로》, 서울대학교출판문화원.
김정국(金正國), 정호훈 역, 2012,《경민편》, 아카넷.
김정오, 2006,《한국의 법 문화-인식. 구조. 변화》, 나남출판.
김지수, 2005,《전통 중국법의 정신-정·리·법의 중용조화》, 전남대학교출판부.
김지영, 2017,《길 위의 조정-조선시대 국왕 행차와 정치적 문화》, 민속원.
김호, 2013,《정약용, 조선의 정의를 말하다》, 책문.
김호, 2018,《100년 전 살인사건-검안을 통해 본 조선의 일상사》, 휴머니스트.
나카지마 다카히로, 신현승 역, 2015,《잔향의 중국 철학-언어와 정치》, 글항아리.
나카지마 아쓰시, 김영식 역, 2016,《산월기(山月記)》, 문예출판사.

남구명, 김영길 역, 2010,《국역 우암선생문집》, 제주교육박물관.
도나미 마모루, 임대희 역, 2003,《풍도의 길》, 소나무.
도미야 이타루 편, 손승회 역, 2014,《동아시아의 사형》, 영남대학교출판부.
로널드 드워킨, 장영민 역, 2004,《법의 제국》, 아카넷.
로널드 드워킨, 염수균 역, 2010,《법과 권리》, 한길사.
로널드 드워킨, 박경신 역, 2015,《정의론-법과 사회 정의의 토대를 찾아서》, 민음사.
로베르토 웅거, 김정오 역, 1994,《근대사회에서의 법-사회이론의 비판을 위하여》, 삼영사.
류멍시, 이국희 역, 2015,《광자의 탄생》, 글항아리.
류쩌화, 장현근 역, 2019,《중국정치사상사》, 글항아리.
리처드 A. 포스너, 백계문 외 역, 2016,《법관은 어떻게 사고하는가》, 한울.
리처드 왓모어, 이우창 역, 2020,《지성사란 무엇인가?-역사가가 텍스트를 읽는 방법》, 오월의봄.
마루야마 마사오, 김석근 역, 1995,《일본정치사상사 연구》, 통나무.
마사 누스바움, 박용준 역, 2013,《시적 정의》, 궁리.
마사 누스바움, 조형준 역, 2015,《감정의 격동》, 새물결.
마사 누스바움, 박용준 역, 2019,《정치적 감정-정의를 위해 왜 사랑이 중요한가》, 글항아리.
마이클 샌델, 안기순 역, 2012,《돈으로 살 수 없는 것들-무엇이 가치를 결정하는가》, 와이즈베리.
마이클 샌델, 김명철 역, 2014,《정의란 무엇인가》, 와이즈베리.
마이클 샌델·폴 담브로시오, 김선욱 외 역, 2018,《마이클 샌델, 중국을 만나다-중국의 눈으로 바라본 마이클 샌델의 '정의'》, 와이즈베리.
미셸 푸코, 이규현 역, 2012,《말과 사물》, 민음사.
미셸 푸코, 오생근 역, 2020,《감시와 처벌-감옥의 탄생》, 나남출판.
미조구치 유조, 정태섭 역, 2004,《중국의 공과 사》, 신서원.
미조구치 유조, 양태은 외 역, 2009,《중국의 충격》, 소명출판.
미조구치 유조, 김용천 역, 2011,《중국 전근대 사상의 굴절과 전개》, 동과서.
미조구치 유조, 서광덕 외 역, 2016,《방법으로서의 중국》, 산지니.
박병호, 1972,《전통적 법체계와 법의식》, 한국문화연구소.
박병호, 1974,《한국법제사고-근세의 법과 사회》, 법문사.
박병호, 1974,《한국의 법》, 세종대왕기념사업회.
박병호, 1981,《한국의 전통 사회와 법》, 서울대학교출판부.
박병호, 1986,《한국법제사》, 한국방송통신대학교.
박석무 외, 2018,《다산학 공부》, 돌베개.
박석무 역, 2019,《역주 흠흠신서1-3》, 한국인문고전연구소.

박철상 외, 2011, 《정조의 비밀 어찰, 정조가 그의 시대를 말하다》, 푸른역사.
박현모, 2001, 《정치가 정조》, 푸른역사.
배우성, 2015, 《독서와 지식의 풍경》, 돌베개.
서정민, 2013, 《한국 전통 형법의 무고죄-조선 초기 무고반좌율(誣告反坐律)》, 민속원.
성균관대학교 동아시아학술원 편, 2009, 《정조어찰첩》, 성균관대학교출판부.
심노숭, 안대회 외 역, 2014, 《자저실기(自著實紀)》, 휴머니스트.
심재우, 2009, 《조선 후기 국가 권력과 범죄 통제-《심리록》 연구》, 태학사.
심재우, 2018, 《백성의 무게를 견뎌라-법학자 정약용의 삶과 흠흠신서 읽기》, 산처럼.
심희기, 1997, 《한국법제사강의》, 삼영사.
아를레트 파르주, 김정아 역, 2020, 《아카이브 취향》, 문학과지성사.
안경환, 2012, 《법, 셰익스피어를 입다》, 서울대학교출판문화원.
안경환, 2019, 《폭력과 정의-문학으로 읽는 법, 법으로 바라본 문학》, 비채.
안종철, 2010, 《미국 선교사와 한미 관계, 1931-1948-교육철수, 전시협력 그리고 미군정》, 한국기독교역사연구소.
양건, 2000, 《법사회학》, 아르케.
와타나베 히로시, 박홍규 역, 2004, 《주자학과 근세 일본 사회》, 예문서원.
와타나베 히로시, 김선희 외 역, 2017, 《일본정치사상사(17~19세기)》, 고려대학교출판문화원.
윤희중, 2010, 《한국인보다 한국을 더 사랑한 윌리엄 해밀턴 쇼》, 이화.
위잉스, 김병환 역, 2014, 《여영시의 동양 문화 다시 읽기》, 교육과학사.
위잉스, 이원석 역, 2015, 《주희의 역사세계-송대 사대부의 정치문화 연구》, 글항아리.
유봉학, 2001, 《정조대왕의 꿈-개혁과 갈등의시대》, 신구문화사.
유봉학, 2009, 《개혁과 갈등의 시대-정조와 19세기》, 신구문화사.
이강회, 현행복 역, 2008, 《탐라직방설-19세기 제주 '양제해 모변사'의 새로운 해석》, 각.
이근세, 2014, 《효율성, 문명의 편견》, 은행나무.
이옥, 심경호 역, 2001, 《선생, 세상의 그물을 조심하시오》, 태학사.
이옥, 실시학사 고전문학연구회 역, 2009, 《이옥 전집 1-5》, 휴머니스트.
이태진, 1986, 《한국사회사 연구》, 지식산업사.
이태진, 2010, 《왕조의 유산-외규장각 도서를 찾아서》, 지식산업사.
이태진 외, 2011, 《조선 후기 탕평정치의 재조명-《조선시대 정치사의 재조명》 후속편》, 태학사.
이태진, 2012, 《새한국사-선사시대에서 조선 후기까지》, 까치.
이한우, 1995, 《우리의 학맥과 학풍-한국 학계의 실상》, 문예출판사.
이형상, 오창명·이상규 역, 2009, 《남환박물-남쪽 벼슬아치가 쓴 18세기 제주 박물지》, 푸른역사.
자크 데리다, 진태원 역, 2004, 《법의 힘》, 문학과지성사.

자크 데리다, 배지선 역, 2019, 《거짓말의 역사》, 이숲.

장양호(張養浩), 한상덕 역, 2015, 《백성의 행복, 그대 손에 달렸네-고전으로 읽는 청렴, 삼사충고(三事忠告)》, 경상대학교출판부.

장학성(章學誠), 임형석 역, 2011, 《문사통의교주 1~5》, 소명출판사.

전경목 외, 2010, 《승총명록(勝聰明錄)으로 보는 조선 후기 향촌 지식인의 생활사》, 한국중앙연구원출판부.

정긍식, 2002, 《한국근대법사고》, 박영사.

정긍식, 2018, 《조선의 법치주의 탐구》, 태학사.

정약전·이강회, 김정섭 외 역, 2005, 《유암총서(柳菴叢書)》, 신안문화원.

정옥자, 1999, 《정조시대의 사상과 문화》, 돌베개

정옥자, 2000, 《(정조의 수상록) 일득록 연구》, 일지사.

정옥자, 2001, 《정조의 문예사상과 규장각》, 효형출판.

정원용, 신익철 외 역, 2018, 《수향편》, 한국학중앙연구원.

정태욱, 2002, 《정치와 법치》, 책세상.

조경달, 허영란 역, 2009, 《민중과 유토피아》, 역사비평사

조지만, 2007, 《조선시대의 형사법-대명률과 국전》, 경인문화사.

존 롤스, 황경식 역, 2003, 《정의론》, 이학사.

지원푸(嵇文甫), 이영호 외 역, 2015, 《유교의 이단자들》, 성균관대학교출판부.

최종고, 1989, 《한국의 법학자》, 서울대학교출판부.

최종고, 2013, 《법사상사-전정판》, 박영사.

최해별, 2019, 《송대 사법 속의 검시 문화》, 세창출판사.

취퉁쭈(瞿同祖), 김여진 외역, 2020, 《법으로 읽는 중국 고대 사회-중국 고대 법률 형성의 사회사적 탐색》, 글항아리.

카린 라이, 심의용 역, 2018, 《케임브리지 중국 철학 입문-지성사로 본 중국 사유의 계통과 맥락》, 유유.

퀜틴 스키너, 황정아 외 역, 2012, 《역사를 읽는 방법-텍스트를 어떻게 읽고 해석할 것인가》, 돌베개.

판중신(范忠信), 이인철 역, 1996, 《중국 법률 문화 탐구-정·리·법(情·理·法)과 중국인》, 일조각.

펠릭스 클레르 리델, 유소연 역, 2008, 《나의 서울 감옥 생활 1878-프랑스 선교사 리델의 19세기 조선 체험기》, 살림.

프랑수아 줄리앙, 허경 역, 2004, 《맹자와 계몽철학자의 대화-도덕의 기초를 세우다》, 한울.

프랑수아 줄리앙, 박희영 역, 2009, 《사물의 성향-중국인의 사유 방식》, 한울.

프랑수아 줄리앙, 이근세 역, 2015 《전략-고대 그리스에서 현대 중국까지》, 교유서가.

피터 볼, 심의용 역, 2008,《중국 지식인들과 정체성》, 북스토리.
피터 볼, 김영민 역, 2010,《역사 속의 성리학》, 예문서원.
필립 쿤, 이영옥 역, 2004,《영혼을 훔치는 사람들-1768년 중국을 뒤흔든 공포와 광기》, 책과함께.
필립 쿤, 윤성주 역, 2009,《중국 현대국가의 기원》, 동북아역사재단.
한국고문서학회, 2013,《조선의 일상, 법정에 서다》, 역사비평사.
한국국학진흥원 편, 2017,《소송과 분쟁으로 보는 조선 사회-조선 사회를 보는 또 다른 눈을 찾아서》, 새물결.
한비자, 김원중 역, 2016,《한비자-제왕학과 법치의 고전》, 휴머니스트.
한상권, 1996,《조선 후기 사회와 소원 제도》, 일조각.
한영우, 2008,《규장각-문화정치의 산실》, 지식산업사.
한영우, 2017,《성군의 길-정조평전》, 지식산업사.
한형조, 2008,《조선 유학의 거장들》, 문학동네.
한형조, 2018,《성학십도, 자기 구원의 가이드맵》, 한국학중앙연구원출판부.
함병춘, 1993,《한국의 문화전통과 법-갈등과 조화》, 한국학술연구원.
해리 G. 프랭크퍼트, 안규남 역, 2019,《평등은 없다》, 아날로그.
해리 G. 프랭크퍼트, 이윤 역, 2016,《개소리에 대하여》, 필로소픽.
허경, 2018,《미셸 푸코의《광기의 역사》읽기》, 세창출판사.
허경진 외, 2019,《경산 정원용 연구》, 보고사.
호이트 틸만, 김병환 역, 2017,《공리주의 유가-주희에 대한 진량의 도전》, 교육과학사.
호이트 틸만, 김병환 역, 2010,《주희의 사유세계-주자학의 패권》, 교육과학사.
홍기원, 2017,《법에 있어서 자유의지와 책임-역사와 이론》, 터닝포인트.
황갑연, 2018,《왕양명 읽기》, 세창출판사.
황경식, 2018,《존 롤스 정의론-공정한 세상을 만드는 원칙》, 쌤앤파커스.
황경식, 2015,《정의론과 덕윤리-의(義)로운 나라, 덕(德)스런 사람》, 아카넷.

3. 논문

Jungwon Kim, 2010, "Finding Korean Women's Voices in Legal Archives", *Journal of women's history*, Vol.22 No.2
Jungwon Kim, 2014, "You Must Avenge on My Behalf-Widow Chastity and Honour in Nineteenth-Century Korea", *GENDER AND HISTORY*, Vol.26 No.1
강혜종, 2013,〈'공감역학(共感力學)'의 장, 조선 후기 판례집의 내러티브〉,《열상고전연구》37.

강혜종, 2014, 〈살인 사건을 둘러싼 조선의 감성 정치-옥안과 판부의 내러티브, 공감대를 위한 청원〉, 《감성사회》, 글항아리.
고석규, 2003, 〈김이수 전기의 구성과 그의 소원 활동〉, 《김이수 전기》, 신안문화원.
김성준, 1988, 〈조선 수령칠사와 《목민심감》〉, 《민족문화연구》 21.
김성준, 1989, 〈《목민심감》과 《거관요람》의 비교연구〉, 《동방학지》 62.
김성준, 1988, 〈나의 책을 말한다-《목민심감 연구》〉, 《한국사시민강좌》 22.
김정오, 2014, 〈함병춘 선생의 한국 법 문화론〉, 《법학연구》 24-2.
김지수, 2014, 〈법과 감정은 어떻게 동거해왔나-조선시대 재산 분쟁을 둘러싼 효·열의 윤리와 인정〉, 《감성사회》, 글항아리.
김지영, 2018, 〈예교(禮教)의 가능자〉, 《규장각》 52.
김지영, 2018, 〈조선시대 국가 향례의주(鄕禮儀註)의 예교론(禮教論) 검토〉, 《조선시대사학보》 87.
김학준, 1984, 〈서평: 조선 유교국가의 법률적 규범〉, 《한국학보》 10-2.
김해정, 1993, 〈경민편언해 연구〉, 《한국언어문학》, 31.
김호, 2003, 〈《신주무원록》과 조선 전기의 검시〉, 《법사학연구》 27.
김호, 2007, 〈'조선 후기적 조건'의 탄생과 성즉리(性卽理)의 균열〉, 《인문과학연구》 12, 가톨릭대학교 인문과학연구소.
김호, 2007, 〈정조의 속학(俗學) 비판과 정학론(正學論)〉, 《한국사연구》 139.
김호, 2009, 〈조선 후기 낙론(洛論)의 역사적 전개〉, 《기전문화연구》 35.
김호, 2010, 〈《흠흠신서》의 일 고찰-다산의 과오살(過誤殺) 해석을 중심으로〉, 《조선시대사학보》 54.
김호, 2011, 〈약천 남구만의 형정론에 대한 다산 정약용의 비판〉, 《국학연구》 19.
김호, 2012, 〈'의살(義殺)'의 조건과 한계-다산의 《흠흠신서》를 중심으로〉, 《역사와 현실》 84.
김호, 2012, 〈조선 후기 강상(綱常)의 강조와 다산 정약용의 정·리·법-《흠흠신서》에 나타난 법과 도덕의 긴장〉, 《다산학》 20-1.
김호, 2013, 〈조선 후기 화이론 재고〉, 《한국사연구》 62.
김호, 2015, 〈조선 후기의 '도뢰(圖賴)'와 다산 정약용의 비판〉, 《한국학연구》 37.
김호, 2016, 〈조선 초기 《의옥집(疑獄集)》 간행과 '무원'의 의지〉, 《한국학연구》 41.
김호, 2016, 〈연암 박지원의 형정론-주자학 교화론의 갱신〉, 《법사학연구》 54.
김호, 2017, 〈'권도'의 성리학자 김정국, 《경민편(警民編)》의 역사적 의의〉, 《동국사학》 63.
김호, 2018, 〈15세기 초 박홍생의 목민론-《거관잠계(居官箴戒)》를 중심으로〉, 《조선시대사학보》 85.
김호, 2018, 〈조선 후기 흠휼의 두 가지 모색-윤기와 정약용의 속전론(贖錢論)을 중심으로〉, 《한국실학연구》 35.

김호, 2019, 〈위선(僞善)의 한계는 어디인가?-다산 정약용의 '광자(狂者)' 유감〉, 《다산과현대》 12.
데라다 히로아키(寺田浩明), 2017, 〈명청 중국의 민사 재판의 실태와 성격〉, 《법사학연구》 56.
박석무, 1997, 〈다산의 흠휼정신과 법의식〉, 《법사학연구》 18.
박소현, 2011, 〈진실의 수사학-《흠흠신서》와 공안소설의 관계를 중심으로〉, 《중국문학》 69.
박소현, 2019, 〈《흠흠신서》와 법의 서술-《흠흠신서 · 비상준초(批詳雋抄)》의 중국 판례를 중심으로〉, 《사림》 69.
박소현, 2014, 〈법문학적 관점에서 바라본 유교적 사법 전통〉, 《대동문화연구》 87.
박찬식, 2008, 〈양제해 모변과 상찬계〉, 《탐라문화》 33.
박현모, 2009, 〈정조의 인의경영(仁義經營)-정조의 재판 판결 사례를 중심으로〉, 《동양문화연구》 3.
백민정, 2010, 〈정조의 학문관과 공부 방법론〉, 《동양철학》 34.
백민정, 2012, 〈다산 경학사상 연구의 의의와 현황〉, 《다산과현대》 4-5.
백민정, 2014, 〈정약용의 형법사상에 반영된 덕(德)과 예치(禮治)의 문제의식 -《흠흠신서》 연구사의 분석 및 문제 제기〉, 《한국실학연구》 28.
백민정, 2017, 〈《흠흠신서》에 반영된 다산의 유교적 재판 원칙과 규범-〈경사요의(經史要義)〉의 법리 해석 근거와 의미 재검토〉, 《대동문화연구》 99.
백민정, 2020, 〈정조의 경학 이해와 정치의 문제〉, 《한국문화》 89.
서정민, 2012, 〈《흠흠신서》의 도뢰 사례 고찰〉, 《다산학》 20.
서정민, 2012, 〈무고죄의 범의에 관한 법사학적 고찰-조선 초기 형법과의 비교를 중심으로〉, 《형사법의 신동향》 36.
손경찬, 2019, 〈전통법에서 법원리주의 인정 가능성 검토-정·리·법을 중심으로〉, 《법철학연구》 22-1.
손혜리, 2005, 〈성해응(成海應)의 열녀전에 대하여-열녀 인식과 그 형상을 중심으로〉, 《한국한문학연구》 35.
송지우, 2017, 〈말, 거짓말, 도덕적 진보〉, 《철학사상》 63.
심재우, 1999, 〈정조대 《흠휼전칙》의 반포와 형구 정비〉, 《규장각》 22.
심재우, 1995, 〈18세기 옥송(獄訟)의 성격과 형정 운영의 변화〉, 《한국사론》 34.
심재우, 2010, 〈역사 속의 박문수와 암행어사로의 형상화〉, 《역사와 실학》 41.
심재우, 2012, 〈조선 후기 판례집, 사례집의 유형과 《흠흠신서》의 자료 가치〉, 《다산학》 20.
심재우, 2019, 〈정약용의 《흠흠신서》 편찬 과정에 대한 재검토〉, 《한국사연구》 186.
심희기, 1980, 〈조선 후기 형사 제도 운영에 대한 일고찰-참작감률(參酌減律)을 중심으로〉, 서울대학교 석사학위논문.
심희기, 1983, 〈조선 후기의 형사판례 연구〉, 《법사학연구》 7.

심희기, 1985, 〈유교국가의 법규범(Legal Norms in a Confucian State)〉, 《법사학연구》 8.
심희기, 1997, 〈18세기의 형사사법 제도 개혁〉, 《한국문화》 20.
심희기, 2012, 〈조선시대 지배층의 재판규범과 관습-흠흠신서와 목민심서를 소재로 한 검증〉, 《법조》 61.
심희기, 2018, 〈조선시대 민사재판에서 송관(訟官)의 법문(法文)에의 구속〉, 《원광법학》 34-3.
안대회, 2006, 〈다산 제자 이강회의 이용후생학〉, 《한국실학연구》 10.
양건, 1989, 〈한국에서의 법과 사회 연구〉, 《법과 사회》 1-1.
오용섭, 2007, 〈조선 전기 간행의 《의옥집》〉, 《서지학연구》 36.
윤정분, 2001, 〈《대학연의보(大學衍義補)》의 조선 전래와 그 수용(상)-정조의 《어정대학유의(御定大學類義)》를 중심으로〉, 《중국사연구》 14-1.
윤정분, 2002, 〈《대학연의보》의 조선 전래와 그 수용(하)-정조의 《어정대학유의》를 중심으로〉, 《중국사연구》 17.
이은규, 2005, 〈경민편(언해)의 어휘 연구〉, 《언어과학연구》 35.
이은규, 2007, 〈경민편(언해) 이본의 번역 내용 비교〉, 《언어과학연구》 43.
이장희, 2014, 〈선진유가와 덕 윤리〉, 《퇴계학보》 136.
이장희, 2012, 〈향원은 왜 덕의 적인가?〉, 《사회와철학》 24.
이태진, 1992, 〈정조의 《대학》 탐구와 새로운 군주론〉, 《이회재(李晦齋)의 사상과 그 세계》, 성균관대학교 대동문화연구원.
임상혁, 2013, 〈고려의 법체계와 조선에 대한 영향〉, 《법사학연구》 48.
임상혁, 2003, 〈소송 기피의 문화전통에 대한 재고와 한국 사회〉, 《법과 사회》25.
정민, 2008, 〈상찬계시말(相贊契始末)을 통해 본 양제해 모변 사건의 진실〉, 《한국실학연구》 15.
정순옥, 2005, 〈조선시대 사죄심리 제도와 심리록〉, 전남대학교 박사학위논문.
정옥자, 1996, 〈정조의 교화(敎化) 사상〉, 《규장각》 19.
정옥자, 1978, 〈정조의 학예(學藝) 사상-홍재전서 일득록 문학조를 중심으로〉, 《한국학보》 4-2.
정호훈, 2006, 〈16~17세기 《경민편》 간행의 추이와 그 성격〉, 《한국사상사학》 26.
정호훈, 2007, 〈조선 후기 《경민편》의 재간과 그 교육적 활용〉, 《미래교육학연구》 20-2.
조성산, 2008, 〈이강회의 《탐라직방설(耽羅職方說)》과 제주도〉, 《다산학》 12.
조윤선, 1997, 〈정약용의 사회개혁 방법론-법치적 관점에서〉, 《사총》 46.
조윤선, 2006, 〈조선 후기 강상범죄의 양상과 법적 대응책〉, 《법사학연구》 34.
조윤선, 2009, 〈속대전 형전 금제(禁制) 조항으로 본 조선 후기 사회상〉, 《인문과학논집》 38.
조윤선, 2009, 〈영조대 남형·혹형 폐지 과정의 실태와 흠휼책(欽恤策)에 대한 평가〉, 《조선시대사학보》48.
천쯔판(陳子盼), 2019, 〈'정·리·법'에서 '법치생활방식'으로-중국 법 관념의 발전 논리〉, 《중국법연구》 40.
최종고, 1981, 〈막스 베버가 본 동양법-비교법사의 기초를 위하여〉, 《법사학연구》 6.
최해별, 2014, 〈송원시기 검험(檢驗) 지식의 형성과 발전-《세원집록(洗冤集錄)》과 《무원록(無冤錄)》을 중심으로〉, 《중국학보》 69.
최해별, 2017, 〈13~18세기 동아시아 '검험[檢屍]' 지식의 전승과 변용〉, 《역사문화연구》 61.
최해별, 2015, 〈동아시아 전통 '검험(檢驗)' 지식의 계보-검험 서적의 편찬, 전파, 변용을 중심으로〉, 《이화사학연구》 50.
한상권, 2007, 〈정조의 군주관〉, 《조선시대사학보》 41.
한상권, 2009, 〈백성과 소통한 군주, 정조〉, 《역사비평》 89.
한상권, 2011, 〈조선시대의 교화와 형정〉, 《역사와 현실》 79.
함병춘, 1969, 〈한국정치사상〉, 《동방학지》 10.
함병춘, 1970, 〈한국사법과정에 관한 연구〉, 《성곡논총》 1.
허경진, 2009, 〈연세대학교 소장 고서의 문헌적 가치-13종 저술을 통해 본 관인 정원용의 기록 태도〉, 《동방학지》 146.
홍성화, 2007, 〈청대 민사 재판의 성격에 관한 논쟁-필립 황과 시가 슈조(滋賀秀三)의 연구를 중심으로〉, 《사림》 28.
홍성화, 2010, 〈분쟁과 조정-청대 후기 충칭(重慶) 사회의 상사(商事) 재판〉, 《중국학보》 61.
홍성화, 2016, 〈청대 법제사 연구를 위한 몇 가지 개념 이해〉, 《역사와 세계》 49.
홍성화, 2020, 〈국가와 사회단체의 사이에서-청대 《파현당안》에 관한 해외 연구 동향〉, 《사림》 72.

찾아보기

ㄱ

정조학 총서 4

정조의 법치

법의 저울로 세상의 바름을 살피다

1판 1쇄 발행일 2020년 11월 30일

지은이 김호

발행인 김학원

발행처 (주)휴머니스트출판그룹

출판등록 제313-2007-000007호(2007년 1월 5일)

주소 (03991) 서울시 마포구 동교로23길 76(연남동)

전화 02-335-4422 **팩스** 02-334-3427

저자·독자 서비스 humanist@humanistbooks.com

홈페이지 www.humanistbooks.com

유튜브 youtube.com/user/humanistma **포스트** post.naver.com/hmcv

페이스북 facebook.com/hmcv2001 **인스타그램** @humanist_insta

편집주간 황서현 **편집** 최인영 강창훈 **디자인** 김태형

조판 이희수 com. **용지** 화인페이퍼 **인쇄** 청아디앤피 **제본** 경일제책사

ⓒ 김호, 2020

ISBN 979-11-6080-512-3 94910

ISBN 979-11-6080-508-6 94910 (세트)

• 이 책은 저작권법에 따라 보호받는 저작물이므로 무단 전재와 무단 복제를 금합니다.

• 이 책의 전부 또는 일부를 이용하려면 반드시 저자와 (주)휴머니스트출판그룹의 동의를 받아야 합니다.